珍藏版

弟子规

全鉴

〔清〕 李毓秀 贾存仁◎著

东篱子◎解译

中国纺织出版社有限公司 | 国家一级出版社
全国百佳图书出版单位

内 容 提 要

　　《弟子规全鉴》在全面阐释《弟子规》精华要义的基础上，以孝、悌、谨、信、泛爱众、亲仁和余力学文七个方面为人处世应有的基本理念和规范为纲，充分融入对现实的深层次思考，书中大量引用圣贤著作进行说理，穿插上百则历史故事和现实案件，将《弟子规》蕴涵的智慧与当下职场相结合，将传统文化的厚重感与当今鲜明的时代感相结合，是党政机关和企事业单位员工、国学爱好者以及青年学生塑造健全人格、培养良好习惯、提升个人修养的必备读物。

图书在版编目（CIP）数据

　　弟子规全鉴：珍藏版 /（清）李毓秀，（清）贾存仁著；东篱子解译 . —北京：中国纺织出版社有限公司，2019.9

　　ISBN 978 - 7 - 5180 - 6212 - 6

　　Ⅰ.①弟…　Ⅱ.①李…　②贾…　③东…　Ⅲ.①古汉语—启蒙读物②《弟子规》—注释③《弟子规》—译文 Ⅳ.①H194.1

　　中国版本图书馆 CIP 数据核字（2019）第 098462 号

策划编辑：曹炳镝　　　责任校对：刘小红　　　责任印制：储志伟

中国纺织出版社有限公司出版发行
地址：北京市朝阳区百子湾东里 A407 号楼　邮政编码：100124
销售电话：010—67004422　传真：010—87155801
http：//www. c-textilep. com
E-mail：faxing@ c-textilep. com
中国纺织出版社天猫旗舰店
官方微博 http：//weibo. com/2119887771
北京华联印刷有限公司印刷　各地新华书店经销
2019 年 9 月第 1 版第 1 次印刷
开本：710×1000　1/16　印张：20
字数：216 千字　定价：68.00 元

前言

　　《弟子规》成书于清朝康熙年间，面世不久就受到人们的极大推崇，成为学童开蒙的重要读物。如今，它已经成为我国浩瀚的文化典籍中不可或缺的一部分，被视为中国传统文化经典之一。

　　《弟子规》之所以成为经典，原因很复杂，但是有几点是可以肯定的，即传播范围广泛，被广大民众认同，任何人都能从中得到启迪。

　　第一，传播范围广泛。《弟子规》的传播范围，早就由起初的学童启蒙读物，演变成大众读物，这是有目共睹的。传播范围直接决定了它的影响面，毋庸置疑，《弟子规》的影响力还是比较大的。

　　第二，被广大民众认同。《弟子规》主要阐述的是待人接物的原则以及做人做事方面的重要智慧。如果你细读的话就会发现，虽然因为历史的局限性，里面多少带有一点糟粕，但是所占比例微乎其微，绝大部分内容还是积极向上的，其内容对我们当下的工作和生活很有指导意义。

　　第三，任何人都能从中得到启迪。现在，人们对《弟子规》的解读越来越深刻，越来越与时俱进，这就让不同阶层、不同文化背景的人都能从中获得启迪。如果你是一名员工，细细品味一下《弟子规》，你会发现，这部经典所讲的内容，竟然可以跟我们工作中的方方面面产生很紧密的联系。这就是经典的力量。无论你从事什么职业，不管你属于哪个阶层，只要热爱阅读就会发现，经典永远有你感兴趣、能够对你的工作和生活产生实质性的有益影响的东西存在。

正因如此，本书应运而生。《弟子规全鉴》用通俗的语言详细解读了《弟子规》里孝敬父母、兄友弟恭、待人接物、修身治学、立身处世等方面自我约束和自我修养的道理。书中大量引用圣贤著作进行说理，穿插了上百则历史故事和现实案例，将《弟子规》蕴涵的智慧与当下职场相结合，将传统文化的厚重感与当今鲜明的时代感相结合，是党政机关和企事业单位员工、国学爱好者以及青年学生塑造健全人格、培养良好习惯、提升个人修养的有益乃至必备读物。

本书平装本自出版以来，广受读者欢迎和喜爱。为满足大家的收藏、馈赠需要，现特以精装形式推出，敬请品鉴。

解译者

2019 年 4 月

目录

总叙：经典长存，"智"慧永传

入则孝："孝"对职场，惠及自身

出则悌：职场之中，悌为守则

谨：职场风云，谨为第一

信：诚为人基，信为命本

泛爱众：关爱他人，就是爱己

亲仁：亲近仁者，无限美好

余力学文：职场之海，学为舟楫

总叙：经典长存，"智"慧永传

《弟子规》作为一部传统文化经典，首先承载的是先贤的智慧，同时，其作为经典，对我们当下的工作和学习也有指导意义。或许你的职业在古代根本就不存在，但是，如果想把自己的工作做得更好，你完全可以在古代典籍里面寻找到相应的智慧。是的，经典承载的是智慧，而智慧是永远不会过期的。智慧使经典永远存在，而经典使智慧永远传承。

1. 全书内容，圣人教诲

【原典】 弟子规，圣人训。

【释义】 弟子规，是圣人的教诲。

《弟子规》的由来

《弟子规》原名《训蒙文》，作者是清朝康熙年间的秀才李毓秀。发展到后来，清朝乾隆时期的贾存仁对它进行了修订，并改名为《弟子规》，由此，最终确定了它传世的名字。该书以《论语·学而》中"弟子入则孝，出则悌，谨而信，泛爱众，而亲仁，行有余力，则以学文"的文意为中心，进行了内容上的扩展引申，阐释了"弟子"在家、在外、待人接物、为人处世、求学等方面应具备的礼仪与规范。从全书的布局也可以看出，《弟子规》就是《论语》中这句话的扩展和详细阐述：总叙之后，分别是入则孝、出则悌、谨、信、泛爱众、亲仁、余力学文等部分。形式上是三字一句，两句一韵。这种形式实际上并不复杂，而恰恰是这看似简单的形式，才让古代的学童们更加容易理解背诵，同时也让日后这部经典被更多阶层的人所接受成为了可能。

成书于清朝的《弟子规》，内容浅白，非常押韵，读起来朗朗上口，很快成为我国影响仅次于《三字经》的三字句儿童训蒙教材。

"训蒙"，顾名思义，就是教育童蒙，旧时私塾对入学的儿童进行启蒙，就叫做训蒙。既然《弟子规》属于训蒙教材，那么它起初的目的，自然是对孩子们进行一定的教育，让他们在小小年纪就懂得一些应该懂的道理，从而为将来的成长甚至建功立业打下一定的基础。北齐的颜之推在《颜氏家训·教子》中说："俗谚曰：'教妇初来，教儿婴孩。诚哉斯语。'"儿童就似一张白纸，在本性未被世俗染污之前，善言易入，也就是容易理解和接受善言。好的观念和习惯，一旦在孩童之时就接受和养成，那么即使他长大了也不太容易改变，这对于孩子未来的发展是有很大益处的，甚至可以达到影响一个人一生的效果。所以有人说，一个人的善良和信念，最好在他还小的时候就开始加以引导。这是《弟子规》面世后所要达到的第一个目的。

随着时代的发展，《弟子规》的影响范围越来越大，除了"训蒙"之外，还经常被应用于其他领域。例如越来越多的企业将《弟子规》与员工素质的培养紧密地联系了起来。其实细想也不难发现，《弟子规》中"弟子"的概念已经变得越来越宽泛，不再单一地指入学的蒙童，因为任何地方都可以被看做是学校，而在里面的人就都可以被看做是弟子。例如从某种意义上讲，企业也是一所学校，那么，企业里的员工就都是弟子。范围再大一点，社会其实也是一所很大的学校，那么，身处其中的每一个人也可以称为弟子。而"规"则不仅仅是指狭义的"规矩"，它还可以被理解为规范、规则，甚至是规律。例如《弟子规》中强调的孝道，在中国社会就已经不是"规矩"二字能够解释清楚的了，它已经成为每一个中国人观念里固有的成分，从文化角度看，它已经上升到了"规律"的层次——只要是正常的中国人，都是非常重孝道的。当某一事物成为一个民族的文化的组成部分的时候，它也就成为了这个民族性格中有规律的部分。

有句话叫做"活到老学到老"，因为从知识层面看，需要学的东西是无穷的，而从做人角度看，需要学的东西更是需要每一个人不断地去领悟。因此，从某种意义上说，作为现代人，不管属于什么年龄段或是什么阶层，对于我国古代经典积极的内容和精神，都要不断地去吸收和实践。清代朱用纯的《朱子家训》说："祖宗虽远，祭祀不可不诚。子孙虽愚，经书不可不读。"古人并不代表就是落后的人，甚至相反，他们的很多智慧是我们现代人都无法企及的，我们只能怀着一颗尊崇的心，通过阅读古代经典，来与古代先贤进行穿越时空的对话，并从中尽可能多地获得一些益处，从而使我们的精神得到升华，使我们的现实生活和工作得到一定程度的良性指导。《弟子规》当然属于这类能够给我们带来很多益处的经典。

本节开头已经说明，这部经典是以《论语》中的一句话为中心而在内容上进行扩展的。可以说，这是《弟子规》最初的由来——是圣人的那句话让作者产生了创作《弟子规》的动力。作者的目的，当然也是想通过更为细致地用三字句解释这句话，让更多的人更加深入地理解圣人这句话的含义，特别是刚入学的蒙童。

不过，作者应该不会想到——就像上文提到过的——在现今的中国，越来越多的人知道了这部经典的存在，越来越多的人准备或者已经在阅读和学习《弟子规》。其中包括非常多的企业员工，他们谦虚、好学、勤奋、上进，在这部经典面前成为了"弟子"，而不少员工朋友正是因为从"圣人训"的积极内容中寻找到了完善自己的途径，从而让自己在职场的各方面都得到了提高。

2. 孝悌谨信，最为根本

【原典】首孝悌，次谨信。

【释义】首先对父母要孝敬，对兄弟姐妹要友爱；其次要谨言慎行，讲信用。

职场之中，做人是关键

"悌"，有的版本写作"弟"，两个字相通，本义是尊敬兄长，后随着时代的发展，也可以解释为兄弟姐妹之间互相友爱。孝悌谨信，是做人非常重要的原则。一个人要想在社会上立足，就必须遵循一定的原则。否则，别说是成功，就连生存都会变得很艰难。职场之中，当然也要如此。遵循孝悌谨信的原则，对于我们为人处世是非常重要的。

比方说，对于一个中国人来说，有个字非常重要，那就是——孝。孝，对于中国人来说，已经不仅仅是一种对待父母的正确态度，更是发展成了一个非常优良的文化传统。

例如，在明清两代，称呼举人为"孝廉"。而这个称呼是有很长的历史渊源的。在汉代就已经有"孝廉"这个词，属于当时察举制的一个科目，"孝"指的就是孝顺，"廉"指的是廉洁。能做到"孝廉"这两点的，就有机会出仕做官。当然，封建社会的这种制度有它的漏洞在，被察举的不一定就是廉洁的人和大孝子。不过，我们从中可以看出，在两千多年前的汉代，已经把"孝"和一个人能否有机会做官紧密地联系了起来。由此可见人们对"孝"的重视。

即便是在古代，"孝"与一个人的命运就已经紧紧地联系在了一起。例如上文提到的汉代"孝廉"：想入大汉朝廷这个职场，首先就是要孝。不管最后被选拔为官员的人哪些是真孝顺，哪些是假孝子，至少"孝"本身对职场的重要性已经被汉朝的统治者用事实来讲得很清楚了。由此可以看出，即便是在中国古代，孝对于一个人的发展有多么的关键。那么，身处人类文明程度远远超过古代的现代，我们作为中国人，更应该重视孝对于一个文明人的重要性。

不仅是孝，悌、谨、信也是如此。这四个字概括了我们中国人自古以来就有的做人原则。而且，这不是上面原典上的字面意思可以完全诠释得清楚的。特别是到了当今社会，它的意思已经随着时代的发展而得到了扩充。例如"孝"，不仅仅是对父母要孝顺，其实，从某种意义上讲，企业也算是每一个员工的衣食父母，那么作为一个合格的员工，就要像对待父母一样对待企业，对"父母"拿出自己的"孝心"，你会发现自己的工作效率和工作能力都会因为心态的变化而提高，你所得到的回报当然也就非常丰厚了，就像"父母"对"子女"的尽心呵护一样。再如"悌"，也不再局限于兄弟姐妹之间的友爱，在一个企业中，同事之间也需要"悌"，也就是相互尊重、相互友爱。只有这样，才能够营造出一个温馨平和的工作环境，在里面工作的每一个人，才会心情更加愉快，也因此才能更好地投身到工作当中，以便更多地获得工作报酬，更快地得到职场上的升迁等发展机遇。"谨"和"信"也是一样，无论在大的社会环境中，还是在小的职场中，这两个字的分量都是很重的。

孝悌谨信，这些都是一个人立足于职场所需要遵循的做人原则。我们可以想象，如果一个不忠不孝的人做我们的同事，我们会怎样看待他，更可以预见他在

将来不仅仅是在职场中，即便是在社会其他领域，也很难做出自己的贡献，取得应有的成就。再者，如果你的某个同事不讲信用，谎话连篇，你会怎样对待这样的人？其他同事或者领导会怎样看待这样的人？可以说，这样的人即使在短时间内可以通过谎言来伪装自己，但是路遥知马力，日久见人心，当他的本质逐渐被同事和领导所了解之后，相信就再没有人会相信他这样的人了，又或者，事实比我们想象得要更严重——不仅没人信任他，他未来的发展前途也就此随着他的不讲信用而全部葬送了。

职场中当然要通过做事来获得薪酬和发展，但是，做事之前先做人。不会做人的人，别说是职场，在哪里都吃不开。一个人在职场中，表面上看最重要的是做事，也就是说，每个人只要上班就要工作，就要通过做事来完成工作任务。但是，隐含在内部的是做人，一个不会做人的人，他做事的能力再强，也很难有所发展、有所成就。因此，有句话是这么说的："在职场之中，做人很重要。"

3. 同事之间，博爱亲仁

【原典】泛爱众，而亲仁。

【释义】要对大众博爱，同时亲近有仁德的人。

关爱同事，向优秀的人学习

"泛爱众"是指要博爱，对大众充满关怀。一提到"博爱"，不少现代人往往首先想到的是"慈善"，而《弟子规》中所说的要对大众博爱的"泛爱众"，当然不仅仅是指与慈善有关的事情，它的范围其实是非常广的。例如在企业中，同事之间相互尊重、相互关爱，就是博爱。这对于我们的人际关系和个人发展，都是非常重要的。

从心理学角度看，每一个人都需要得到别人的爱。人类是感性的动物，一个人再孤僻，只要还没有踏入病态的行列，他就需要亲人和朋友的爱。假设一个人一个亲人都没有，一个朋友都没有，甚至连陌生人的关心也得不到，那么他即使身处最繁华的大都市，也无法感觉到一丝温暖。之所以会这样，是因为他感觉不到爱。爱的定义是广泛的，亲情、友情、爱情，甚至是陌生人之间相互伸出援手和表示关心，都属于爱的范畴。一个乞丐能够活下去，不仅是因为有人施舍，更是因为他从施舍中感觉到了人类之间爱的存在。而一个感觉不到爱的人，或许是这个世界上最可怜的人。

从人类学角度看，人类是群居动物，古希腊哲学家亚里士多德说过："人类是天生社会性动物。"而社会性动物又称为群居动物。群居动物的重要特点之一，就是要相互协作，在这种情况下，就会涉及相互之间的交往和合作。没有人能够完全独立于社会之外，更没有人敢说我的成功完完全全彻彻底底就是靠我自己。所以在这种情况下，人与人之间只有保持一种良好的关系，才能共同进步和发展。这就需要相互之间的关心和帮助，如果每人都有"泛爱众"的概念，那么大家就都会在自己献出"爱"的同时

被其他人所"爱"。

总之，"泛爱众"是让我们要爱大众，同时，也能够得到大众的爱。所以说，"泛爱众"是一个相互的概念，就算我们非常极端地假设《弟子规》就是让一个人做到"泛爱众"，那么当所有的"一个人"都做到的话，结果仍能达到大家都相互关爱的效果。

而且，有必要提一下的是，《弟子规》在后面的"泛爱众"这一篇的开头是这样说的："凡是人，皆须爱。"是的，每个人都需要别人的爱。一个人离不开别人的爱，同时，别人也是如此，没有人能例外。

作为一名员工，更应该明白"泛爱众"的重要性。只有你展现出对同事的关心和帮助，别人才会这样对你。当大家都做到了相互关爱，你所在的这个企业，同事关系绝对是和谐的，而你每天的工作氛围也就绝对是非常愉快的。在这种良好的环境里，你的工作想做不好都难。

说完"泛爱众"，下一个概念

就是"亲仁"。亲仁的意思非常直白，就是亲近仁者。这里的仁者，放到现在可以泛指一切优秀的人。亲仁的最表层意思当然就是与优秀的人亲近，同时要学习他们的好品质，学习他们的优点和长处，从而达到不断自我提升的目的。正所谓"近朱者赤"，跟什么样的人交往，你就有可能成为什么样的人。这种影响是潜移默化的，不知不觉的。说是要向他们学习，其实根本就不用刻意为之。因为当你真正与优秀的人为伍之后，他们对你的影响就进入"润物细无声"的状态，即便你没有非常明显的要学习他们的意图，但结果也绝对有可能是——你确实越来越像他们了。这就是"亲仁"的巨大影响。

"亲仁"的另一个隐含意思，就是要远离"非仁"，也就是远离古代经典中经常提到的"小人"。"小人"在现代可以泛指一切能给你带来比较大的负面影响的人。如果你亲近这样的人，参照上面的内容，完全可以推出以下结论：亲仁能够让你潜移默化地受到影响，从而实现完善自己的目的，那么，亲近小人的话，你也就会沾染上他们的某些恶习，甚至他们的缺点会渐渐地出现在你的身上。这就是"近墨者黑"的道理。例如你的一个同事好赌，如果跟他走得太近的话，时间一长，你也有染上赌瘾的危险。这个道理其实不说大家也都明白，但是，偏偏在现实中不容易做到。诚然，每个人都有缺点，也不是说有缺点就是小人，否则地球上到处都是"小人国"了。我们当然要相互包容对方的缺点，这是人际交往的一项重要准则。但是别忘了，某些缺点是绝对不能包容的，而有这些缺点的人，我们更要敬而远之。上述的好赌，就属于这类缺点。

与什么样的人交往，与什么样的人亲近，是需要慎重考虑的。而职场又是一个比较特殊的地方，在里面什么样的人都有可能遇到，特别是那些需要广泛跟社会各阶层的人打交道的职业，更是如此。这就需要我们在日常工作中，擦亮眼睛，在与人为善的同时，也要记住亲近仁者，远离小人。只有这样，才能够在做好工作的同时，不被某些有坏习惯、坏品质的人所影响，才能够在不断学习的过程中，达到《弟子规》在后文所说的"以渐跻"的效果，即与比自己优秀的人逐渐地拉近距离，自己慢慢地也步入"仁者"或者"贤者"的行列。

4. 行有余力，则以学文

【原典】有余力，则学文。

【释义】有多余的时间和精力的话，就该学习有益的知识。

好员工工作、学习两不误

《弟子规》中这两句话的本义是指，在做好孝、悌、谨、信、泛爱众、亲仁之后，还有多余的精力的话，就要学习一些有益的知识了。我们从中至少可以领悟到两点：第一点，"学文"之前的那些内容比"学文"要重要，如果前面的没做好，那就暂时不具备"学文"的条件，因为古人认为，相对于学文，孝、悌、谨、信、泛爱众、亲仁更需要一个人去好好地揣摩和实践；另一点，则有点反过来的意味，光做好孝、悌、谨、信、泛爱众、亲仁是不够的，一定要有继续学习的意识。

按照古人的本意，孝、悌、谨、信、泛爱众、亲仁更接近于做人做事的原则和智慧，后面的"学文"则更侧重于文化知识，有人解读《弟子规》，直接把"学文"解释成"学习和诵读经典"或者是"学习文化知识"之类，也是因为这个原因。当然，时代是不断发展的，所以很多经典也就被时代赋予了新的意义，所以像本书把"学文"解释成"学习有益的知识"，也是可以的。而我们完全可以想象，再过一百年或者一千年，可能"学文"的解释也会有一定的变化。

不过，不管怎么变化，无论在哪个时代，在知识上还是在实践上，我们都能从经典中获得有益的指导，这也是经典之所以成为经典的原因之一。

回到本节最初的问题，"有余力，则学文"，我们分析它至少有两层含义。第一层含义，如果放到职场之中，我们可以这样理解，即做好工作的前提，是先要做人。不管是孝，还是悌、谨、信，还是泛爱众、亲仁，都属于做人的标准，前面的孝悌谨信侧重于自我修养，后面的两条则侧重于一些实际做法，总体形成一个训练自己的方法，同时，也是每个人做人所应该达到的标准。以"悌"为例，我们在平时多多训练自己关爱他人，而最后所要达到的目的，也是让关爱他人成为自己的一个习惯，成为个人优秀品质不可缺少的组成部分。不管是哪一种好的品质，我们都应该不断地训练，最终让那些品质真正成为我们内在的东西。作为一名员工，好好工作当然是必需的，但是也不能忘了，好好做人才是根本。

第二层含义，如果放到职场之中，我们可以这样理解，即一个企业看重的员工，肯定是一个做人好，工作也做得好的人，但同时，也肯定是一个知道不断完善自己的人。光知道学习专业技术，却忽略掉做人的员工，在企业里是走不远的，而其他方面做得都不错，偏偏在工作方面不想着完善和提高自己的员工，在企业里也是很难长时间站住脚的。所以企业喜欢"两好"的员工，一是做人要好，二是要好学。

总之，不管是第一点还是第二点，都是一名员工应该注意的。做人、做事两手抓，工作、学习两不误。如果能做到这些，那么，你必定会成为一名优秀的员工，一名在职业生涯中有所建树的员工。

入则孝：“孝”对职场，惠及自身

孝，是中华民族的优良传统。作为一名员工，一定要注重家庭伦理道德的修养，要孝敬父母，继承和发扬这一传统美德。并把这种态度，有机地融入工作当中，只有“孝”对职场，才能够惠及自身。

1. 呼唤命令，切勿拖延

【原典】父母呼，应勿缓；父母命，行勿懒。

【释义】父母呼唤，应该及时地应答，不要缓慢拖延；父母交代的事情，要立刻去做，不可偷懒。

孝是一切道德的根本

在家听到父母呼唤自己的时候要及时答，如果父母有事情吩咐你去做，应立即去做，切不可养成拖延偷懒的习惯。这种态度引申到工作中，需要我们养成令行禁止的工作作风，做到对领导交办的事情马上去做，在最短的时间内想办法完成任务。

"父母呼，应勿缓；父母命，行勿懒。"这是《弟子规》"入则孝"部分的开篇。前文已经提到过，《弟子规》是清朝时期成书并流行开来的，但是，其内容是依据春秋时期孔子的话而编撰的。可见，这里面的内容不仅仅是清朝时期所倡导的，它实际上是几千年来中华民族一直在坚持和传承的美好品德之中不可或缺的内容。是的，孝——简单一个字，折射的却远远要比我们想象的多。

《说文解字》解释"孝"字说："善事父母者。"这句话简单到连翻译都不用，现代读者就都能够明白。没错，"孝"其实很简单，只要能够"善事父母"就可以。但是，孝又似乎没这么简单，因为到真正去实践的时候，我们才会发现，想做到这四个字，需要一个人精神上要恭敬，身体上要力行，经济上也要有一定的基础。

尤其是精神上的孝，并不是每个人都能够做到的。

《论语·为政》中有这样一段话："子夏问孝。子曰：'色难。有事，弟子服其劳；有酒食，先生馔。曾是以为孝乎？'"

子夏问老师什么是孝。孔子说："做到保持和悦敬爱的容色态度最难。遇到事情，年轻的替年老的操劳；有了酒食，让年老的享用。难道这样就算是孝了吗？"

"色难"，指的就是精神层面的孝。很多人可以做到给父母好吃好穿，但是，对于态度上的恭敬和悦却做得不是很到位。而事实上，孝更多的应该是态度，而不是物质。子女有钱，给父母好的生活条件，但是平时却经常跟父母拌嘴；子女经济状况一般，虽然给父母的也只能是一般的生活，但是在态度上却

非常诚恳恭敬，注意给父母营造一个祥和快乐的精神氛围。此二者孰高孰低显而易见。

现在看到的"入则孝"的开篇，把父母"呼""命""教""责"这四种情况下，我们应该怎么做简单地讲了出来。这四种情况都符合"精神上的孝"的范畴，换句话说，做到这四点其实不难，但是要和悦恭敬地做到就很难了。

可能作为现代人，有些人会觉得这有些迂腐的感觉。这也无可厚非，时代在发展，父母与子女之间的关系也在随着社会的变化而变化。例如在古代，父母（尤其是父亲）一般扮演的是比较严肃的角色，越是书香门第或者高官贵族越是如此，甚至可以说，父母与子女之间存在着很明显的等级差异。现如今当然已经不再是这个样子。我们并不否认时代的发展产生了不少新的观念，子女适当的自主是必要的，极端的愚孝也是不可取的。但是，孝本身所传达的积极的精神，却已经成为一种因子在每一个中国人的血液里流淌，谁都无法回避。

清代的王中书作过一首《劝孝歌》，其中有："人不孝其亲，不如禽与畜。慈乌尚反哺，羔羊犹跪足。"名声一向不好的乌鸦尚且知道给老鸦喂食，羊羔在吃奶的时候是跪着的。人如果不孝顺，那可就真像王中书说的那样了。

孝，一直是中华民族的传统美德之一，也是古往今来各个时代都一直在强调的做人准则之一。它已经成为中国文化的一部分。孔子说过："夫孝，德之本也。"孝是一切道德的根本，即便是现代依旧如此。

在某大型企业的招聘会上，经过层层选拔，有 10 个人从众多应聘者中脱颖而出，进入了最后一轮考验——由企业的总经理亲自进行面试。对于这 10 个人来说，这自然是千载难逢的好机会。因为这家企业各方面待遇都非常好。

在这 10 个人当中，最后接受面试的是一个叫做刘成的人。他在面试的房间坐下来的时候，手机突然"嗡嗡"地响了——把手机调成振动参加面试，这是很正常的，但关键是接下来，刘成的做法就有点让陪坐在总经理旁边的人事部长厌烦了。

只见刘成尴尬地笑了一下，轻轻地拿出手机，他犹豫了一下，按下了接听键，简单说了两句之后，挂了电话。

面试继续，不等总经理开口，人事部长就说道："请问你知道现在是在哪里，在干什么吗？"

刘成回答说知道，然后他有些不好意思地解释说：本来是想拿出手机后直接按拒接键的，但是，一见电话是父亲打的，还是决定接了，因为父亲知道他今天面试，但还是打了电话，那么估计是有什么急事。当然，结果是让他晚上回家吃顿饭——父亲把他面试的时间记错了。"真是对不起！太失礼了！"刘成最后诚恳地说道。

这时候总经理说："如果因为这个'美丽的错误'，让你此次面试失败，你会不会有什么想法？"

"您是说我会不会生父亲的气？"刘成低下头，随即看向总经理，"工作有很多个，父亲只有一个，对吧？"说完朴实地笑了。

"好，那么，今天的面试就到这里吧。"总经理说完，站起身走了。

第二天，该企业向刘成发了录用通知。在做这个决定之前，总经理跟人事部长说："小事看大，刘成看来是个孝顺的人。他能过五关斩六将，能力没什么问题，那么，最关键的就是人品问题了。孝是一切道德的根本，一个能把父母放到自己心中关键位置的人，在工作上，也会是一个把单位放到重要位置的人。"

这位总经理说得很有道理，是的，一个人立身需要道德来维持，而孝又是一切道德的根基。每个做员工的，首先是一个人，而作为一名员工，想要在单位立足，首先就要立身。所以，孝对于企业中的每一名成员来说，都是非常重要的。从这个故事中，我们也可以反过来想一下，如果一个人连"父母呼，应勿缓；父母命，行勿懒"都做不到，那么到了公司，你能期待他做到认真对待工作，不拖延偷懒吗？

在家的时候，父母喊自己的名字立即回答，父母交代一些事情立即去做，能做到这些的员工，在单位也必定能够做到令行禁止，并能够很好地完成上级交办的工作任务。

2. 教育责备，敬听顺承

【原典】 父母教，须敬听；父母责，须顺承。

【释义】 父母的教导，要恭敬地聆听；做错了事情，受到父母责备或者劝诫时，要虚心地接受。

教导和批评，要正确对待

对于父母的教导，我们要恭敬地聆听，因为我们可以从中学到为人处世的道理。即使父母的言语有些急切，也应该明白，这都是为了我们好。一旦做错了事，父母对我们进行责备或者劝诫时，作为子女应当虚心接受。如果强词夺理，不仅会使父母亲生气、伤心，而且对于自己改正所犯的错误，也没有任何益处，甚至会加深自己的错误。

孟子小的时候，像许多贪玩的小男孩一样，对于学习似乎并不是太感兴趣。有一天，孟子读书感到厌倦了，贪玩的天性促使他跑出了学堂，痛痛快快地玩耍了一通。他以为神不知鬼不觉，但是，最后还是让母亲知道了。这天孟子回到家，看到母亲正在织布。这时候，母亲突然在孟子面前，把织布的梭子折断，扔在了地上。孟子先是大吃一惊，随后又感觉不解，于是问母亲为什么这样做。母亲说："布要一点一点地去织，最后才能成布。如果梭子断了，不去织它，你说还能织成一匹布吗？你的学业跟织布是一样的道理啊！你还未学成就感到厌倦，想出去玩，最后怎么能成为有用之人呢？"孟子明白了母亲的话，他知道母亲这是在批评和教导自己，他选择了恭敬地接受，从此发奋学习不再偷懒，最后终于成为儒家的一代大师，被后世尊称为"亚圣"。

这就是《三字经》里有名的"子不学，断机杼"的故事。孟子听从了母亲的教导，最后成就了一番伟业。可见，"父母教，须敬听"不仅仅是做子女的一种孝顺的态度，而且对子女自身也确实有潜在的巨大益处。这种好处可能不会马上显现，但是随着时间的推移，它会变得愈加明显。

那么，比"父母教"更进一步，当"父母责"时，作为子女应该怎样

做到"须顺承"呢？孟子的前辈，孔子的弟子之一，春秋时期的曾参所经历的一件事情可以给我们一些启发。

曾参，字子舆，春秋末期鲁国人。有一回，父亲让曾参去瓜地锄草，他立即就去了。但不知什么原因，曾参一个不小心，把田里的一棵瓜秧给锄了。知道这件事情后，父亲非常生气，一是因为毁了一棵秧苗，在那个时代，农作物对于曾参这样的家庭来说，是非常重要的；另一个更重要的原因，是父亲认为儿子之所以会出现这类失误，本质上是用心不专。为此，父亲抡起棍子就打，结果出手太重，曾参昏了过去。好在曾参不长时间醒了过来，不过，孝顺的他并没有因为此事而有所怨恨。

孔子知道了曾参经历的这件事之后，却对他说："小杖则受，大杖则走，今参委身待暴怒，以陷父不义，安得孝乎！"打得不厉害就承受，打得太厉害就逃走，现在你曾参用自己的身体等待暴怒的父亲，结果把你打昏。如果你被打死了，那不是陷你父亲于不义吗？这样怎么能算是孝顺呢？

曾参认为老师说得很有道理。

通过曾参的这件事情，孔子说出了在"父母责"时，做子女的应该怎么做的道理。假如父母只是言语责备，或者是轻度的责打，那就要接受。但是，假如责打有些过度，那么做子女的要懂得避让，先让父母消气，同时也避免事态朝失控的方向发展，这才是孝顺的正确表现。远在先秦时期，后来成为五帝之一的舜，就深深地明白这个道理，宋朝的陆九渊在他的《经德堂记》中就曾说"舜小杖则受，大杖则走"。

总之，不管是"父母教"还是"父母责"，做子女的要采取变通的方式灵活对待，但是，有一条是一定要做到的，那就是一定要把教导听到心里去，一定要对父母顺承，这才能算是孝顺。

把这个道理引申到工作中，面对教导和批评，我们要正确对待。

任何企业都有上司和老板，作为下属的我们，自然是没必要让自己过分谦卑，但是，摆正自己的位置还是必要的。无论在哪里工作，都难免遇到老板发火、上司批评的情况。这时候，我们需要做的是，不管对方说得对还是不对，我们都不要顶嘴，更不要和老板或者上司吵起来。因为这样做只能让事态变得更加复杂，于事无补。如果老板、上司说得有道理，我们更应该虚心接受，我们需要想一下，为什么会出现这种情况，是不是自己真的做得有些问题，或者老板、上司之所以发火责备，也都是为了让企业运转得更顺畅，让我们的工作做得更加完美。说白了，无论是企业效益好了，还是自己的工作做好了，都对我们有着很大的益处。

许多身在职场的人认为自己是在为企业、为老板工作。虽然，企业是老板的，看似是为老板工作，而实际上也是为自己工作，试想，不工作哪来钱，没有钱又怎么能养活自己甚至家人呢？而且，工作可以增长自己的才干和经验，这对你来讲可是一笔很大的无形资产。所以，工作不仅仅是为老板，更是为自己，是在为自己一点点地积累财富，一点点地码高事业的大厦。

明白了这一点，那么回过头来再去看本节前文，我们会发现，凡是在家能够做到"父母教，须敬听；父母责，须顺承"的人，在单位也都能够比较稳妥地处理与老板、上司的关系，面对上级的批评责备，往往能够正确地调整自己的情绪，采取比较合适的行动，从而将负面影响降到最低，甚至还能够从中学到一些东西，帮助自己在未来的工作中实现提高，甚至是让自己的职业生涯产生质的飞跃。

3. 一年四季，温清定省

【原典】 冬则温，夏则清，晨则省，昏则定。

【释义】 冬天要提前为父母暖被窝，夏天要提前把父母的床铺用扇子扇凉。早晨起床后要探望父母，向父母请安；晚上要伺候父母就寝后，自己才能入睡。

工作之中，细节是关键

《弟子规》中的这四句，是告诉我们侍奉父母要用心体贴。在二十四孝的故事里，九岁的黄香为了让父亲能够睡好觉，夏天睡前会用扇子帮父亲把枕席扇凉，冬天寒冷时会用身体先为父亲温暖被窝，然后再让父亲就寝。这就是"冬则温，夏则清"。清，音"庆"，清凉之意。后面的两句根据释义，很容易理解，不过最后的"昏则定"，除了上文的释义之外，有的人认为，还包含"下午回家之后，要将今天在外的情况跟父母汇报一下，最主要是向父母报平安，使他们放心"的意思。这也不是没有道理。总之，不管是哪种意思，中心思想都是要体贴父母，对父母多用心。

例如在家要关心父母的居住条件，让他们的住所能够冬暖夏凉，不杂乱，具有一定的舒适度。如果只管自己，不管老人的居住、生活环境，那是不对的。

上文提到的黄香，据传生活在东汉时期。因为他的孝行，后来被举为孝廉，曾经官至尚书令。时人对他有"江夏黄香，天下无双"的美誉。我们且不论孝顺的黄香后来的成就，单看他用扇子扇席、用身体暖被这些行为，就可以从中了解到，孝顺是发自内心的，是需要付出的，同时，也要关注一些细节，从细节中对父母进行关心。

现代社会，当然已经不需要再做扇席、暖被这些事情，但是，孝顺的精神却是不变的。例如冬天的时候看父母住的地方的暖气是否够热度，夏天的时候，如果父母不习惯开空调，那么就要帮父母买合适的电扇之类的电器，床上要铺上质量好一点的凉席等。这些都是力所能及的事情，而且都不是什么大事。我们不必常常跟父母说要报答您的养育之恩之类的话，只要在小事上多关心多体贴，一切的温情孝心就都在这些细节当中了。

再如"晨则省，昏则定"，这些内容似乎离我们已经远了。例如早上请安，现在更多的是在古装戏中能够看到，现代人已经很难见到有谁会在起床之后，到父母那里，说"孩子给您请安"了。虽则如此，道理还是跟上面说的一样，时代在变，好的传统不会变。我们作为现代人，已经不需要再遵守封建礼教文化下的一些繁文缛节，但是，其中的精华我们要保留。例如，我们要经常跟父母沟通，说一些大家都感兴趣的话题，交流一下两辈人之间的感情；如果没有跟父母住在一起，那么，就要找时间常回家看看，老人并不需要你挣多少钱给他们，他们更加希望的可能就是多跟子女们待会儿；假如你远离父母在外地工作，那就要经常给家里打个电话，问一下近况，关心一下父母的身体，等等。这些都可以算是现代社会的"晨则省，昏则定"。不用说什么大话，不用做什么大事，跟父母交流，多关心父母，大多是从鸡毛蒜皮、柴米油盐上开始的。没错，还是细节，一年四季中的温清定省，都是从这些细节中做起的。也正是这些细节，才成就了一个个关心照顾父母的孝顺子女。

是的，奉养父母如果想做到无微不至，需要关注细节。那么作为一名员工，在工作中又何尝不是如此呢？

李萌大学刚毕业，学酒店管理的她应聘到上海的一家大酒店工作。虽然一开始酒店只是让她做服务员，但是她并不太在乎这些，因为她明白，任何人都是要一步一个脚印地去工作、去拼搏的。她没有什么怨言，相反，十分珍惜这份来之不易的工作。

一天早上，一位德国客人从房间出来准备吃早餐，走廊里的李萌微笑着和他打招呼，并叫出了他的名字。德国客人感到非常惊讶，他没有料到这个服务员竟然知道自己的名字。李萌解释说，记住每一个房间客人的名字，可以更好、更有针对性地为客人服务。德国客人一听，非常高兴。

在李萌的引领下，德国客人来到餐厅就餐。用过早餐，李萌又端上了一盘酒店免费奉送的小点心，点心的样子非常别致，引起了德国客人的好奇，他问站在旁边的李萌，中间绿色的东西是什么。李萌上前看了一眼，又后退一步做了解释。当客人又提问时，她上前又看了一眼，再后退一步才作答。这个"后退一步"细节虽小，但是有很大的作用——防止她的口水溅到食物上。德国客人对这种细致的服务非常满意。

几天后，当德国客人处理完公务退房准备离开酒店时，李萌把单据折好放在信封里，交给德国客人时说："谢谢您，霍夫曼先生，真希望不久后能第三次见到您。"原来，这位客人在半年前来上海时住的就是这家酒店，只不过上次只住了一天，所以对李萌没什么印象，但是李萌却把这位客人记住了，而且连他来了几次都记得清清楚楚。

这位德国客人后来多次来上海，每次都会住在这家酒店，而李萌的服务依然是那么关注细节、体贴入微。当这位德国客人最近一次入住这家酒店时，李萌已经是酒店的客房部经理了，而且，本来服务已经很到位的这家大酒店，还采纳了李萌的一些建议，让酒店的服务更上一层楼。

学酒店管理的李萌最后终于成为酒店管理层的一员。很显然，她的成功不在于她做了多么伟大的事，而在于她注重细节，对工作充满责任心。

在家的时候要细心孝顺父母，在工作的时候，工作本身就像是自己的特殊的"父母"，所以一定要做到敬业。而具备敬业精神的人，才会不由自主地去关注工作中的细节，而做好细节就能做好一切。一名优秀员工在工作的时候，应当像李萌一样，专注于每一个细节，把各个细节都做到完美。这不仅能给企业带来效益，也能为自己的发展创造机会。

4. 居有常规，业有长志

【原典】出必告，反必面，居有常，业无变。

【释义】外出离家时，必须告诉父母自己要到哪里去，回家后必须当面禀报父母，让父母安心；平时的生活起居，要保持正常的规律，事业或者职业也不要任意更换改变，以免父母忧虑。

工作不要随意更换

在古代，一般孩子在离家或者回家的时候，都要跟父母说一声，因为那时候通讯不发达，特别是自己离家的时候，如果不告诉父母要去哪里、要干什么，父母是不知道孩子的情况的。如果父母不知道孩子已经到外面去了，在呼唤的时候找不到人，就会给父母增加烦恼。对于现代社会来说，从一些影视剧也能够看出来——一到家先大喊一声："我回来了!"——某些国家仍旧保持着这类传统。我们其实也一直在传承着这方面的精神，只是随着时代的发展，形式有所改变，但是内核是没有变的，例如隔三差五给父母打个电话，在询问父母情况的同时，也是在向他们报平安。

从这些可以看出，孝顺父母的其中一方面，就是让我们自己处在一个比较好的状态。换句话说，做子女的过得好，父母才开心。

那么，除了自身平安外，还有什么属于"比较好的状态"呢？很显然，本节后两句就在这个范畴之内。例如"居有常"，子女如果生活起居没有规律，父母万一有什么事情，却找不到子女，这无疑将对父母的情绪产生影响，轻则让父母生气，重则父母可能会怀疑子女出了什么事情，这样就更平添了父母的忧虑。而且，生活起居没有规律，对于我们自己的身体来说也是伤害很大的，这也会客观上增加父母对子女的担心。再如"业无变"，就是要有长志，不要频繁地"跳槽"，不要一有不如意就辞职不干另寻工作，这对于父母来说，并不是什么好消息。因为子女的工作不稳定，父母心里自然也不会觉得踏实。

小郑毕业于北京某大学。随后，他凭借自己过硬的专业技能，顺利进入北京一家效益非常好的科技公司，专门做研发工作，工资优厚，这让他的很多同学都很羡慕。

但是半年后，小郑却辞职

了。得知这个消息后，大家都很惊诧，忙问缘由。原来，小郑因为一次工作疏忽给公司造成了损失，被老总责备了几句，他一气之下就辞职了。小郑还愤愤地说："我好歹也是名校毕业，专业好，干吗在他那里受罪啊，想要我的单位多了去了。"

事实证明，小郑的确是个抢手的人才，他发出简历不久，就陆续有了回音，但由于他毕业不到一年，工作经验有限，绝大多数用人单位给的工资并不是太高，和他的理想薪金相距甚远。就这样，他高不成低不就，只好在家"待业"，实际上变成了一个不折不扣的"啃老族"。

两个月后，为了生存，也迫于父母的压力，他无奈地选择了一家合资公司。虽说他认为工资还可以接受，可是这家公司把他派到了一个偏远的山区工作。当地是农村，手机的信号很不好，当然，用手机上网更不方便。他之前没事儿就喜欢发个微博玩个微信，这下可倒好，能给家里的父母打通电话就不错了。在大城市过惯了，小郑真的感觉很不适应。没过多久，他辞职回到了城里。

接下来的三年，他换了六七份工作，他跳槽的原因主要有：工作地理位置不好，工资低，工作太累，休息时间少，人际关系复杂，工作环境不好等。后来小郑干脆转行，听说做业务能挣钱，于是去做业务员，但发觉自己不是做业务员的料，干了一个多月，没有拉到一个客户，于是心灰意冷，又辞职了。

在不断的跳槽中，小郑养成了这样的坏习惯：工作稍不如意就想跳槽，薪水低就想跳槽，人际关系处理不好就想跳槽，看着别人跳槽时也想跟着跳槽。结果，他的生活因为不断地换工作而变得乱七八糟，根本就没办法稳定下来，而他的父母也因此没少着急。

对现代人来说，跳槽似乎早已司空见惯。人们为了追求个人价值和高薪高职，有的人甚至频繁地跳槽。这不仅给企业带来了伤害，也给自己的职业发展带来了阻碍。当然，跳槽并不一定就是错的，但是在决定跳槽前，千万别忘了先算算跳槽成本，不要"捡了芝麻丢了西瓜"。个人职业生涯发展是讲究连续性的，就是俗语所说的，人要有长性，职业上要有长志，理性分析下的跳槽不是不可以，但是频繁地跳槽，导致"业"经常"变"，这就违背了"业无变"的要求，对于企业、自己甚至是自己的父母，都有着不好的影响。一个人进入社会之后，必须明白，我们需要维持职业生涯的连续性，对待个人职业生涯的发展，应该有个主线，这样才能不断积累，迎来事业的成功。对自己的职业专注度高，有一定的恒心，在"业无变"上多下工夫，才能够在企业中有所作为，也才能开辟自己光明的未来。

5. 事情再小，也勿擅为

【原典】事虽小，勿擅为，苟擅为，子道亏。

【释义】事情再小，也不要擅自做主和行动；假如因为擅自做主或行动造成错误，会让父母担忧，从而有失做子女的本分。

与领导多多沟通，不擅自做主

纵然是小事，也不要擅自做主，更不应不向父母禀告。如果任性而为，很容易出问题，这就有损做子女的本分了。因为擅自做主出了问题，会让父母担心，这是很不好的。

在古代，不少子女事无巨细，都会向父母禀告甚至是请教。当然，一方面是因为当时的宗法制度使得父母（尤其是父亲）在家庭中有着无上的权威，从另一个角度看，这叫做尊重父母的知情权和指导权。假如一些小事没有向父母禀告或者请示，万一得到不好的结果，对于父母在社会、在家庭中的颜面和权威也是一种伤害。

在现代社会，我们当然要把重点放在上述的第二个角度，也就是父母的知情权和指导权上。有句话说，不管你年龄多大，在父母眼中永远是个孩子。因此，一些事情还是多跟父母商量为好，以免事后让父母着急，甚至对老人的身体造成影响。

同样的道理，作为一名员工，在工作的过程中，我们不应该过于"自由"地想怎么干就怎么干，而应该明白企业都是有一定的上传下达的规章制度的。例如，如果自己有一些建设性的想法，可以按照制度要求向上级当面汇报或者是提交书面报告，在上级对你的想法做出批复之前，不应该擅自做主，做出越权的事情来。我们需要做的是与领导多沟通，而不是自作主张。

安琪尔凭借自己良好的外表和出色的处事能力，进了迈克尔的公司，担任了迈克尔的秘书。

这天，迈克尔接完一个电话就叫了起来："糟了！那家提供的货虽然便宜，但根本不合格，还是原来 HB 公司的好。"然后迈克尔走到安琪尔身边，忍不住自责起来："都怪我，怎么那么糊涂，写信把 HB 公司臭骂了一顿，还骂他们是骗子，这下麻烦了。"

安琪尔禁不住得意地说："是啊，我那时候不是说吗，要您先冷静、冷静、再冷静，您不听啊。"

迈克尔来回踱着步子，指了指电话说："把电话告诉我，我亲自打过去道歉。"

安琪尔笑着说："不用了！告诉您，那封信我根本没寄。"

"没寄？"

"对。"

迈克尔如释重负，停了半晌，突然说："可是我当时不是叫你立刻发出吗？"

"是啊，但我猜到您会后悔，所以压下了。"

"压了三个礼拜？"

"对，您没想到吧？"

"我真没想到。"迈克尔不由得去翻记事本，"可是我叫你发，你怎么能压呢？那么最近发出去的那几封信，你也压了？"

"我没压。"安琪尔自信地说，"我知道什么该发，什么不该发。"

"我做主，还是你做主？"没想到迈克尔突然怒声说道。

安琪尔立即呆住了，很快，两行热泪夺眶而出。她哭喊道："难道我做错了吗？"

"你做错了！"迈克尔毫不示弱。

这天，安琪尔还没从悲伤

的情绪中解脱出来，人事部就打过电话来让她过去谈话。

安琪尔被解雇了。

从这个故事中，我们可以看出，对员工来说，老板永远是正确的，即使他错了，你也不要擅自替他做主。因为在公司里，只有老板是发号施令的人，你只是一个执行者，如果擅自改变老板的决定，那你岂不成了老板的老板？虽然事实证明，你是从公司的利益出发，避免了老板的失误，但你却被告知"做错了"，因为你违反了职场中做事的原则，你不小心站到了不该站的位置——老板的位置上，做了一件本该是老板做的事。

在职场之中，自作主张是很容易让上司反感的。你打仗的能力再强，也得听元帅的，而不是自己想怎么打就怎么打。可能元帅的武艺没有你高强，但是，这并不是大将自作主张无视元帅的理由，因为即使上阵杀敌他不如你，但是运筹帷幄，可能你就不如人家了。这也是人家能够当元帅的缘由。

在职场之中，我们作为下级，需要做的是提出一些主张，而不是自作主张，是献策，而不是决策。想要真正成为元帅信得过、离不开的得力大将，就必须把握住这个职场特点，明确自己的位置，也明确上司的位置。

6. 物品再小，也勿私藏

【原典】物虽小，勿私藏，苟私藏，亲心伤。

【释义】公物即使再小，也不能私自藏为己有；如果因为私藏公物而缺失了品德，父母会伤心或者生气。

好员工绝不做损公肥私的事

不要贪小便宜，再小的东西也不能私藏，否则会让父母生气。因为这样做，轻则违背道德，重则触犯法律。

在古代，孩子们在很小的时候就被教育"一瓜一果之弗贪"，因为"小时偷针，大时偷金"。连瓜果之类的小东西都不要贪图或者私藏，因为很多事情都是由于不注意小的问题，才逐渐演变成大问题的，很多人都是因为小时候偷针不被责罚，长大了才会去偷人钱财触犯法律的。

不是自己的东西，再小也不能去贪图，只要是公物，再小也不能去私藏。远在东晋时期，陶侃就是这样被母亲教育的。

陶侃从小就在母亲的教导下，不仅勤奋好学，而且非常注重个人的修养。后来，长大后的陶侃曾经担任过管理鱼塘的小官。有一次，他弄到了一坛子咸鱼，为了孝敬母亲，他托人帮他把鱼带给母亲。母亲见后，非但不高兴，反而很生气。她立即把坛子封好让人退回去，还写信给儿子陶侃说："你是国家的官吏，却用公家的东西孝敬我，这不但不会使我开心，反而会让我忧虑啊！"

一坛子咸鱼，对于一个在东晋时代当官吏的人来说，算得了什么？但是陶侃的母亲却并不这么认为。她不但不要鱼，还好好地教育了儿子一番。这就是著名的"陶母封鱼"的故事。陶侃从母亲的教诲中也明白了这是自己疏忽了对自己的要求，此后牢记母训，做官廉洁，为人正直，后来担任过征西大将军、荆江两州刺史、都督八州诸军事等要职，成为晋朝重臣，并且青史留名。

公家的物品再小，都不能据为己有，这个道理在企业中自然也是一样的。

李玲是公司新招来的办公室文员。刚来公司时，她还是挺安分守己的，工作也积极认真。但是时间一长，就开始放松了对自己的要求。

一天下班后，她接到一个私人电话，需要记一些内容，于是她随手拿了公司的一张打印纸在上面写了起来。电话挂断之后，她准备离开公司。但是，看一看手中写了几行字的打印纸，再扫一眼空荡荡的办公室，她的手又伸向了那沓雪白的打印纸，一连抽出来七八张，放进了她的包里。至于要这些打印纸干什么，其实她也不知道。她只是觉得，这些公家的打印纸看起来非常有吸引力，纸质也非常好，反正现在公司就她一个人，而且就是几张纸，没什么的。

后来，不光是私自拿几张打印纸，她有时候还会拿公司的一两支签字笔回家。

她认为，几张打印纸，几支签字笔，不是什么大物品。而且，说夸张点，公司的这类东西多得是，她的行为就好像在米袋子里拿了几粒米，公司是不会发现的。

但是，终究纸里是包不住火的。有一次，李玲在偷拿公司的一盒订书钉时，被突然回来取落下的手机的部门主管看见了。第二天，李玲就被开除了。

　　公私分明是每一个员工都应遵守的职业纪律，同时也是必备的职业道德。可总是会有一些人，将公司的物品私有化，做损公肥私的事情。而且，他们有很多理由支撑自己的这种行为，例如一张A4纸、一支签字笔，这些都是细小物品，我拿点也没什么，是很正常的事，公司也不会因为这个而倒闭，没必要为此上纲上线。其实，恰恰是这些小事，最能反映出一个人职业操守的高低。

　　身在职场，要想做一个优秀的员工，就应该不贪图小利，不私藏公物，哪怕该物品小得不能再小。甚至，还要时刻想着为公司节约。因为公司的损失，迟早要转嫁到每一个身在其中的员工身上，同时，自己在这种损公肥私的事情中表面上看是得了小便宜，但是，最终害的还是自己，轻则损害自己的道德操守，影响自己在别的同事眼中的形象，重则可能会丢掉工作，甚至给自己

的职业生涯增加污点，导致不仅被这个公司开除，还被别的公司拒绝接纳的恶果。作为一名员工，对此一定要有清醒的认识。

7. 亲之好恶，己之方向

【原典】亲所好，力为具；亲所恶，谨为去。

【释义】父母喜欢的事或物，应该全力去做或者准备；父母厌恶的事或物，要小心谨慎不去做或者去除。

作为员工，要与企业保持一致

父母所喜好的东西，应该尽力去准备，父母所喜好的事情，应该尽力去做；相反，父母所厌恶的事或物，我们做子女的就要小心谨慎地不去做或者去除掉。换句话说，凡是父母喜欢的，我们也要喜欢，凡是父母厌恶的，我们也要厌恶。

春秋时期，有一个国家叫做郯国。本来它是一个非常弱小的国家，在历史上似乎没做过什么惊天动地的大事，也没起过改变历史车轮轨迹的作用，因此，关于它的史料非常匮乏。但就是这样一个名不见经传的小国，却被后世的人们记住了，一直到今天。为什么呢？因为它的一个国君——郯子。

郯，音"谈"。郯子是一位大孝子。谁的父母都有年纪大的时候，国君自然也不会例外。据说郯子的父母老了之后，都得了眼病，而鹿乳能够治这类病。父母很想吃鹿乳，郯子知道后，当然觉得责无旁贷，于是立即行动，到深山去想办法弄一些鹿乳回来。但是，事情想起来简单，做起来就不是那么容易了。如果说想吃鹿肉，那只要有弓箭就行，但是，如果想得到鹿乳，可就不能把鹿给射死了。前者是打猎，后者是收集。

为了能够让父母吃上新鲜的鹿乳，郯子最后想到了一个办法，就是披上鹿皮，假装自己是一头鹿，混到鹿群里面去，然后开始搜集鹿乳。这应该是个好办法，但是，危险系数也变大了。有一次，一个猎人在隐蔽处对着鹿群搭弓准备射箭，结果箭头指向的却是群里最特殊的那头"鹿"。好在郯子及时警觉，赶紧大叫表明自己是人类。错愕的猎人倾听完郯子的诉说之后，非常感动，并将这件事告诉了其他人。从此，郯子鹿乳奉亲的故事开始广为流传，后人甚至为郯子修了庙，对他的崇敬可以想见。

双亲喜欢的，要尽力去准备或者去做，不喜欢的，就要尽力去除或者不做。郯子的故事为后人作了一个很好的表率。作为一名员工，在企业中，也可以化用《弟子规》对我们这方面的教导。那就是，企业喜欢的，我们也要喜欢，企业厌恶的，我们也要厌恶。换句话说，就是要与企业保持一致，例如企业的价值观、规章制度等。

举个例子，作为一名员工，如果能够与企业的价值观相一致，就会认同自己的工作，对工作充满热忱，遇到困难时就会抱怨的时候少，想办法的时候多，最终能够认真完成工作任务，并取得职业道路上的长足发展。

有些人之所以能进入一定的高层次的职业领域，是因为他们能将自己价值观的核心内容与工作融为一体。对于任何一名员工来说，既然在一个企业工作，那么除非你选择离开，否则最好接受它的价值观，这是一种积极的态度。例如你在这家企业里工作，上司给你一个岗位，你就要好好地在这个岗位上工作，而不是挑三拣四，这个岗位不适合自己、这个工作对我来说太屈才之类的想法千万不要有，而是要全身心地干好交给你的工作。下面便是跟企业的价值观相统一的一个例子。

十几年前，怀特博士去巴黎参加研讨会，开会的地点他不是太熟悉。他拿着地图研究了半天，发觉自己就是搞不清楚怎样才能到达会场。那时候网络还没有如今这样发达，没办法的怀特博士，只好走向他下榻的这家酒店的大厅服务台，请教服务人员。

当班的是位五六十岁的老先生，身穿非常绅士的燕尾服、头戴高帽。当得知怀特博士的困难后，老先生脸上带着灿烂的笑容，仪态优雅地摊开地图。他仔细地写下路径指示，不仅如此，还热情地引领怀特博士走到门口，面对着马路向这位尊贵的客人仔细讲解前往会场的路线。

他的热忱及笑容让人如沐春风，怀特博士感觉非常舒适和开心。

在怀特博士致谢道别之际，老先生微笑着礼貌回应道："不客气，祝您顺利找到会场。"怀特博士听完这句话，笑了起来，他觉得这位服务生实在是太和善了，于是想多聊两句：

"恕我冒昧，我看您的年龄也不小了，可否问一下，您这么多年一直做的就是酒店服务生这份工作吗？哦，如果我的问题冒犯到您了，请谅解。"

老先生脸上的笑容更加灿烂了："啊，冒犯？先生，一点也不。不瞒先生说，25年了，我在这个岗位上已经工作了25年。对此我很骄傲，而且，我已经培养出无数的徒弟，同时，我敢保证我的那些徒弟们每一个都是最优秀的服务员。"他的言语流露出发自内心的自豪。

怀特博士问道："什么？都25年了，你一直站在酒店的服务台前啊？"

老先生回答说："是的，先生。我总认为，能在别人生命中发挥正面影响力，是件过瘾的事情。您想想看，每年有多少外地旅客来到巴黎观光，如果我的服务能帮助他们减少'人生地不熟'的胆怯，让大家感觉跟在家里一样，因而有个愉快的假期的话，不是很令人开心吗？这也是我所在的酒店想要达到的目标啊!"

怀特博士被老人的回答深深地震撼了,他从老人朴实的言语中感受到了一种不同寻常的力量。一个人与企业一致到如此程度,对工作认同到如此地步,他怎么可能做不好工作呢?他怎么可能不取得那份专属于自己的成功呢?这位法国老人之所以热爱自己的工作,是因为他从中体会到了自己的价值,体会到了企业将工作交给他时对他的信任和期待。此时,企业的价值追求与他自己的价值追求形成了高度的一致。

接受企业,认同企业,绝不是靠外力强加于自己的,而是你自己人生价值的一种需要,这种积极心态在成功企业里表现得非常突出。企业喜欢的,就是员工喜欢的;企业厌恶的,就是员工厌恶的。当个人的价值观和对自己未来的期待能与企业形成一致时,你就像钻开了取之不竭的能量源泉,你会喜欢自己的工作,并且在自己或许毫不起眼的岗位上做出不平凡的事业来。

这是与企业价值观上的一致,另外,对于规章制度,也最好保持一致。否则,结果可能不会太好。例如,有的企业要求

41

员工穿特定的工作服，这个就需要遵守，不管喜不喜欢工作服的设计或者布料，都要与企业保持一致，否则，只能自己走人。再如，有的企业要求员工在工作的时候不能在工作场所吸烟，那么，作为员工除了遵守之外别无其他选择，除非他不想继续在这里工作下去。曾经有这样一件事：两个男人站在某企业的楼顶要跳楼，当然，"要跳楼"和"跳楼"还是有区别的，这是一种姿态，为的是让更多人知道他们的事情，以期通过舆论给他们的单位施压。不过事实是，企业规定不准在仓库里抽烟，但是他们抽了，结果被纠察部门逮个正着。他们被开除了，因此选择了到楼顶进行抗议。此事经媒体报道后，舆论还是批评这两个男人的居多，这个结果已经证明了谁对谁错。

与企业保持一致，不管是价值观，是规章制度，还是其他任何方面，只要你愿意在这个企业工作下去，就要这样做，别无选择。不要抱怨制度不人性化，虽然制度本身肯定会或多或少有缺陷，但关键是，要知道任何企业中的任何制度都不是为一个人说改就会改的；不要抱怨自己的工作岗位太渺小或者太没趣，要思考一下为什么自己会被安排到这个岗位，企业管理者有什么自己的考虑。当跟企业保持一致的时候，你会比原先更喜欢眼下的工作，而且，在工作的过程中，你能够体验到更多的快乐，并有可能为你在以后职业道路上的发展打好基础。

8. 保护身体，修养道德

【原典】 身有伤，贻亲忧；德有伤，贻亲羞。

【释义】 自己的身体受到伤害，会给父母带来忧虑；自己做出伤风败德之事，会给父母带来羞辱。

善待自己，维护企业形象

"身体发肤，受之父母，不敢毁伤，孝之始也。"这句话相信每个人都不会陌生。此言出自《孝经》，虽然是古文，但是每个现代人都能看明白。这话为什么要如此说呢？因为自己的身体是父母给的，最关心自己的也是父母，假如身体有什么闪失，不光自己受罪，还会连累父母也跟着担忧。举个极端的例子，"白发人送黑发人"自古有之，一直到现在，都被认为是人间惨剧，原因正是子女如果不幸，父母也不会开心。从这个角度看，也可以这么认为，对父母的孝顺，不仅仅是对父母要如何如何好，也包含对自己要好。

对自己好，就是要做一个健康的人，好的身体才是干事业的本钱；对自己好，就是要做一个有道德的人，好的品德才是在社会上立足的基础。自己健健康康的，而且具备一定的道德修养，这也是对父母尽孝的一个非常重要的方面。因为如果自己身体不好，父母会担忧，道德有问题，父母会跟着蒙羞。

现代社会中，偶尔会有年轻人为了所谓爱情而自残的事出现，这个说严重点，就是有点对父母不孝了。感情受挫，心情可以理解，但是，排解的方式不能是摧残自己的身体，这样做不仅不会减轻自己的痛苦，还会连累父母跟着着急。还有人犯了法，坐了牢，父母在居住的村子里或者小区里，在街坊四邻面前抬不起头来，要承担不小的精神压力，这样的事情也是有的，所以这也可以看做是该子女对于父母的不孝。因此，为人子女，敢不慎哉！我们要尽力在生活习惯上朝好的方向去培养，不沾染对身体有害的习惯，同时，也要加强自身的道德意识和法律意识，不让父母因为自己的某些行为而承受精神上的压力，反过来，这也是做子女的在严格要求自己的同时，维护了自己的形象，也维护了父母的形象。

在企业中，当然也应如此。

首先是员工要善待自己的身体。有些工作比较特殊，有工伤的危险，那么作为一名员工，就更应该加强自我保护。不要说自己的安全是企业的责任，其实，自己当然也有责任。假如有意外出现，企业即便赔钱也于事无补了，因为伤害已经出现了，甚至很多伤害是不可逆的，是多少钱也补不回来的。而且，一般有工伤可能性存在的工作，企业都会有非常细致的操作规程以及安全生产方面的规定，作为员工就要认真学习，牢记于心。不管是企业还是员工自己，谁都不想出现工伤事故，而作为员工很好地学习和遵守操作规程及安全生产规定，不仅仅是对企业负责，更是对自己和家人负责。

例如有的单位需要员工在工作的时候，必须戴安全帽，但是，还是偶尔会出现一些因为员工忘戴安全帽而引发的事故。企业专注安全，这是必须做的，细化到个人的时候，就需要做员工的提升自身的安全意识，因为任何一家企业都不可能为每一名员工配一个"安全专员"盯着他。说到底，安全是企业的责任，也是每一名员工对自己的责任。

在善待自己身体的同时，员工更要善待自己的灵魂。无论是谁，无论什么职业，作为一个人生活在这个社会中，就要非常专注于自己的道德修养。在企业中，如果一名员工道德有问题，影响的不仅仅是他个人的形象，还有可能导致企业形象受损。"德有伤"的员工，不仅父母会蒙羞，企业也会跟着"受伤"。因此，作为一名优秀的员工，我们要时刻严格要求自己，不做有损企业形象的事情。

张宏每次出差到外地，都会受到客户们的热情接待。但是，作为一名业务员，他始终把持着一个"度"，就是如果客户的款待标准过高，他就会婉拒。因为他认为，自己之所以来出差，不是为了尽一切所能抓住各种机会来享受，而是来完成公司交办的工作的。客户对此却不怎么认同，有的客户干脆直说："小张啊，来到我这里，就是贵客。我这做主人的，尽一下地主之谊还是必要的，你想得是不是有点多了？"而每次张宏都会很礼貌地回答道："我总觉得，作为一名员工，我代表的是公司的形象。如果每次到您这儿来，就是大吃大喝，那时间一长，您会怎么看我？说严重点，又会怎么看我的公司？我就害怕有人会说，你看，这家公司的人每次出差，就好像旅游一样，这样的公司将来有什么前途？"

客户们当然还是觉得张宏这个回答有些考虑过多了。但是，张宏的原则性很强。于是，时间一长，客户们也就逐渐地适应了张宏的"节奏"，他只要一出差过来，第一件事不再是安排怎样的饭局接待，而是提前准备好工作上的各方面资料，工作谈得差不多了，再去简单吃个饭联络一下感情。

一年之后，张宏的业绩在公司名列前茅，而张宏的客户们也都成了公司的铁杆合作伙伴。因为客户们也都是生意人，表面上一开始似乎给张宏的印象是最专注吃喝和娱乐，但是实际上，有哪个生意人不是最重视生意本身的呢？张宏的做法使得这些客户们，少了很多客套上的麻烦，也能够把更多的精力放到工作上面。这样做的结果必然是双赢。而最关键的是，越来越多的客户认为，有张宏这样的员工的公司，肯定也是非常值得信赖的生意伙伴。张宏由此成功地把自己和公司的形象融为了一体。

企业形象并不是一个抽象的概念，它体现在企业运作的各个方面。而员工们其实就应该像张宏那样，明白自己有责任维护企业的形象。从某种意义上说，员工就是企业的代言人，员工的形象在某种程度上就代表了企业的形象。一个合格的员工要明白，在任何时候都不能做有损企业形象的事情，而每一个企业，也都会这样要求自己的员工。

维护企业形象应体现在每个员工工作以及生活的方方面面，尤其在与外部人员交往时，更应时刻注意维护单位的形象，杜绝有损单位形象的言论和行为。要知道，此时你代表的不仅仅是个人，而是整个企业。

维护企业形象的前提是树立荣誉感，以企业为荣，以成为企业的一员为傲。在热爱企业的问题上，一个优秀的员工不仅应时刻秉持这样的观点，更要落实到行动上。如果你仅仅把自己所在的单位当做谋生的场所，而缺少应有的荣誉感甚至厌恶自己的单位，那么离开也许是最好的选择。在这种心态的支配下，可以断定你不会做出什么成绩，不知道哪一天还会做出有损单位形象的事情来。

维护企业形象首先要求员工在与外界交往时不要随意贬损自己的单位，尽管有时你的评价是客观和正确的。要知道，企业的荣誉与个人的荣誉是息息相关的，也就是"一损俱损，一荣俱荣"。一个随意贬损企业或老板的员工肯定是一个既不聪明，也没有多少才能的人。这样做直接伤害的是企业，实际上也是在伤害自己。没有人喜欢这样的人。

如果企业形象确实存在某种欠缺，从维护企业利益的角度出发，员工应该向上级或相关领导提出自己的改进意见，这才是真正负责的做法，而不是牢骚满腹甚至毫无顾忌地宣扬企业的缺点或不足。

任何企业都有一个属于自己的独特形象。良好的企业形象可以使企业在市场竞争中处于有利地位，受益无穷。员工的一言一行则直接影响企业的外在形象，员工的综合素质就是企业形象的一种表现形式。

总之，在岗位上，从个人安全角度考虑，员工要严格按照生产操作规程和安全守则搞好安全生产，使工伤的可能性降至最低；从企业形象角度考虑，员工要严格要求自己，不做违背道德、触犯法律的事情，不做随意贬低自己单位的事情，不做有损企业形象的事情。

9. 憎我仍孝，难能可贵

【原典】亲爱我，孝何难？亲憎我，孝方贤。

【释义】当父母喜爱我们的时候，我们能做到孝顺有什么难的？当父母不喜欢我们或者管教过于严厉的时候，我们还能做到孝顺，才难能可贵。

岗位即使平凡，也要奋发图强

当父母亲喜爱我们的时候，我们想要做到孝顺是很容易的事，这个很好理解。如果父母不喜欢我们，我们一样能够做到孝顺，甚至还能够在父母严厉批评我们的时候，做到自己认真地反省，体会父母的心意，努力改过并且在以后做得更好，这种孝顺的行为最是难能可贵。

二十四孝中有这样一个故事。在晋朝时期，有一个人叫做王祥，他年幼时母亲去世，父亲再娶，王祥于是就有了继母。继母不喜欢王祥，好在父亲对王祥还是不错的。但是，由于继母经常在父亲面前说王祥的坏话，久而久之，连父亲也不喜欢他了。

年幼丧母，不见容于继母，最后连生父也不关心他了，这对于王祥来说，实在是不幸。但是王祥却并没有因此而怨天尤人郁郁寡欢，他一直坚持做好自己当儿子的本分，虽然失去了父母的慈爱，但是他仍然很孝敬自己的父母。

有一年冬天，继母病了，想吃新鲜的鲤鱼。在那个时代，对于生活在琅琊（今属山东省）的王祥一家来说，冬天想吃到鲤鱼本来就很难，更别说是新鲜的鲤鱼，那可是比登天还要难了。北风呼啸，天寒冰冻，河面都结冰了，到哪里去找鲤鱼？但是王祥一心想着继母的愿望，于是真的就跑到了河边。看到冰冻的河面，王祥想哭的心都有了。为了捉到活鱼，王祥竟然走到结了冰的河面上，脱掉衣服卧在冰上，希望能用体温化开河面的冰，然后再捕鱼。这时候，冰忽然裂开一道缝，两条鲤鱼从里面跃了出来，王祥大喜，于是拿回家去。王祥的孝行感动了继母，一家人的生活慢慢融洽和谐起来。

王祥的继母不喜欢他，甚至可以说对他很不好，但是王祥却仍旧能够做到孝顺。虽然故事到后来带上了神话色彩，但是我们必须明白，二十四孝的故事是在古代就开始流传的，而古代正是

迷信观念重，非常相信神话的时代。甚至可以说，那时候很多故事的传播，都要刻意地去染上这种色彩，因为这样可以把劝谕民众的作用发挥得更大一些。故事是故事，道理是道理，而很多故事之所以出现，其实为的就是讲道理，让有益的道理更加深入人心。王祥的故事便是如此，它传达的是本节《弟子规》原文所要强调的道理。

没错，王祥"卧冰求鲤"的故事，正应了本节所说的"亲爱我，孝何难？亲憎我，孝方贤"。如果把这个道理放到职场之中，我们完全可以这样理解：即使暂时没得到重用，即使自己所在的岗位非常平凡，让人觉得好像是企业"不喜欢"我们，我们也应该好好工作，做好作为员工应该做的事情。甚至越是这样，我们越应该奋发图强，做到尽职尽责。

不少人会抱怨自己的工作单位不好，或者单位可以，但是自己的岗位不好，或者根本就是自己的职业不好，因此就只知道抱怨，不好好工作。其实，这样的抱怨以及消极的行为，就好像"亲憎我"，我就选择不孝顺一样，很明显，这是不对的。除非我们选择离开，否则，这种消极情绪和行为最好不要表现。而且，事实上，很多平凡的岗位都可以出人才，这在各行各业中都有不少例子。

平凡与伟大是同一事物的两个侧面。从横向看，可能每天的工作都很平凡，但是能把每一件平凡的工作做好，甚至做得比别人好，好上加好，就会创造不平凡；从纵向看，千里之行，始于足下，一切都要从平凡工作做起，不平凡的业绩都是通过努力在平凡的工作中做出的。任何岗位都能出成果、出人才、出奇迹，关键看你怎么干。目标要远大，但也要清楚，工作大多是平凡的。我们不要抽象地追求伟大，而应该把平凡工作做得伟大。

成功的事业未必一定灿烂，平凡的岗位也有壮阔的波澜，只要我们信念坚定，激情永驻，懂得坚守，乐于奉献，平凡就会因此而不平凡。世上所有正当合法的工作都是社会所需要的，都是高尚的。世上只有卑微的人，而没有卑微的工作。从今天起，端正你的工作态度，即使所从事的工作枯燥乏味，也要始终奋发图强。

无论你从事什么样的工作，即使再平凡，也不要看不起它。每一件事情对人生都具有十分深刻的意义，所有正当合法的工作都是值得尊敬的。没有被人看不起的工作，只有因为工作不努力而被人看不起的员工。

现代职场中，依然有很多员工抱怨老天的不公，太多太多的员工抱怨自己工作的卑微与低人一等，叹息自己之所以干这个工作仅仅是迫于生活的压力不得已而为之。一个看轻自己所从事工作的员工，自然无法投入全部身心，而是会在工作中敷衍塞责、得过且过，同时将大部分心思用在如何摆脱现在的工作环境上，这类员工在任何地方都不会有成就。

约翰在一家机械厂工作，从进厂的第一天起，他就喋喋不休地抱怨"为什么让我当修理工啊？凭我的本事，做修理这活太丢人了"，"修理这活太脏了，瞧瞧我身上弄的，为什么不让我做研发呢"，"真累呀，我简直讨厌死这份工作了"，等等。

约翰认为自己是在受煎熬，是命运对他不公，是机械厂对他不好，他觉得每天都在像奴隶一样做苦力，所以每天都是在抱怨和不满的心情中度过的。而且，约翰每时每刻都窥视着上司的举动，只要一有机会，他便偷懒耍滑，应付手中的工作。

5年过去了，与约翰一同进厂的同是做修理工的4个工友，各自凭着自己的手艺，或另谋高就，或被公司送进大学进修，或直接参与到机械的研发和改进工作当中，只有约翰仍旧在抱怨声中做他蔑视的修理工。

我们要想成功，就不要像约翰那样，认为自己的工作是卑贱的，看轻自己的工作，甚至还抱怨单位给自己分配的工作不好，抱怨企业对自己太苛刻，甚至觉得老板是因为非常憎恨自己才让自己干这方面的工作的。其

实，在极其平凡的职业中，在极其"低微"的岗位上，往往蕴藏着巨大的机会。只要奋发图强，把自己的工作做得比别人更完美，动作更迅速，精神更专注，就能引起别人的注意，自己也会有发挥本领的机会，从而实现心中的目标。

工作本身并没有贵贱之分，但是对工作的态度却有高低之别。在每个老板眼中，评价一名员工的优劣，只要看他能否做好工作，看他对待工作的态度就足够了。

几乎所有的老板都认为，一名轻视自己工作的员工，也不可能看重自己；一名不认真对待工作，认为自己工作低下卑贱的员工，他的工作肯定也不会做好。与此相对应，如果你轻视自己的工作，甚至因此对单位心生抱怨，那么，老板也必然会轻视你的品质以及你低劣的工作业绩。

因此，当老板交付一项你自认为极平凡、极低微的工作时，你首先要做的不是抱怨甚至是消极怠工，更不应该认为这是企业"不喜欢"自己，而应该试着从工作本身去理解它、认识它、看待它。一旦从平凡表象中洞悉了其中不平凡的本质，你就会从平庸卑微的境况中解脱出来，不再有劳碌辛苦的感觉，厌恶、无可奈何这类消极情绪也自然会烟消云散。当圆满完成了这些"平凡低微"的工作后，你会发现成功之芽正在萌发。

企业给你好的岗位，你能做到认真工作并不难，企业给你你自认为是不好的岗位，你还能认真工作，那就非常可贵了。而事实是，岗位再平凡，只要不忘奋发图强，就能创造不平凡。

10. 亲有过错，怡色柔声

【原典】亲有过，谏使更，怡吾色，柔吾声。

【释义】父母有过错时，应小心劝导使其改过，劝导时要和颜悦色，声音柔和。

与上司沟通要讲究方式方法

父母亲当然也有犯错的时候，在这种情况下，做子女的应该小心劝导以期父母能够改过，劝导时是要有一定的方式方法的，例如态度要诚恳，声音要柔和，当然，面部表情不能够过于严肃，最好能够做到和颜悦色。

因为虽说人非圣贤，谁都会犯错，但是犯错的人不同，我们进行劝导的方式方法就要随之改变。父母犯错了，是人之常情，而做子女的采取合适的方式去规劝、去引导，也是人之常理。

周朝时候，有个人是孔子的学生，叫作闵子骞，与上文提到的王祥一样，他也是很早生母就去世了，父亲续弦，为他娶来了一个后母。后母也是很厌恶这个不是亲生的儿子，而且她自己又生了两个儿子，这更加剧了她对闵子骞的厌恶之情。这位后母对闵子骞刻薄到什么程度呢？例如冬天的棉衣，她给两个亲儿子做的和给闵子骞做的就不一样。

有一天，父亲叫闵子骞驾马车送他外出。因为衣裳单薄，身体寒冷，一个不小心，闵子骞驾驭的马车滑到了路旁的沟里。父亲当然非常生气，就如前文里父亲毒打不小心锄掉瓜秧的曾参一样，闵子骞的父亲也认为是儿子太粗心，不好好管教是不行的，于是抄起马车上的鞭子就打儿子。鞭子把闵子骞本来就不甚结实的衣服抽破了，结果风一吹，衣服里的填充物随风飘了起来——原来全都是芦花。父亲这才知道，儿子之所以驾车出事故，不是因为粗心，而是因为天气太冷而儿子衣服太单薄，导致他肢体僵硬，赶马车的动作变形。回到家后，父亲下意识地摸摸另外两个孩子的衣服，手感完全和芦花的不一样，都是暖和的棉花。

一个是芦花，一个是棉花，同样是"花"，御寒效果天上地下。父亲总算明白了，是后母虐待了闵子骞。他一气之下，就要休掉闵子骞的后母。这时闵子骞却跪下来哀求父亲，说："母在一子寒，母去三子单。"母亲在家，只有孩儿我一人受冻，如果母亲走了，家里就要有三个孩子受寒了。这两句话感动了父亲，不再休妻，而后母也从此痛改前非。

闵子骞对父亲合理的劝谏，保全了一个濒临破碎的家庭。在他看来，父亲发怒是可以理解的，但是，如果盛怒之下休妻，可能就有些不对了。因为一旦休妻，后母回娘家，那么她生下的两个同父异母的弟弟就要跟自己一样，忍受没有生母在身边的痛苦了，而且家庭也会因此而再次遭遇破碎的厄运。于是闵子骞采取了诚恳的方式，对父亲的错误决定进行劝谏。这样既保全了父亲的面子，也达到了劝谏的目的，使得整个家庭都从中受益。

在企业中，如果上司在工作中有了过错，也应该采取合理的方式进行劝谏。不过我们须注意，要在合适的时间和场合提出建设性的意见，同时作为下属，我们的态度要诚恳，语气要柔和。不能搞得好像自己是领导似的，这样做很明显是不合适的。

据统计，工作中的障碍50％以上是由于沟通不到位而产生的，而怎样跟领导提意见，怎么用比较好的方式指出领导工作上的错误或者决策上的偏差，与沟通到位与否有着千丝万缕的联系。要想达到有效的沟通，要掌握"三要"原则：意见要中肯，态度要真诚，方法要得当。一个不善于与上司沟通的员工，是无法做好工作的。现在每一家企业都可以说是卧虎藏龙，在这样的环境中，如果想真正有所成就，就必须学会与上司沟通。

与上司沟通包括两个方面的内容：一是理解上司的意图，以便让自己的工作达到上司所期望的效果。二是向上司提出有效的意见和建议。

第一点大家都明白，不能理解上司意图的员工，想达到上司希望的工作效果是很难的。明白了这一点，其余不必赘述。关键是第二点，就是如何给上司提意见和建议，这是需要学习一些方式方法的。

职场中上司当然也有犯错误的时候，一般下属有错，领导或委婉批评，或当面指出，不管用什么方式，都是天经地义的事，员工也不会有很大意见；但是如果反过来，员工该如何对待？

以下是一个好员工常用的几种方法：

（1）冷处理。下属怎么对待上司的错误，不能简单地一概而论，因为其中的影响因素太多，因此，下属要根据实际情况采取相应的措施。同时一定要注意，我们有时候会急于让别人接受自己的观点，但实际情况是每个人在

遇到一个对立的观点时，正常的第一反应往往是抗拒。这时候，作为下属，你需要做的不是据理力争，得理不饶人，而要学会冷处理。上司既然已经知道了你的想法，那就给他点时间，让他多想想，给他机会转变观念。所以，当你认为上司有错时，应当多点细心和耐心。况且，每个人都有不足，学会忍受别人的不足，正是一种成熟的表现。

（2）将意见转化为建议。在适当的时候向你的上司提几点建议，里面夹杂你所要提出的意见。当然，以下几个问题需要注意：

①时机选择要适当。上司的心情一定要照顾到。请记住他也是个普通人，当他不管是因为什么原因而心情不好时，你最好先不要进言，因为即使你说了，他也未必有很好的耐心倾听你的建议——即使它们极具建设性。

②细心观察，恰当举例。谈话时应密切注意对方的反应，要细心观察，通过他的表情及身体语言所传达出来的信息，迅速判断他是否

接受了你的观点，这一点非常重要。同时，视实际情况选择恰当的例子进行说明，有助于增强说服力。

③态度诚恳，言语适度。注意说话的态度和敬语的运用，恰到好处地表达出你的意思，如果态度发自内心地诚恳，对方是完全能够感受出来的。这样，即使上司不完全赞同你的观点，也不会影响到他对你个人的看法。

（3）时间把握要适当。如果向上司提意见的话，用多长时间你认为比较合适？

从心理学角度看，一般而言，上司会对长的意见感到不耐烦。而如果在短时间内你能够说完你的意见，他就会觉得很愉快，而且如果觉得有理，也比较容易接受；反之，倘若他不赞同你的意见，又顾及你的面子而不当面打断或者拒绝你，那么你短时间的陈述也不会浪费他太多的时间，他会为此感谢你。因为上司的工作其中有个很大的特点就是，等待他解决的事情可能会比我们想象的要多得多。如果你这样做，即便意见不被采纳，你在上司心中的形象也不会受损，甚至会因为你的善解人意而对你刮目相看。

（4）不要怕碰壁。当意见被上司"我不赞成"或"这不合适"这类稍显直接的回答驳回时，有些员工往往会心灰意冷。其实，你的意见被上司否定，在任何企业中都是常见的事情，因此，我们不要怕碰壁。当然仅仅做到这一点是不够的，还应该在你意见的内容上、提意见的方式方法上下工夫。

首先，在内容上，既然是提意见，就必须言之成理、言之有据。不仅要清楚地表达出自己的意见，还要以大量的数据材料为依据，这样意见才能站得住脚，否则一旦让上司问到了，就容易给上司留下你这个员工喜欢信口开河的负面印象。当然，结果自然是想不碰壁都不可能了。

其次，要注意提意见不能太过。向上司提意见本非坏事，但如果做过了，例如意见太多，或者提意见次数太频繁，抑或语言太尖刻，都容易让上司反感。

与上司打交道是世界上最有学问的事，做得好了，职场上一帆风顺，做得不好，就会给自己添很多麻烦。总之，与上司沟通，向上司提出意见要注意方式和方法，意见要中肯，态度要真诚。只要你方法得当，没有上司不会欢迎你提出合理的意见和建议的。

11. 劝谏不入，无怨无悔

【原典】谏不入，悦复谏，号泣随，挞无怨。

【释义】父母听不进去劝解，应该父母高兴时和颜悦色地反复规劝；父母若仍旧不听劝，我们虽难过地痛哭流涕，也要恳求父母改过，纵然是遭到责打，也无怨无悔。

不管是否被采纳，都要坚持献计献策

上节提到的是怎样规劝父母。但是，如果父母不听规劝呢？那么，作为子女就要更加耐心，等待合适的时机再次进行规劝。这类时机包括父母情绪比较好的时候等。机会一旦出现，就继续进行规劝，以期父母能够接受。假如父母还不接受，甚至反应激烈，严厉地批评我们甚至是动手责打，那么，作为子女即便是再委屈，哪怕是痛哭流涕，也要继续规劝父母改过，不管父母在这个问题上对我们有多大的误解、多大的反应，我们都应该无怨无悔。因为假如我们从此不闻不问，面对父母的过错不敢再去劝谏，那么有可能使

得父母的过错增大，后果会变得很严重，不管我们的理由有多么充分，如果放任不管，终究可能会使父母一错再错，铸成大错。这是陷父母于不义，是不符合孝道的。

唐太宗李世民年轻的时候，追随乃父李渊平定天下。有一次，李渊决定出兵攻打一个地方。李世民对此有自己的想法，于是对父亲说："这样做我们恐怕会中埋伏，这个决策还是不施行为好。假如前面不但不能取得胜利，后面又被围剿，这对我军来说，没有任何好处，反而会有很多不利。"李世民解释了很多，阐述了自己为什么反对父亲这个战斗决策的理由。但是，父亲就是不采纳他的建议。李世民再次劝谏，没成功；第三次劝谏，还是以失败告终。

眼见父亲带领整个军队就要拔营了，当此之时，李世民忽然在帐篷外面号啕大哭。父亲李渊在帐篷里头，听到声音后走出去一看，才知道是儿子在那里哭泣，于是问儿子大哭的原因。李世民说："儿子不断规劝，本来是希望能阻止父亲的此次军事行动，但是父亲不采纳，做儿子的很伤心，因此在此处哭泣。"李世民这个时候实际上是在做最后一次劝解，他哭得非常伤心。父亲看到此情此景，回忆起儿子三次劝谏的情景和内容，觉得其实儿子针对此次决策的分析还是非常中肯的，于是，决定停止这次军事行动。

李世民看出父亲一开始的决策是潜藏着非常大的危险的，于是反复劝谏。意见不被采纳，就号啕大哭，最后终于使得父亲同意了他的意见，从而避免了一次军事行动的失败。

"谏不入，悦复谏，号泣随，挞无怨"，李世民做到了这一点。而在企业当中，当自己的一些意见或者建议不被上级采纳的时候，我们也应该学会等待和坚持，等待合适的机会，然后继续献计献策，只要是合理的有建设性的意见或建议，相信上级迟早会采纳的。如果对于我们的建言，上级

暂时没有回复或采纳，自己就心生怨言甚至是消极怠工，这样做是不对的。不管采纳与否，我们都要坚持献计献策，因为企业需要的就是这样的员工。

好员工的核心素质是：当遇到问题和困难的时候，他们总是能够为公司献计献策，主动去找方法解决。即使企业并未遇到什么大的问题或者困难，当员工发现一些小问题的时候，也应当及时地与上级沟通，因为有可能正是因为这个小问题的顺利解决，才消弭了日后更大问题出现的隐患。

当今社会的企业领导们经常探究一个问题：哪一种员工在自己的心中分量最重？哪一种员工最能脱颖而出？答案其实很明确：坚持积极地献计献策，找方法解决问题和困难的高效率员工！

一名优秀的员工应当在老板和公司最需要的关键时刻挺身而出，为老板分忧解难，帮公司献计献策。他们秉承一个信念，不管自己的意见或建议是否会被采纳，都不停止自己献计献策的脚步。

　　实际上，任何企业都会面临或者即将面临一些问题，这时候你就要在了解自身能力的情况下，挺身而出，献计献策，帮老板解决遇到的问题或困境，或者及时建议上级未雨绸缪。不管上级采纳与否，我们首先要做的，就是尽一名合格员工的本分。

　　不要在心里说：反正不是我的事，还有别人，我干嘛出头做吃力不讨好的事？更不要说，上次我提的建议上级就没有采纳，这次我才不管呢！

　　一块大石头往往需要小石头支撑才能放稳。有时候，下属的"补充"正好可以弥补老板在管理上的不足，所以坚持献计献策，这是优秀员工应当承担的义务之一。

　　企业的发展不可能风平浪静，老板的才能也不可能没有欠缺，一名优秀的员工应当在老板需要的时刻挺身而出，而那些多一事不如少一事、逃避责任的员工，或者一次建议被拒绝，就再也不参与献计献策的人，永远都不会真正进入老板的视野，也永远成不了企业的骨干，更别说自身职业道路上的长足发展了。

　　只有不管是否被采纳，都坚持为公司献计献策的人，才会主动想办法解决问题，才能在关键时刻弥补领导的不足，才有可能成为企业不可或缺的一员。

12. 亲有疾病，用心照顾

【原典】 亲有疾，药先尝，昼夜侍，不离床。

【释义】 父母亲生病时，要替父母先尝药的冷热以及判断安全性；一旦父母病重，要昼夜服侍，不随便离开父母床前。

关键时刻，为企业排忧解难

人吃五谷杂粮，谁都难免患病。当父母亲生病时，做子女的应该尽心照顾、尽力服侍，一旦病情严重，更要昼夜陪在父母身边，不可随便离开。

我国古时候人生病之后吃的都是中药，而中药大都需要煎服，所以在服侍父母吃药前，煎好的药自己要先尝一尝，看看是不是太苦或者太烫。又因为古代的医疗条件不是太好，因此父母一旦病重，就要在床前伺候，不可随意离开，以免有什么突发状况处理不及时，造成严重的后果。

西汉时，汉文帝就非常孝顺自己的母亲。作为皇帝，他每天需要处理很多的政务，有时候光批阅群臣的上表，就要耗费很多时间和精力，但是，即便如此，他从未忘记到母亲的房间去问候。后来母亲病了，汉文帝日夜精心服侍，每天母亲吃药时，汉文帝都会"药先尝"，有时候为了能够更好地照顾母亲，他甚至连觉都睡不好。就这样，汉文帝侍奉患病的母亲达三年之久。有道是久病床前无孝子，政务繁忙的汉文帝能够做到这一点，实为难能可贵。他作为一个皇帝，为以孝治天下的大汉王朝作了一个很好的表率。

在现代社会，我们不必帮父母尝药，但是，对于父母的身体要格外关心，例如定期提醒父母去医院体检，如果父母认为体检又不是治病，纯粹是浪费钱，那么做子女的就要按照上文提到的劝谏的方法，想办法改变父母这个并不是太正确的观念——只是为了省眼前的钱，却不顾自己长远的身体健康，这是不对的，并传达对于定期体检的正确认识。假如父母的病情严重了，如果条件允许，还是应该多陪陪父母，看父母有什么需要，同时也可以观察病情，以免耽误进一步的治疗。小病的话，要及时提醒父母亲吃药、打针，大病的话，最好是能够守在床前，不能因为事业忙便推辞。

父母病了，做子女的要尽心尽力，同样的道理，企业如果"病"了，做员工的也应该如此。例如单位的机器设备出现了故障，为了保证生产任务的顺利完成，作为员工就应该尽自己的能力，去解决这方面的问题，甚至即使在第一线忙碌地加班也在所不惜。如果单位遭遇了什么变故，作为员工，就要积极想办法为单位出一份力，而不可以袖手旁观。与企业同命运是员工责任的体现，更应该成为每一名企业职员的工作箴言。

企业和员工是个共生体，企业的成长，要依靠员工的成长来实现；员工的成长，又要依靠企业这个平台。只有与企业同患难，才可能与企业同成长。不要在企业困难时当逃兵，最令人陶醉的成就，都是历经艰难才取得的。

在洛杉矶，有一名叫杰克的年轻人，应聘进入一家公司工作，他的工作就是帮公司拉客户。

在杰克刚进公司的时候，公司运转良好。一个公司效益好，职员会不由自主地感觉很开心，就好像公司的利润全部成了他自己的似的，杰克当然也不例外。而且事实上也是如此，当时公司承接了一个大项目，在全市每一条

大的街道做十几个广告，这样加起来粗略算一下，全市至少也有一千多个这样的广告。如果项目做完，那可是一大笔钱啊。全体员工群情振奋，都全身心地投入了工作中。

可是，半年以后风云突变：公司因后续资金链突然断裂，项目完全陷入停滞状态，连给员工发薪水都成了问题。老板只得向银行求救，但公司目前境况不妙，银行根本不肯贷款。

面对公司目前的困境，杰克向老板说出了自己的想法：全体员工集资。老板笑笑，耸耸肩膀："能集多少钱？而且你肯定知道，并不是所有的员工都愿意这样做。"

当老板向全体员工开会陈述公司的现状时，人心一下子涣散了，更多的人选择了另谋出路，公司霎时间剩下的员工没几个了。

离开的同事中，有的劝杰

克也趁早走人，但他说："半年来，公司生意还不错，我也从中得到很多，现在公司有困难，我总得和公司共渡难关。只要老板没宣布公司倒闭，我就不会离开，哪怕只剩下我和老板两个人。"

事实就是这样无情，不久，公司真的只剩下两个人了。老板问他为什么要留下来，杰克微笑着说了一句话："我的力量可能微不足道，甚至对公司没什么大帮助，但我觉得还是要做好自己该做的事情，尽自己之力帮助公司排忧解难。"

杰克这样说了，也这样做了。商场总是到处暗藏陷阱，但同时也处处隐藏着机遇。在杰克的辅佐下，老板在危难之时获得了融资的机会，公司经营逐渐回到正轨，如今已经发展得比杰克初来时还要壮大，而此时，他正坐在副总裁办公室里。

对父母孝顺不是一句豪言壮语，而是与实际行动紧密联系在一起的。同样，与企业同命运并不是空洞的口号，更不是口头上表示忠诚，而是体现在具体的工作中。企业是一条航行于惊涛骇浪中的船，每一名员工都是船上的水手，只要上了这条船，员工的命运就和企业的命运紧紧拴在一起了，它需要所有的船员（员工）全力以赴把船划向成功的彼岸。

这个世界并不缺少有技能的人，而是缺少与企业共命运、关键时刻为企业排忧解难的人。无数的企业都在努力寻找这样的人，但是，许多员工似乎从没有视企业的安危为自己的责任，一旦企业出现什么危机，这些人心里永远只有自己的利益，他们会以最快的速度跳下这艘漏水的船，而不会想着如何去抢救和保护它。这样的人也许能够谋取一份可以维持生存的工作，但永远也难以在一生中取得大的成就。

作为一名员工，如果你能在关键时刻尽心尽力，替企业排忧解难，敢于担当一定的责任，领导一定会对你刮目相看，会重新对你进行评价。这样的话，你就给自己在职业发展道路上创造了一个新的良好机会。

13. 养育之恩，追思感怀

【原典】丧三年，常悲咽，居处变，酒肉绝。

【释义】父母去世之后，须守孝三年，要经常追思、感怀父母的养育之恩；在这段时间里自己的生活起居要作调整改变，不贪图享乐，应该戒酒戒肉。

怀着感恩的心去工作

按照古礼，父亲或母亲去世之后，要守孝三年，要常常追思、感怀父母的养育之恩、教育之德，在这期间，做子女的生活起居也必须有一定的调整或者改变，例如喜欢喝酒吃肉的，就要控制自己的欲望，也就是"酒肉绝"。守孝期间，不能贪图享受，不能放纵自己，追求物欲或者情欲。有的地方还会要求在父母的坟墓旁盖简陋的草房，这就是"居处变"，而且守孝之人要穿粗衣吃粗食，夫妻不同居，不参加娱乐活动等，这也是远离享受放纵的守孝方面的一种规定。很多这方面的规定，都可以在《礼记》《仪礼》的典籍中找到。

没有父母，做子女的就不可能来到这个世上；没有父母，做子女的就不可能长大成人。虽然现代社会，上述守孝的规矩已经被废除，但是，对逝去父母的怀念，对养育恩情的感怀，却是无论在什么时代做子女的都应该做到的。

感恩是一种积极健康的心态。当你以身在"船"上而自豪，当你以一种知恩图报的心情去工作、去面对他人时，就会在工作时拥有愉快的心情，而这一点对职场中的每个人来说都是至关重要的。怀着感恩之心工作，会给你带来无穷的动力。有过体验的人都知道，一份好心情往往会让你的工作更出色，你的个人能力也能发挥到极致。

历史的经验告诉我们，伯乐的知遇之恩更值得珍惜。因为先有伯乐，后有千里马。而在现实的工作中，我们的领导很大程度上扮演着伯乐的角色。所以，我们应该对领导的知遇之恩抱有感激之情。

感谢领导，把所有的感谢化做力量，用心做好领导交办的每一件工作，为领导减轻压力，为社会贡献自己的力量！

我们在职业生涯的路途上刚刚迈出脚步的时候，如果能遇到一位知人善任的领导，真是一件十分幸

运的事情，因为领导的赏识和知遇，会使我们受益终生。

张翔是海信数字芯片研发团队的成员之一。当年，他在互联网上给海信公司发去一份自己的应聘材料，没想到海信公司很快派考核的人到他的老家——四川成都，并且告诉他，海信的发展过程中急需像他这样的人才。

于是，张翔来到了海信集团研发大本营，担当起海信数字芯片的研发重任。在项目组最困难的时候，他的团队想到了散伙，想到了到国外去工作。公司很多人开始怀疑，有些人在指指点点。

在这关键时刻，海信总裁周厚健站了出来。他说："作为我来讲，从来没有因为存在问题而失去信心。我们做的是填补空白的事，过程中出现一些问题，哪能轻易放弃呢？"

一席话，温暖了团队成员的心，他们感受到了公司管理层高度的信任和支持；一席话，等于给他们注射了一支强心剂，使得团队的士气倍增。就这样，张翔用了三周的时间，找到了问题的解决方案，最终获得了成功。

张翔在接受记者采访时明确表示："如果没有周厚健鲜明的态度，力压群议并鼎力支持，我们就会在一片非议声中，彻底萎靡下去，成功也许永远和我们无缘。"感恩之情溢于言表。

领导的重用能使我们的成长如虎添翼。许多成功人士的经历证明，有才能使我们有机会受雇用；有机会得以重用，可以使我们驰骋的舞台更加宽广。遇到一位敢于和善于有效授权的领导，可以使我们在实践中得到更多的锻炼和提高。

也许我们现在是员工，可有一天，我们也有可能成为领导。我们在成长过程中都离不开领导的帮助和提携，而那些懂得感恩的人总会脱颖而出。在没有成绩的时候，感激老板的知遇之恩可以使我们对工作充满激情；在取得成就之后，感激老板的知遇之恩可以让我们更谦虚谨慎。

如果你还在抱怨不得志，不如好好反省如何才能让别人看到你的优点，也不要因为以往的成绩沾沾自喜，偏执地以为成绩是自己一个人的，如果离开了老板你很可能是另外一副样子。老板的知遇之恩我们应该铭记在心。

感恩领导绝不是停留在嘴上的口号，需要我们拿出实实在在的行动。我们在成长过程中点点滴滴的感恩之情都会给我们带来实实在在的回报。所以，重在当下，从身边的事做起，这是我们立业的基础，感恩的归宿。

感谢领导的知遇之恩，使自己有了机会发展；感谢领导的培养，使自己的能力得以提高；感谢领导的信任，让自己经受风浪；感谢领导的重用，让自己走向成功！感谢领导的栽培，感谢领导的雅量，感谢领导给了我们一片自由翱翔的天空。

14. 诚心诚意，恳切恭敬

【原典】丧尽礼，祭尽诚，事死者，如事生。

【释义】办父母的丧事要合乎礼，祭拜要诚心诚意；对待去世的父母，要如生前一样恭敬。

恭敬对待工作，做到慎始慎终

父母去世，下一步就是办理丧事。对于丧事，我国一直以来是非常重视的，而这方面礼仪上的规定，在很早就已经有了。谁都不希望有这样令人伤心的一天，但是，毕竟人都会有这么一天。那么当这个时刻来到的时候，做子女的，就应该认真办理丧事，并且注意要合乎礼节。"过犹不及"，不管是不到位还是太过了，都不符合礼。因此，在丧事办理的过程中，不管是情感上还是物质上，都要有一个度。例如表达哀戚之情要合乎礼节，不够的话，说明对父母的爱没有达到一定程度，而太过了，又有表演作假的嫌疑；对于使用什么样的棺椁等丧事需要的物品，也要遵循合适的原则，不可太过草率，也不能铺张浪费。这就是《论语》中说的：生，事之以礼，死，葬之以礼，祭之以礼。

丧事过后，要定期对父母进行祭拜，方式随着地域以及风俗的不同有着一些区别，有的需要到坟前祭拜，有的则需要在灵位前，等等。不管是何种方式，精神上必须要恭敬，要诚心诚意，就好像父母还活着一样。

这向我们传达了一个道理：父母在的时候，我们要孝顺；父母不在了，并不代表我们可以不再思考这方面的问题了。我们之所以要在父母活着的时候尽心尽力地去尽孝，其实归根结底就是为了报答养育之恩，父母去世之后，上文中提到的各方面的礼仪或规定，其实也是为了表达我们这方面的情绪，实现感怀父母恩德的目的。换句话说，做事情要从头到尾认认真真，对父母的孝顺即是如此，不能说父母走了，做子女的就可以放松对自己在这方面的要求了，所谓"慎终如始"，放在这里再合适不过了——不管父母去世还是在世，做子女的对父母的恭敬之情应该是一样的。

在工作中也是这样一个道理。作为一名员工，我们做工作要坚持不懈，要有头有尾、慎终如始地完成，要恭敬地对待自己的工作，而不能够对工作敷衍塞责，甚至半途而废。

很多人终其一生都没有实现自己的目标，究其原因，不是因为他们能力不够、诚心不足或没有对工作的热情，而是缺乏足够的坚持，结果是半途而废。

一个做事慎始慎终，能坚持到底的人，任何人都会相信他，而能够得到人们的信任的人，到处都会获得别人的帮助。相反，那些做事缺乏韧性和毅力的人，喜欢半途而废的人，是没有人愿意信任和支持他的。

王强所在的公司因为发展需要，要从基层员工中提拔一个经理上来，来管理新开的一家店面。在经过慎重的研究之后，公司决定把这个职位给王强来做。

决定一宣布，很多比王强资历老的员工一百个不愿意。有的自恃跟总经理认识了很多年，作为老部下，他们集体到总经理办公室谈这个事情。他们认为，分店经理应该从他们这些老员工里面选出来，不管谁做，其余人也就没啥意见，但是像王强这种来公司不到三年的人，一下子被提到分店经理的位置，他们没办法接受。

总经理非常亲切地接待了这些人，然后跟他们解释："公司发展到现在，当然离不开每名员工的努力。不过，之所以提升王强做分店经理，上头还是做了非常严谨的讨论和分析的。首先，每一个分店新开的时候，也是困难最多的时候，这样就需要一个不怕困难的人来带领分店的员工，王强的个人能力其实不在各位之上，但是他很有意志力，在不到三年的时间里，面对各种困难，王强的态度跟各位相比，我实事求是地说，确实要比你们好一些，积极一些。更为重要的是，王强这个人有股不服输的劲头，而且无论做哪个方面的工作，只要是接受了这个任务，他肯定能做到一点，

那就是恭敬地对待工作，做到慎始慎终。不到工作完成，绝不罢休，不管遇到哪方面的阻力甚至是障碍。"总经理说完这些，还没来得及多说几句安抚的话，这几个来"质问"的人都羞了个大红脸，主动退出了总经理室。

成功有两个最重要的条件：一是坚定，二是坚持。一般情况下，人们往往信任那些意志最坚定的人。意志坚定的人同样也会遇到困难，碰到障碍和挫折，但即使他失败，也不会一败涂地、一蹶不振，更不会因为突如其来的困难而打退堂鼓，从而导致工作半途而废。

永不屈服、百折不回的精神是获得成功的基础。库雷博士说过："许多青年人的失败都可以归咎于恒心的缺乏。"确实，大多数年轻人颇有才学，具备成就事业的种种能力，但他们的致命弱点就是缺乏恒心、没有忍耐力，没能坚持到最后，所以，终其一生，只能从事一些平庸的工作。他们往往一遭遇微不足道的困难与阻力，就立即退缩，裹足不前，这样的人怎么可以担当重任呢？如果你想获得成功，就必须为自己赢得一定的美誉，让周围的人都知道，一件事到了你的手里，就一定会坚持到底，完美地做好。

一旦有了意志坚定、富有忍耐力、头脑机智、做事敏捷的良好名声后，无论在哪里，你都能找到一个适合自己的好职位。与之相反，如果你自己都不能确定自己会坚持，只知糊里糊涂地生活，一味地依赖别人，那么，你迟早会有一天被人踢到一边去的。

人的一生必然充满坎坷、布满荆棘，意志薄弱的人可能会因此一蹶不振，意志坚强的人可能披荆斩棘、百折不回，坚持到胜利，最终获得成功。不知你是愿意在困难面前卑躬屈膝，还是在困难面前不屈不挠、坚持到底呢？

人生犹如一个圆圈，但很少有人将它画圆。因为怕吃苦的占多数，而天上又不会掉馅饼。因此，那些坐享其成的人总是失去与自己擦肩而过的机会。人犹如一把圆规，认定一个目标坚定不移地走下去，就可以画出一个圆。付出的努力越多，迈的步子就越大，画出的圆也就越好。

目标犹如圆心，如果不断地变换目标，就永远画不出一个完美的圆。

总之，一个人只有具备坚持不懈的精神才能做好每一件事。当困难绊住成功脚步的时候，当失败挫伤进取雄心的时候，当被负担压得喘不过气来时，一定不要退缩，不要放弃，不要裹足不前，一定要坚持到底，因为只有坚持不懈才能通向成功，才能谱写一个属于自己的完美人生。

所以，坚持应该是每一位员工所追求的品格。因为，它不会让一点挫折使我们感到失落，不会使我们感到心烦意乱，更不会使我们与半途而废为伍。慎始慎终，对工作充满恭敬，那么，无论你做什么工作，无论你处在哪一个行业，都能获得自己的一席之地，甚至是令人艳羡的职业生涯上的成功。

出则悌：职场之中，悌为守则

"悌"的本义是敬爱兄长，现在泛指对长辈或领导要尊敬，而对和自己辈分或位置相当的人，如兄弟姐妹、朋友同事等，也要尊重。职场，首先是"人场"，是一个个的人组合成一个团队，进而形成一个个以企业为单位的职场。因此，在职场之中，怎样与人交往，充满了学问，而"悌"，无疑应该成为每个职场中人的守则。

1. 兄友弟恭，孝在其中

【原典】 兄道友，弟道恭，兄弟睦，孝在中。

【释义】 哥哥姐姐要关爱弟弟妹妹，弟弟妹妹要恭敬哥哥姐姐；兄弟姊妹能和睦相处，父母自然欢喜，孝道就在其中了。

团结同事，更好地融入团队

在这里，《弟子规》想要传达的一个意思是，哥哥姐姐对弟弟妹妹要友爱，反过来，做弟弟妹妹的，对于哥哥姐姐要尊重甚至是恭敬。这样一来，兄弟姐妹能和睦相处，那么整个家庭就会少很多烦恼、多很多快乐，全家其乐融融，父母自然欢喜，孝道也就在其中了。

在古代，崇尚的是多子多福，所以一般家庭中，孩子都不会太少，这就出现了一个家中不可忽视的问题，就是兄弟姐妹之间的关系。当他们还小的时候，对于父母来说问题并不突出，但是一旦长大成人，如果兄弟姐妹之间有矛盾，那么对于整个家庭来说，就是非常大的问题了。兄弟姐妹小的时候，可能只是因为一个苹果或者一个玩具相互之间出现吵架之类的现象，这些都是小事。但是，待这些孩子们长大之后，可能就会因为家产的分割，赡养父母的义务分配等问题出现矛盾，甚至有的会因此反目成仇，这对于父母来说，是很令他们伤心的。所以，在古代，从小就教育孩子们，在"孝"之后，一定要"悌"，而且一般情况下，"孝悌"是并称的，因为从某种意义上看，兄弟姐妹之间能够做到"悌"，其实也是尽孝的一部分，而且是很重要的一环。

悌，按照一些词典的解释，是"敬爱哥哥"。因为在古代，女性是没有太高的地位的，这属于封建文化的糟粕，按现在标准当然不可取。但是，它表达出了一个历史事实，那就是在我国古代的时候，悌是单纯针对兄弟来说的，《说文解字》就说"悌，善兄弟也"，贾谊在《道术》中说得更清楚："弟爱兄谓之悌。"但是随着历史的发展和时代的变迁，"悌"的内容发生了改变。逐渐不再单指兄弟之间，后来发展为凡是敬重长上，都可以叫做"悌"。时至今日，我们可以发展地认为，悌，就是兄弟姐妹之间恭敬友爱，与朋友一团和气，与领导、同事和睦相处。

例如在单位里，我们都知道，要尊重领导，而且做到这一点似乎相对并不难。如果说难，可能更难的是能够做到对同事尊重，同事之间能够做到"悌"，无论对方工龄比自己长还是短，能力比自己强还是弱，都做到一视同仁，做到尊重，这其实很需要一番修养的功夫。

陈远大学毕业后，进入了一家公司从事销售工作，总体来看，他的销售成绩相当不错。

但是陈远有个毛病，就是不愿意跟其他同事交往，他觉得每个同事都有让他难以忍受的缺点。公司的活动他是能躲就躲，即使去了也是意兴阑珊。同事们都生气地说："看来是我们格调太低，不配和人家来往。"

一年后，和陈远同一批进公司的人，除了他和几个业绩太差的之外，普遍都获得了提升，他为此愤愤不平地找领导质问为什么。

领导淡淡地看了他一眼："公司其实就是一个团队。我问问你，你真的把自己当成团队中的一员了吗？在公司里你有关系不错的同事吗？即使提升了你，谁又肯听你的？"

陈远不重视搞好公司内部的人际关系，缺乏团队精神，结果成了公司的

特殊分子，即使业务能力不错，也只能做最基层的工作，无法获得提升。这也是生活中很多人都存在的问题，他们不屑于与公司内的人员交往，对同事间的活动置之不理，结果他们在公司内的同事关系越来越差，自己逐渐被孤立，这很不利于彼此之间的合作，职务之类的提升就更无从谈起了。这个道理其实很简单，但是，有不少员工特别是初入职场的人，却经常犯这样的错误，以至于即使自己工作能力很强，也很难在单位生存下去。

小张毕业后找到了一份机械工程师的工作，薪水丰厚，前途无量。但是，小张对周围的同事很冷淡，对团队的活动也不热心，可能因为自己是博士毕业，教育背景的差异让他没办法回避一些问题，例如他认为同事们说话没有深度，即使开的玩笑也都那么低级可笑。他对自己掌握的技术知识也很保守，当同事前来请教时，他都敷衍过去，不肯透露半点工作上的心得，有时候心情不好，甚至直接摆冷脸。

一天，公司里的一台机器出了问题，要检查这台机器的毛病需要几个技术员帮忙一起测数据，可是，由于小张平时的为人几乎将公司里的所有同事都得罪了，这时没有一个人站出来帮他。最后，机器的故障没能及时查出来，公司因此损失惨重。

第二天，老板将小张叫到办公室，语重心长地对他说："你很有能力，技术也过硬，但是，任何一个公司都不是靠一名员工就能够生存和发展的，所以……你还是……"

被迫辞职的小张似乎已经意识到问题的症结了，他没有辩解什么，只是后悔自己没能早一点明白。

不关心同事的员工，就不能融入团队。这样的人，即便技术再好，也称不上优秀的员工，更不是老板所需要的员工。因此，在企业中，团结同事，努力融入到团队之中，从而营造一个充满和谐、团结、互帮互助的团体，是每一名员工应该做到的。只有这样，你才能真正成为团队里的一分子，也只有这样，你的事业才会更加顺利。

2. 看轻财物，包容忍让

【原典】财物轻，怨何生？言语忍，忿自泯。

【释义】不斤斤计较财物，怨恨怎么会产生？在言语上包容忍让，愤怒怨恨自然会消失。

报酬不是终极目标

人与人相处，自然少不了财物方面的来往。也正因如此，无论是财还是物，都有可能成为人与人之间矛盾产生的起因。所以对此我们要尤其注意。与人相处，不计较财物当然是不对的，而且也是不可能的，但是，过于计较也不好。我们如果能够把握好度，做到不斤斤计较的话，那么，怨恨就会无从生起。

同样，人与人相处，当然需要借助于语言。语言是强大的，同时，又是把双刃剑。大到人类历史的进步，小到一个人的成功，语言在其中扮演着非常重要的角色。但是，也正是因为语言，才让很多祸患降临到人们的头上，这也是自古以来就有祸从口出这个说法的原因。说白了，语言是一种工具，每个人都离不开，同时又要严谨地使用，不可过于随意，否则怨恨就有可能由此滋生。在日常生活中，与人交往时，要明白在嘴上尽量做到包容忍让，多说好话，少说甚至是不说坏话，心中哪怕生气也要管好自己的舌头，以免爆发冲突，从而免除仇怨。

"财物轻，怨何生？言语忍，忿自泯。"是啊，人与人相处，要把钱财看轻一些，自然就不会结怨；从话语上大家如果能够做到相互忍让，多替对方着想，那就会少很多争执甚至是愤恨。这个道理引申到职场之中，我们可以理解为，工作本身体现着一名员工自身的价值，财务之类——例如薪金——不是不能计较，相反，甚至可以说是必须计较，但是不能斤斤计较。与薪金比起来，在工作中自我价值的实现才是更重要的。

的确，每名员工都需要报酬，但是，这并非终极目标。细想一下，我们为什么要工作？可能第一位的是获得报酬，但是，除了这些呢？难道就没有别的了吗？

当然不是，每个人获得报酬，是工作的短期回报，是应得的；但是每个人更需要在职场中更深层地发展，是工作的长期回报，就不是应得的了，而是努力才能得来的。相比于斤斤计较报酬，个人的真正发展以及通过自己的贡献实现企业的腾飞，才是一名员工工作的终极目标。

著名的心理学家麦克伦由于自己的助手忙不过来，就又聘用了一位年轻的女孩。当然，给她的定位并非是真正意义上的助手，而是类似于打杂的人。当时，这个女孩的工作是听麦克伦口述记录信的内容。她的薪水和其他从事类似工作的人大致相同。

有一天，麦克伦口述了下面这句格言，并要求她用打字机把它打下来——记住：你唯一的限制就是你自己脑海中所设立的那个限制。

当把打好的纸张交还给麦克伦时，她说：“你的格言使我获得了一个想法，对我很有价值。”

从那天起，麦克伦可以看得出，这件事在她脑中留下了极为深刻的印象。她开始在用完晚餐后就回到办公室来，并且从事不是她分内而且也没有报酬的工作。

例如，在帮助麦克伦将信件拆分完了之后，发现麦克伦和他的助手正为了回答一些电话咨询忙得不可开交，无暇回复那些简单信件，她便会征求这位心理学家的意见，给他略微看下她起草的回复信件，看看是否可以满足那些简单来信顾客的需求，来增加他们这个心理咨询室的知名度和效益。女孩逐渐得到麦克伦肯定的回答与充满感谢、钦佩的目光。

她更加认真地研究麦克伦的语言风格，以至于那些回信和这位心理学家的风格如出一辙，有的回信甚至比麦克伦的语言更令人欣赏。她一直坚持这样做，并不在意麦克伦是否给她加班费。

终于有一天麦克伦的助手因故辞职了。麦克伦在挑选助手时，自然想到了这个女孩。其实麦克伦一直都在暗暗注意着这个女孩。他意识到女孩已经有足够的能力胜任助手这个职位了，于是便给女孩升了职、加了薪，让她做了自己真正的助手。不出所料，女孩做得比原来的助手要好很多。

由于麦克伦的身份和知名度，女孩的故事不胫而走，许多家大型企业向女孩发出了恳切的邀请，并且都愿意出很高的薪水。而麦克伦当然不希望这位优秀的助手就这样被挖走，于是多次为她加薪，女孩现在的工资已经是她初来时的数倍了。

没有一个老板不愿意得到能干的员工，只要你不断地积累知识和技能，不管是报酬还是职位，总会有提升的一天。进入职场是为了生活，但更是为了自己的未来。报酬的多与少不是工作的终极目标，那只是一个极微小的问题，更多的是可以因工作获得大量知识和经验，以及踏进成功者行列的各种机会，这才是有极大价值的报酬。

应该多问问自己：我是为价值工作，还是为薪水工作？记住这句话：把薪水放在第一位，你可能处于贫穷中；把价值放在第一位，你可能走向致富和成功之路。

马斯洛需求理论告诉我们：工作为了薪水，只是人们最低层次的需要；而每个人都有自我价值实现的渴望和要求。对于职场中的人来说，工作是他们实现自我价值的一个很好的途径。因而，工作是为了价值而不仅仅是为了薪水。

在不少人眼里，薪水就是他们工作的全部目的。有些人对待工作的态度是"给我多少工资，就干多少活""不是自己分内事情一律不干""公司的事情能推就推，做多错多"。表面看来，这些"精明人"没有吃亏，但长远来看，他们却损失"惨重"。他们逃避工作、推卸责任，整天为眼前的工资伤脑筋，忘记了在工资背后深藏的更为珍贵的东西。工作提升了员工的能力，丰富了员工的经验。在工作中员工能逐渐建立起自己的品格、完善自己的职业道德，所有这一切所蕴涵的是员工将来提高薪水和提高职位的根本基础。

那种"短视"的"等价交换"："我为公司干活，公司给我工资，我对得起自己的工资"——让"短视者"错失了诸多机会。这其实是现代版的"买椟还珠"——拿到了薪水，却忽视了自己的前途和信心。或许公司正在为其升职、加薪而让他多锻炼，但他本人却没有意识到这些，因此丢掉了可以获得更多成长、技能、经验和报酬的机会。

许多人拿薪水的丰厚程度来衡量一个人成功与否。在他们的眼中，薪水就等同于一切。他们对此都有着十分远大的理想，例如刚出校门就希望自己成为年薪几十万的职业经理人；刚创业就期待能像比尔·盖茨一样富甲一方。这显然是一种既不成熟也不太好的心态。

从短期的目标来看，工作固然是为了生计。但这只是前进路上保障你生活无忧的基本条件，而这种需求在马斯洛的需求理论中是最低级、最容易得

到满足的，人最高层次的目标是实现自我价值，这也是人的一生竭力追求的终极目标。

工作不是为了讨多少薪水（薪水只是我们工作回报的一部分），而是在工作中能获得更多的技能和经验，它是人们实现自身价值最基本的方式和途径。很显然，后者才是一名员工应该看重和追求的。

3. 饮食坐走，有先有后

【原典】或饮食，或坐走，长者先，幼者后。

【释义】不管是用餐，还是就座行走，长辈优先，晚辈在后。

如何就餐有讲究

《弟子规》在这里是告诉我们，不管是就餐还是就座或者行走，都要遵循长幼有序的原则，一般是长者为先，晚辈为后。特别是在社交场合，一定要明白谦虚礼让的道理。

一个人养成良好的行为习惯是非常重要的。尤其作为一名员工，更应该注意到，有没有养成良好的行为习惯，了不了解规范的礼仪准则，对于自己在职场上的发展，有着很大的影响。

以就餐为例。吃饭每个人都会，但是，能否在一些场合用恰当的方式就餐，还是有很多学问在里面的。我们在自己家里，由着性子来，想怎么吃就怎么吃，也并非不可以，但是作为一名员工，要明白在一些场合，例如在参加同事聚餐，或者参加有领导出席的公司餐会等情况下，一定要注意用餐方面的礼仪，因此，下面提到的相关宜忌就需要我们特别注意一下了。

当同桌的几个人围坐在餐桌旁准备就餐时，你自己一个人手拿筷子敲打碗盏或者茶杯；领导或者坐主位的长者尚未示意开始，自己一个人就已经狼吞虎咽；不等喜欢的菜肴转到自己跟前，就伸长胳膊跨过很远的距离甚至站起来挑食菜肴；喝汤时"咕噜咕噜"、吃菜时"叽叽叽叽"作响；用餐尚未结束而饱嗝已经连连打出，这些现象都有碍观瞻。那么，怎样的吃相才算雅呢？

在入座之后，一面做好就餐的准备，一面可以和同桌的人随意交谈，以创造一个和谐融洽的用餐氛围。不要旁若无人，兀然独坐，也不要眼睛紧盯着餐桌的冷菜之类，显出一副迫不及待的样子，或者下意识地摆弄餐具。开始用餐时应注意只有当主人示意开始时，客人方可开始；用餐的动作要文雅，夹菜时不要碰到邻座的客人，也不要把盘里的菜肴拨到桌上，更不能打翻盘碗。

使用筷子在长期的生活实践中形成了一些礼仪上的忌讳：一忌敲筷，即在等待就餐时，不能一手拿一根筷子随意敲打；二忌掷筷，即在发放筷子时要轻放，距离较远时可以请人递过去，不能随手掷在桌上；三忌叉筷，就是筷子不能一横一竖交叉摆放或一根是大头，一根是小头；四忌插筷，即不论在何种情况下，都不能把筷子插在菜上或饭碗里；五忌挥筷，在夹菜时不能把筷子在盘里翻来搅去，也不能让两个人的筷子在盘中发生交叉；六忌舞筷，也就是在说话时不能把筷子作道具在空中乱舞或者用筷子指点别人。

当然，用餐的礼仪远不止上面所说的这些，下面再举几例并稍作说明：

（1）不要在用餐时当众搔痒。大家都知道搔痒的举止不雅。搔痒的原因

很多，有些属于病理的原因，例如过敏体质的人，皮肤好发疱、疹，有时奇痒难忍；有些属于生理的原因，如老年人因皮脂分泌减少，皮肤干燥，容易产生瘙痒。在出现这类情况时，当事者要按所处的场所来灵活掌握。如处在极严肃的场合，就应稍加忍耐；如实在忍无可忍，则只有离席到较隐蔽的地方去搔一下，然后赶紧回来。因为不管你怎样注意，搔痒的动作总以避人为好。尤其有些人爱搔痒纯粹是出于习惯且无意识，只要人稍一坐停就不断用手在身上东抓西挠，这更是不好的习惯，应尽量克服。

（2）用餐时要防止发自体内的各种声响。生活经验告诉我们，任何人对发自别人体内的声响都不太欢迎，甚至很讨厌，诸如咳嗽、喷嚏、哈欠、打嗝、响腹、放屁等等。当然，这些声响有的只在人们犯病或身体不适时才有，例如打喷嚏，常常是在一个人患感冒的时候才发生。当出现这种情况时，正确的做法是用手帕掩住口鼻以减轻声响，并在打过喷嚏后向坐在身边的人说声"对不起"以表示歉意。但是，有的声响却是习惯所造成的，主要是因本人不重视、不关心别人的心理所致。比如，有些人在大庭广众之下，哈欠连天，像这样就是很不好的习惯了，应当注意改正才是。

（3）用餐时不要将烟蒂到处乱丢。许多人反对在餐桌上抽烟，究其原因，与不少抽烟者缺乏卫生习惯不无关系。有些吸烟者不注意吸烟对别人所造成的不便，他们不了解，不吸烟者除了害怕烟味会引起呛咳外，随风吹散的烟灰也使人感到不舒服，有时带有余烬的烟蒂还容易引起事故。这些都使不吸烟者有一种自发的抵制吸烟的情绪。所以，如果吸烟者随意处置吸剩的烟头，将它们丢在地上用脚踩灭，或随手在墙上甚至窗台上撤灭等，都是很令人讨厌的。对此，也必须自觉加以纠正。

（4）吐痰务必入盂。随地吐痰，也是一种令人侧目的坏习惯。有些人由于积疾较深，随意将痰到处乱吐，甚至在用餐时也如此，这确实是种令人作呕的不文明行为。因为，随地吐痰之所以惹人厌恶，不仅由于痰是脏物，吐在地上会直接弄脏地面，而且还由于痰内有大量细菌，会间接污染环境，传播疾病，损害人的健康。所以，文明的做法应当是将痰吐入痰盂；如果周围没有痰盂，就应到厕所里去吐痰，吐后立即用水冲洗干净。

用餐的礼仪是每个人都必须掌握的，千万不要因为一时疏忽而在席间做出不雅举动，那会极大地损害你的个人形象，并给你与别人的交流带来障碍。作为一名员工，对此更应该重视，否则对自己有百害而无一利，甚至有可能将吃饭的问题演变成自己还能不能有饭碗的问题，对此不可不慎。

4. 长辈要求，积极回应

【原典】长呼人，即代叫，人不在，己即到。

【释义】长辈呼唤别人时，应立即替长辈去叫；如果那个人不在，自己就到长辈面前询问有何吩咐。

哪怕是额外工作，也要乐于去做

如果长辈有事要叫某人到身边来，自己听见了，即便被叫的这个人不是自己，也要积极回应，向那个被呼唤的人代为转达长辈的要求或者命令，以便那个人能够尽快地来到长辈身边，不让长辈因为等待而着急上火。如果自己找半天，就是找不到长辈要叫的那个人，或者那个人根本就是很不巧地在长辈传唤的时候不在，并不代表这事就跟自己没关系了，要积极地来到长辈身边，说明情况，让长辈了解为什么这么久那个人还没来，同时，询问长辈有什么事情要吩咐，那个人既然不在，看看自己能不能帮上什么忙。如果能帮上忙，那就积极去做，不要说这本来应该是某某人做的事情，因为能完成长辈吩咐的任务，不管最终是谁把事情做成的，长辈都会是高兴的，也让长辈省了很多心。

不要认为现在通信发达了就不会出现上述事情。诚然，网上即时聊天工具很方便，但是，如果人不在电脑前，那就不行；手机当然更方便，现在它的功能也越来越多，至少会给人一种错觉，似乎任何事情只要你愿意，都可以通过手机来完成，但是，假如它关键时刻没电了呢？假如领导找你的时候，手机没信号网也上不去呢？所以说，即使是现在，长辈或者领导找人找不到的情况其实一点也不少见。例如在单位里，留心观察的话，你就会发现，这样的事情还是能够经常碰到的。一旦遇到这种情况，作为员工，我们应当做的，其实也就是上文提到的那些。

此外，我们也可以从中领悟到，在工作中，我们要学会上传下达。它不是一个简单的传话，如何更清晰地表达上级的指示或者要求，如何更如实、更贴切地传达给下级，其实里面的学问还是很大的。

另外，我们更应该从中领悟到，"长呼人，即代叫，人不在，己即到"更深层的意思是：上级有任务要交办，却因为种种原因，被交办人不能够做这方面的工作，那么作为一名优秀的员工，我们应该乐于去帮着做，即使这个任务对于你来说其实是额外的。

大学毕业后的李静刚进公司时，还带有些学生的青涩，她不仅外表其貌不扬，能力也不出类拔萃，但之后短短两年的时间里，她在每一个部门都做得有声有色，每一次调动都令人刮目相看。

这家公司规模很大，部门庞杂。李静先被分到人事部，做的是并不起眼的文员工作。在工作中，很多其他老同事不愿意干的工作，不管是不是李静的工作范围，他们都推给她去做，而李静都接受了，并且乐此不疲。不仅如此，甚至有些额外的工作她也主动去做，在别人抱怨工作百无聊赖，老板苛刻，地铁太挤的时候，她则在完成自己的工作之后，认真地熟悉公司的部门、产品以及主要客户的情况。

有一次，营销部经理偶尔经过李静的办公室，看到她工作时认真的样子，立即向上级打报告，要求她去顶他们部门的一个空缺，结果得到了批准。

来到营销部，李静发现自己的视野骤然广阔起来。而在工作状态方面，同原来一样，她总是主动去做那些公司需要做的事，很多仍旧是额外的。在别人嘲笑这个年轻姑娘"傻气"的时候，她已经做出了几份扎实的调查分析报告。一年后，她已经是营销部公认的举足轻重的人物了。

一直在暗中观察员工表现的公司老总暗暗点头。从此，李静的工作更忙了，而且忙的内容变得比之前重要得多。比如，去见公司的一些重要客户、去谈判，老总都会带上李静一起去。

每一次，李静都不负众望，能够漂亮地完成工作任务。后来，在李静初来公司时工作的人事部的那些老同事依旧习惯性地懒散和抱怨的时候，她已经成了公司管理层的高级管理人员。

企业是一个大团队，对于员工来说，多做一些工作，即便这些工作本来并没让你去做，即便是额外的，只要在你能力和精力范围内，最好去做。这是提高你工作地位的重要条件，而且，在这个过程中总能增加一些可能连你都意想不到的才干。因此，在领导需要的时候，积极地接受派遣，只要"企业呼"，自己就应该"应"，不管这些工作是不是额外的，只要自己有时间和精力，就试着去抓住这个锻炼自己的机会，这样不仅能够保证团队工作的顺利进行，而且，你还更容易受到老板的重视，进而获得良好的个人发展机会。

5. 长辈面前，谦虚有礼

【原典】称尊长，勿呼名，对尊长，勿见能。

【释义】称呼尊长，不可直呼姓名；在尊长面前，不可炫耀自己的才能。

人在职场，谦虚是美德

我们从小就被教育，在长辈面前，一定要谦虚有礼。例如，称呼长辈，直呼姓名肯定是不行的，偶尔为了区分要呼姓名，后面也要加上尊称，例如××叔等，这属于有礼；再如，即便觉得自己再了不起，也最好不要在长辈面前炫耀才能，倒不是说只要是长辈就肯定比晚辈能力强、才能高，而是为了强调，谦虚是一种美德——没有哪个长辈愿意看到自己的晚辈是一个爱炫耀的轻浮之人。这里的"见能"指的就是炫耀才能。"见"与"现"相通。

上面说的道理，在职场之中同样适用，这一点其实大家没有一个人不清楚。称呼领导，不要直呼其名，要按照职务称呼，即使遇到特殊情况，他在企业中没有一个明确的职务，但是，地位却与领导差不多，那么，也要加上诸如"先生""老师"之类的尊称。

这个道理大而化之，就是无论在自己面前的是什么人，无论自己有多么了不起，都应该记住，谦虚有礼是美德。

春秋时期，齐国名相晏婴手下有一个车夫。他觉得能够给堂堂的相国晏子（对晏婴的尊称）驾马车，那可真是太了不起了。再加上晏婴在齐国乃至诸多诸侯国中有很高的名气和威望，这更加让这个车夫精神振奋，他开始变得心高气傲，把谁都不放在眼里。

不过话说回来，能给这样的高官做车夫，在那个时代也并非易事。而能够嫁给这样的人，相信也是一些女子所愿意的。但是，这个车夫的妻子有一天突然宣布要离他而去，不跟他继续生活了。

车夫大吃一惊，他想不到妻子有任何可以离开自己的理由。当然，他也不希望妻子离开。车夫非常焦急地问妻子："日子过得好好的，你这样做是为

什么啊？"

妻子说："你是晏婴的车夫，难道真的不明白？晏婴身为相国，在齐国一人之下万人之上，在诸侯国中威名远扬，即便如此，今天我见到坐在车上的他，态度却非常谦恭。你再看看你自己，只是一个车夫，却一副不可一世的样子。作为一代名相，晏婴那么谦恭，当车夫的你有什么值得炫耀的呢？真是自不量力啊。"听完妻子的话，车夫总算明白了其中缘由，羞了个大红脸。从此，车夫痛改前非，变得谦虚起来。

谦虚的本质是尊重，我们很难想象，一个在你面前傲慢无礼甚至是炫耀浮夸的人，你会感觉到他对你的尊重。而一个谦虚的人，必定是一个对人尊重的人。

在职场之中，我们做员工的也应该以做人谦虚、对人尊重作为自己的座右铭。

例如在与领导接触的时候，适当的敬语还是必须要说的。当然，其中的度要把握得当，敬语说多了和不说都不好，说多了就是谄媚巴结，不说又有对领导不尊重的嫌疑。不要说"我对人的尊重不是表现在嘴上，而是表现在行动上"，在与领导接触的时候，用语言表达出一定的尊重还是必要的。而且，领导大多日理万机，没有时间和精力去揣摩一名员工的内心是对他多么尊重，这时候你的语言是否能透露出这方面的意思，就显得很重要了。况且，做下属的在跟领导谈话的时候，说一些必要的敬语本就无可厚非，这也是上下级之间对话时应该形成的一种合理的语言环境。

再如，不光在长辈面前不要过于张扬自己的才能，在领导面前也是如此。一个原因是上面提到过的，过多地表现自己容易被领导认为这个员工不够谦虚，太轻浮，没有一个稳当劲儿。另一个原因则是，经常在领导面前夸耀自己能力有多强，万一领导真的相信了，给你一个重要的工作，假如你到时候反而做不到你所夸耀的程度，你在领导的心目中形象必然有所损害，这就得不偿失了。而如果你一直能够做到谦虚一些、谨慎一些，那么，同样一个工作交给你，即使到时候你没有完成得多完美，领导也不会苛责你什么。毕竟，一直谦虚待人的你，可能在接受任务之初就说了："这个工作我一定尽我所能！"而不是说："放心吧领导，这事儿包在我身上，以我的能力一点问题没有！"

总之，无论是对待长辈还是领导，都要以谦虚和尊重为准则，只有这样，你才会成为一个成熟而且受人欢迎的好晚辈、好员工。

6. 随时随地，注意礼仪

【原典】路遇长，疾趋揖，长无言，退恭立。骑下马，乘下车，过犹待，百步余。长者立，幼勿坐，长者坐，命乃坐。

【释义】在路上遇到长辈，应快步上前恭敬问好；长辈没有说话时，应退后并恭敬地站立一旁，等待长辈离去。骑马或者乘车，遇到长辈，应下马或下车问候；还须待长辈离开约百步之后方续行。长辈站立时，晚辈不应自行就座；长辈入座之后，吩咐坐下才可以坐。

职场之中，随时随地注意礼仪

在路上遇到长辈，有一定的礼仪。在古代，遇到这种情况，晚辈应该做到"疾趋揖"，也就是释义中提到的，要快步上前问好。"揖"是作揖，就是行礼问好。"趋"本就是古礼的一部分，可以被称为"趋礼"，是地位低的人遇到地位高的人时需要展现出来的礼节，因此也适用于晚辈遇到长辈的时候。"趋礼"的要领是弯腰低头，小步快走，古人认为如此是对被施礼者的尊重。按照标准向长辈行礼问好之后，如果长辈没什么吩咐，那就退后并恭敬地站在一旁，等待长辈离去，之后自己才能自由活动，去做自己的事情。

路遇长辈的时候，自己在乘车或者骑马，就要下车或者下马，然后遵照一定的礼仪标准向长辈行礼问好。长辈离去之后，自己才能够再上车或者上马，继续赶自己的路。

如果长辈是站着的，做晚辈的就不要自顾自去找椅子坐。长辈让你坐了，你才能坐下来。这也是做晚辈的应该了解的礼仪内容。

总体上看，本节的这几句主要讲的是在长辈面前，做晚辈的随时随地都应该注意的礼仪要领。现如今我们回过头去看，可能有人会觉得有些烦琐，甚至不排除有人会认为这些都太迂腐了。现代社会我们确实已经远离这些繁文缛节，但是，《弟子规》在本节中所传达的一些积极的观念，对于我们来说还是需要学习和践行的。例如，其中一个观念就是，无论什么时候，对长辈的尊重是不变的，不管是古代还是现代。还有一个观念，那就是不管在什么状态下，例如不管是本书前文涉及的就餐的时候，就座的时候，行走的时候（或饮食，或坐走，长者先，幼者后），还是本节提到的在路上遇到长者的时候，在自己乘车或者骑马遇到长者的时候，在长者站立的时候等情况下，都有其一定的礼仪。这样不仅能显示出晚辈对长辈的尊重，也能反映出我们自己的修养水平。

一个人懂不懂礼，其实和这个人的修养有着千丝万缕的联系。早在春秋时期，孔子的学生子路就以懂礼而著称。有一次，孔子要到院门外去。当他经过庭院朝院门走的时候，子路正在院子里读书。看到老师出来了，他连忙放下手中的书，向老师鞠躬行礼。可惜这次孔子没能够及时看到行礼的这位学生。等到他回过神来时，子路已经鞠身行礼很长时间，甚至连身子都有些酸麻了。孔子赶紧让子路免礼，然后感动地说道："子路确实懂礼啊！"

孔子之所以对子路的这种做法大加赞赏，是因为一个人是不是懂礼，与能不能立足于社会有着紧密的关系。他曾经说过："不知礼，无以立也。"这句出自《论语·尧曰》的话，一直到现在，仍旧被我们后人所传诵。

在 21 世纪的今天，我们依旧不能够忽略礼仪的重要性。例如我们虽然没必要像古人那样在路遇长辈的时候"疾趋揖"，但必要的问候或者是问好还是要有的。可见，随着时代的改变，礼仪的内容可能有了些变化，刻上了时代的烙印，但是，有一个道理是没有变的，那就是无论在什么场合，我们都要遵循一定的礼仪规范。

回到本节所说的内容，路遇长辈，我们要遵循一定的礼节。同理，作为一名员工，在路遇领导的时候，也需要展现出一定的礼仪态度，不能不了解这方面的基本规则。

例如在等电梯的时候，领导也来到电梯前，这时候，作为员工要首先向领导打声招呼。电梯到了，要请领导先上，自己后上。电梯到预定楼层之后，要请领导先下，自己随后再下。在其他场合遇到领导的时候，还要结合具体情况来调整自己的行为。

例如遇到领导的时候，领导正好与他的朋友在一起，那么自己就不仅要向领导问好，还要适当地对领导的朋友表示出一定的尊重，这样领导和他的朋友都会很开心。如果在遇到领导的时候他正忙着打电话，你就要根据实际情况来选择自己打招呼的方式，如果领导没有看到你或者你和领导离得距离比较远，那么，你可以选择回避，因为即使你上前打招呼，可能领导也无暇顾及你；如果领导看到了你，那么你可以真诚地向他点头示意，然后微笑着离开，他也就明白你是不想打扰他，同时也感受到了你作为下属对他这个领导的尊重。

如果在路遇领导的时候，你是在骑车或者驾车，那么就应该下车问好。当然，根据实际情况，如果当时你不能够做到这一点，例如你正在驾驶汽车，有些地方是不适合停车的，这时候，如果领导已经注意到你了，那最好是摇下车窗简单打声招呼，或者是鸣笛示意，这些都是随时代的发展出现的"新型礼仪"。不管是什么方式，核心是不变的，那就是对领导的尊重。

再如，在某些场合，领导还没有就座，那么做下属的也不要就座，除非领导说请坐之类的话了，我们再根据实际情况来判断。假如现场椅子很少，那么最好还是不要坐，即使是领导让你坐了，也可能仅仅是客套一下。再如就坐在哪个位置，在职场礼仪中也是有讲究的，一般核心位置是给领导坐的，这一点大家也应该了解。当然，这里面很多情况是需要平时多观察多揣摩，才能真正做到既懂礼仪，又能把合适的礼仪用到合适的时间和地点，这里面并没有一个放之四海而皆准的标准答案。但是，随时随地要有礼仪，这一点是每一个做员工的都不能够忽略的问题。

总之，无论在什么时候、什么场合，我们都不要忘记，要遵循职场之中的礼仪。不要说大丈夫不拘小节，不要说干大事儿的人是不在乎那些繁文缛节的。因为礼仪到现在，已经发展成为全世界职场中都很重视的要素之一。所以，作为一名员工，应该把职场礼仪重视起来，平时多学习相关的知识，并有效地运用到工作当中，这对于我们今后的发展大有裨益。

7. 进退应对，恭敬认真

【原典】 尊长前，声要低，低不闻，却非宜。进必趋，退必迟，问起对，视勿移。

【释义】 在尊长面前，说话要低、要柔和；但声音太低而让尊长听不清楚，也不合适。有事情要到尊长面前，应快步向前；告退时，要缓慢退出；长辈问话时，应当起身应对，不可东张西望，目光游移不定。

汇报工作有学问

与长辈交谈，不仅仅说话的内容要注意，连说话的声音也有一定的礼仪规范。不能声音太大，显得对长辈不恭敬，也不能太小，让长辈听不清楚。

同时，不仅是说话，在与长辈谈话前或者谈话后，也有一定的礼仪规范，也就是进退应对的规范。"进必趋，退必迟，问起对，视勿移。"前文提到过，"趋"是古代一种表示恭敬的礼仪动作，指的是小步快走。而"迟"则是指缓慢。不管是进的时候的快，还是退的时候的慢，都是在长辈面前进退所应该遵循的礼仪。再就是"应对"了，也就是与长辈交谈的时候，晚辈在这个过程中应该注意的一些礼仪上的问题。例如长辈问晚辈问题，晚辈应该立即站起来回答，在听长辈说话或者回答长辈问题的时候，做晚辈的要注意力集中，千万不可左顾右盼，目光游移不定，显得心不在焉，因为这是很失礼的行为。

这些道理用到职场上，我们可以理解为，面对领导，我们的"进退应对"是有一定的礼仪规范在的。在跟领导交谈的时候，或者向上级汇报工作的时候，里面的学问还是不少的。

例如，声音不能太大，以领导能够听清为宜。在适当的时候，说到关键的地方，可以稍微加重一点语气，从而向领导委婉地表示，这是重点。领导问自己问题的时候，不一定要像古人一样站起来回答，但是一定要马上回答，或者即便是一时间不知道该怎么回答领导的问题，也一定要第一时间做出回应，让领导知道，你不是没有听到他问你问题，而是在思考如何回答。在与领导交谈的时候，目光切忌游移不定，这对于领导来说是很大的不尊重。

其实，不光是语气或者音量本身需要注意，也不只是回答领导问题的时候或者听领导讲话的时候要注意上文提到的问题那样简单。还有一些其他方面，也不容我们做员工的忽视。以向领导汇报工作为例，我们需要注意以下几点：

（1）向领导汇报工作情况，是下属的一项重要工作内容。在汇报工作时，若想与领导有良好的沟通，并让领导认同你的工作想法，就必须以严肃而正确的态度对待汇报工作，讲究汇报工作时的礼仪。

（2）向领导汇报工作，一定要做一些准备。拟好提纲，标注重点，选择典型事例。不做准备的汇报，不但浪费领导的时间，同时也是对领导的不尊重，是很大的失礼行为。

除此之外，我们还应该注意：

（1）汇报工作要遵守时间。向领导汇报工作，务必准时按约定的时间到达。过早或过晚到达都是不礼貌的行为。如果过早到达，会让领导因准备不充分而显得难堪；超过约定时间到达，则又会因让领导等候过久而失礼。因此，就算万一因为有事不能及时赴约，也要尽可能有礼貌地及早告知领导，并以适当方式表示歉意。

（2）讲究敲门的礼仪。到领导的办公室去汇报工作，还要讲究敲门的礼仪，不能急于破门而入，而应该先轻轻地敲门，等听到招呼后再进去。即使在夏天，办公室的门是敞开着的，也不要贸然闯入，而应以适当方式让领导知道有人来了。汇报期间，应该注意自己的仪表、姿态，要站有站相，坐有坐相，做到文雅大方，彬彬有礼。

（3）汇报工作，言辞要清晰。向领导汇报工作的最终目的是让领导领悟你汇报的内容，因此，一定要让领导听清楚你讲的每一句话。对一些次要问题可以说得稍微快些，但在重要问题上一定要慢，必要时还应重复，以便让领导记录和领会你的意思。值得注意的是，整个汇报速度不宜太慢，因为太慢容易让对方精力分散，而忽略了某些细节的问题。

（4）汇报工作，掌握好音量。在汇报工作时，要把握好音量。若音量太大，会缺乏交流思想的气氛，让领导感到不舒服。若音量太低，则容易被认为汇报者心理恐惧、胆怯，这样会直接影响汇报的说服力。

（5）注意汇报工作时的语言。如果口头汇报的语言用词不当，词序不妥，语言结构残缺甚至混乱，汇报者就不可能清楚明白地表达自己的观点和思想感情。因此汇报工作虽然不像书面文章那样讲究，但原则上还是要做到准确、简练。

（6）要有一个时间掌控的概念。汇报工作，不宜时间太长。因为领导大都工作很忙，时间有限。所以汇报的时间要尽可能简短，最好限定在半小时内。这样就可以多一些时间和领导沟通，领导也可以有时间提问，而且领导还会认为你是一个很懂礼貌的人。

（7）一定要精神集中。在汇报工作的时候，可能领导会中途提出一些他感兴趣的问题，这时候如果精神不集中，可能会造成你根本就没注意到领导的问题，或者答非所问，这些都可能造成领导对你的反感。

（8）汇报完工作之后要注意的问题。工作汇报完之后，如果领导兴趣盎然，你当然可以多说几句，或者随着领导新提出的问题，组织自己的语言和回答问题的内容。但是一般情况下，应该在汇报完工作之后，向领导表明："大体上就是这样。"如果领导除了说"好的"之外别无表示，那么，你最好还是立即表示不再打扰。这时候如果领导还想留你多待会儿，他会直接跟你说的。

总之，如何向领导汇报工作，里面的学问有很多。作为员工，学会怎样更好地汇报工作，是必备的素质，也是与领导交往的重要部分，更是被领导欣赏，在职场上有进一步发展的必备要素。

8. 诸父诸兄，如父如兄

【原典】 事诸父，如事父；事诸兄，如事兄。

【释义】 对待叔伯等父辈尊长，要如同对待自己的父亲一样孝顺恭敬；对待同族的堂、表兄姊，要如同对待自己的兄姊一样友爱尊敬。

工作没有"亲"和"非亲"之分

诸父，指同宗族的伯父和叔父。《幼学琼林·叔侄》中说："曰诸父，曰亚父，皆叔伯之辈。"同样的道理，诸兄即是对同宗族兄长辈的通称。当然，总体来看，诸父、诸兄在这里可以泛指亲戚。侍奉同宗族的叔伯辈的长辈，跟侍奉自己的亲生父亲没有什么区别；对待同宗族的堂、表兄姊，跟对待自己的亲兄姊也没有什么区别。所以，"诸父诸兄"，对于自己来说，态度上要像自己的亲父兄一样。

当然，它的含义还可以扩大：像尊重自己的父母一样尊重别人的父母，像对待自己的兄弟姐妹一样对待别人的兄弟姐妹。孔子在《孝经》中就说过："教以孝，所以敬天下之为人父者也。教以悌，所以敬天下之为人兄者也。"就是这个意思。

这个道理在单位中也同样适用。

从表层意思上看，对其他单位的领导、员工，要像对自己单位的领导、同事一样，也就是说，不管是不是自己的领导、同事，我们都要表现出足够的尊重。这一点其实每个人都明白，而且相信大部分人都能够做得很好。

深层意思是，在工作过程中，即便不是自己分内的事，只要是企业的事，我们作为员工，就应该关心，就好像那些是自己分内的事情一样。这就是"不是亲父兄，却待之如亲父兄"的道理。

小罗是一家公司的文员，她的工作就是整理、撰写、打印一些材料。很多人都认为小罗的工作单调乏味，但小罗不觉得，每天干起工作来都非常起劲。

由于整天跟材料打交道，做久了，细心的小罗发现公司的文件中存在很多问题，甚至材料内容所表现出来的公司的经营运作方面也存在着问题。于是，小罗除了做好岗位上每天必做的工作之外，还细心地搜集资料，甚至是过期的资料，她把这些资料整理分类，然后进行分析，写出建议。为此，她还查询了很多有关经营方面的书籍。最后，她把打印好的分析结果和有关证明资料一并交给了老板。

老板对此非常吃惊，没想到这个平常毫不起眼的年轻文员，居然对公司这样关心，有这样缜密的心思，而且她的分析井井有条，细致入微。后来，她的建议中的很多内容都被采纳了。

老板很欣慰，他觉得有这样的员工是他的骄傲。小罗觉得没必要这样，因为她只是在做完分内的工作之后多少发挥了点"余热"。但是，老板却不这样想，因为从他的角度看，小罗的那份报告实在是价值千金。虽然那并不是小罗的分内工作，但是对工作的"一视同仁"，使得她的那份报告比企划部门的专业员工做得还要好。最后，小罗被老板委以重任，升职加薪。

"不是亲父兄，却待之如亲父兄"，那么，对于小罗来说，她在企业中做到了，不是"亲"工作，却待之如"亲"工作。本来有些工作自己不管也无可厚非，但是，为了企业的长远利益，为了自己作为员工的那份责任感，小罗在发现问题之后，首先想到的是尽自己的努力去解决，去向上级提意见或者建议，而不是袖手旁观，事不关己就高高挂起，这不仅让她从中受益，而且关键是，使企业从中得到了良好的改进和发展，这从长远来看，无论对企业本身还是小罗自己，都是有着非常大的益处的。

工作没有"亲"和"非亲"之分，不管是分内还是分外，只要是企业的工作，能做的就主动去做。有付出就有回报，如果一名员工为企业尽心尽力，处处为公司着想，即使他最初只是在一个再普通不过的岗位上，最终也一定能够做出大事业。

谨：职场风云，谨为第一

"谨"的含义有很多，谨慎是谨，严格是谨，认真是谨，谦虚也是谨。谨是一种态度，在企业中，更是一种良好的工作作风。一名员工想要有所作为，就要紧紧地抓住"谨"这个字不放手。它可以免除很多不必要的麻烦，避免很多本就不该出现的损失，同时，它也是一名员工在职场上获得提升的助推器。

1. 人生易老，惜时如金

【原典】朝起早，夜眠迟，老易至，惜此时。

【释义】早上要早起，夜里最好迟点睡；人生易老，应珍惜大好时光。

有效管理时间，提高工作效率

如果精力足够，最好早起晚睡，这样每一天的时间就会被拉长，可以多做一些事情，因为人生短暂，不少人是在不知不觉地浪费时间中变老的。等到头发斑白的那一天，才后悔很多事情没有做。

陶渊明有一首诗是这样写的："盛年不重来，一日难再晨。及时当勉励，岁月不待人。"还有大家最耳熟能详的已经达到警句级别的话"少壮不努力，老大徒伤悲"都告诉我们要珍惜人生难得的大好时光的道理。年轻是资本、是财富，也是很容易被浪费掉的。因此我们不可不慎重，不可不警醒。

司马光因为砸缸的故事，成为我国家喻户晓的人物。其实相对于砸缸，他做过很多更大的事情，例如《资治通鉴》就是他主编的。这位北宋时期著名的政治家、史学家和文学家，从小就聪明过人，被誉为神童，他也跟西方的天才爱迪生一样，从不骄傲，相反十分勤奋。后来，步入仕途的司马光奉旨编写《资治通鉴》，为了完成这项艰巨的任务，他专门做了一个枕头，取名

"警枕"，意在提醒自己：珍惜时间，切莫贪睡。这个特殊的枕头确实也发挥了一定的作用——当他枕着这个枕头睡觉时，身体稍一动弹，它就会翻滚，因为是用圆形的木头做成的。"警枕"滚跑之后，司马光就醒了，他立刻坐起来，发奋著述，继续自己的工作。就这样，十九年之后，一部三百多万字的史学巨著《资治通鉴》诞生了。这是中国第一部编年体通史，在我国史书之中占有极其重要的地位。

司马光的"警枕"只是其中一个细节，并不能全面表现出他的勤奋，而"温公警枕"的故事却时常被后人津津乐道。

没错，不管是古代还是现代，似乎一切都在变，但是，珍惜时间的观念却似乎没什么变化。时间给每个人的只有一天二十四小时，一年三百多天，一辈子几十年。古往今来，劝人惜时的诗词、散文等文学作品很多很多，民间流传的警句谚语数量也不少，足可见时间给无论是哪一个时代的人的感觉，都是一样的——时间不可浪费，浪费了只有一个结果，那就是后悔，除此之外，什么都不会给你留下。

是的，人的一生就是在和时间竞赛。时间是直线向前的，是稍纵即逝的。如果你做不了它的主人，那么它就会做你的主人，而你则成了它的奴隶，就会被牵着鼻子走，一辈子随着时间的无情流淌而庸庸碌碌，终此一生。古人说的"三更灯火五更鸡，正是男儿读书时。黑发不知勤学早，白首方悔读书迟"正是告诫我们：生命有限，必须惜时如金，切莫把宝贵的光阴虚掷，要趁着大好时光多学点知识，在自己的有生之年里争取干一番事业。

大发明家爱迪生平均三天就有一项发明，他正是因为抓住了分分秒秒的时间去探索、去研究，才取得如此大的成就。文学家鲁迅先生曾说过："哪里有天才，我是把别人喝咖啡的时间都用在工作上罢了。"

可见管理好自己的时间，合理利用时间，对一个人来说是多么重要。

在企业中，对时间的管理直接关系到你的工作效率。有些职员整天在办公室忙忙碌碌，走来走去，书桌上各种公文及资料堆积如山，似乎每天都有忙不完的工作。这种人实际上是在对时间的管理上产生了偏差，由此造成工作效率的低下。他们不是忙得没有时间，而是没有管理好自己的时间。

在掌握工作时间上往往会出现两种极端，一种是偷工减料，晚来早走；一种是无休止地加班加点。

如果你经常偷工减料，连规定的工作时间都做不满，那么总有一天，你会被叫进老板的办公室。因为大家的眼睛是雪亮的，何况每一个人的工作量摆在那儿，你干少了，别人就得多干。

也许有人很聪明，可以在相对少的时间内完成工作，但也不应该晚来早走。一种积极的做法是向你的老板说明个人的情况，争取更有挑战性的工作，这也有助于以后的提升；另一种积极的做法是用剩下的时间自学更多的东西。

如果你经常在规定的时间里完不成工作，常加班加点，这有时会带给你负面的影响，你的老板会认为你的工作能力不强，只能靠加班来完成任务。在许多企业，加班并不是什么好事情，老板会认为你的计划没有做好，追究起来，是要承担责任的。一项任务，如果没有办法在计划内完成，解决的方法也不只是加班，你可以向老板解释要求修改计划，增加人手或寻求帮助等。

有些人认为工作的时间越长，越能显示自己的勤奋，事实真是这样吗？其实，工作效率和工作业绩才是最重要的，整天忙忙碌碌但不出成果，并不是有效的工作者。

帕莱托定律告诉我们：应该用80％的时间做能带来最高回报的事情，而用20％的时间做其他事情。记住这个定律，并把它融入工作当中，对最具价值的工作投入充分的时间，分清轻重缓急，设计优先顺序，这是管理时间的精髓。

在竞争日益激烈的职场中，谁能做时间的主人，谁就能在最短的时间内获得最大的效益。一个善于把时间用到极致的人，总是会比别人快一步。无论是成功的员工还是成功的老板，都是会管理时间的人。因为他们学会了科学地管理时间，追求效率，在恰当的时间内完成应该做的事情。

2. 个人卫生，必须讲究

【原典】晨必盥，兼漱口，便溺回，辄净手。

【释义】早晨起床，务必洗脸、漱口；大小便后，要马上洗手。

职场人士，"形象工程"很重要

盥，音"灌"指的是盥洗，泛指洗。现在很多公共场所还会出现"盥洗室"之类的名称。

本节强调的内容，似乎是小得不能再小的事情。诚然，《弟子规》本来就是一部启蒙经典，所以，本节这四句话更像是对小孩说的。什么早上起床要洗脸漱口之类，对于成年人似乎没有强调的必要。

但是，事实真的是如此吗？答案是"不一定"。

本节强调的这几句话，概括地说就是个人卫生，必须讲究，个人卫生可以说是一个人的"形象工程"。这个问题表面上很小，却很重要，而且关键是，很多人在越小的问题上越容易出现问题。为什么这么说呢？就拿我们现代人来讲，谁都知道早上起床后要洗脸刷牙，但是并不是每个人都能做到。这就是知道和做到之间的距离。

当然，说起个人卫生，说起"形象工程"，也并不局限于早上起床要洗漱，每次方便后要洗手，还包括要勤于洗澡，衣服常换，勤剪指甲，勤理发等。这些问题很细小，但是都很重要。直接影响到一个人的形象，甚至涉及是否对同事或者领导尊重的问题。所以，这方面的细节一定要重视起来，千万不要觉得是小事。

讲究个人卫生对于某些人来说其实还是挺困难的，这也是不争的事实。例如某个奔忙了一天的下属，可能不愿花力气搞好自己的卫生，于是身上的异味和油腻的头发成了最严重的卫生问题。这样时间长了负面影响就出来了，可能领导会对这样的下属退避三舍，重要的外事活动也时常把这样的人排除在外。当他空有一身本领却坐在冷板凳上的时候，就知道是否讲究个人卫生和形象，对于一名员工来说，有的时候真的是个要命的问题。

职场上，我们可以看到这样的现象：有人西装笔挺，却配上一头乱蓬蓬的头发；有人发型很精神，衣服却不是太干净，可能还有昨晚吃饭时滴上的油渍……不是说他们不注意个人卫生，但是，要说多么注意，也很难说。于是就在这个尴尬的"中间地带"徘徊，有时候太忙，就什么都顾不上了，有时候想起来了，就把自己从里到外好好"捯饬捯饬"。总之，无论从哪个角度看，你都不能说，他们是真正地做到了在职场之中注重个人卫生。

注重个人卫生，重视"形象工程"，其实表现在一个人的整体的方方面面，例如衣服不一定要料子多好、款式多流行，但是一定要干净、要得体。当然，除了衣着以外，还有脸部和头发方面的问题。

例如有的男员工长时间不刮胡子，这种习惯除了某些特定的职业之外，大部分企业是不太提倡的，而刮胡子的目的之一正是为了卫生。再如有些女员工的工作性质，要求她们即使是化妆也只能是淡妆，可是有些人偏要化浓妆。这些可能跟个人卫生的问题搭不上，但是，绝对是"形象工程"上出了问题，因为不合适的妆容，对于其在工作中展现给别人的形象，是起反作用的，是会让别人感觉到反感的。

再如有些人不愿意洗头发，那样容易让头发显得很油，而且还会散发出异味，这也是很不好的卫生习惯。留某些不合适的发型，也会造成有损形象的硬伤。当一个人遇到他人时，往往最先注意到这个人的头发。头发打理得如何，在多数人的眼里实在是一件微不足道的事情，然而，它对一个人的形象却很重要。一个人的头发如果梳理得整齐、大方、潇洒，人们会认为此人精干，有修养，从而让人喜欢，还可能使他人联想到此人思维缜密，有较强的组织能力。相反，一个人的头发如果不加梳理，满头乱发，形同"抱窝鸡"，人们则会觉得此人不讲究个人卫生，同时认为他不精干，缺乏修养。还会使人们联想到此人思维也可能同其头发一样混乱。在工作上，就有可能得不到领导的信任，因为领导会认为此人缺乏周密的组织能力。

如果参加一些重要的活动，如外事活动、接待客人、讲话等，更需要把头发梳理得整齐些。因为在一些重要活动中，一个人的形象不仅代表其本人，而且代表一个单位甚至一个国家的精神面貌。同时，下属的仪表会给领导的形象带来一些影响。所以，下属应把头发梳理的事重视起来，每天早晨对着镜子梳理一下。在参加重要活动时，事先要注意梳理一下自己的头发，以一种精明干练的形象出现在领导的面前。

一个人如果衣着整洁、朴素、大方，加之举止文雅，那么，人们对其会肃然起敬，认为这个人有学问、有修养。相反，一个人如果不修边幅，邋里邋遢，甚至脏兮兮的，那么，人们则会认为此人缺乏修养，不求进取。这种观点不一定完全符合实际，但对多数人而言，基本上如此。

下属的职责是为领导服务，领导当然希望自己的部下较他人干练。但如果下属邋里邋遢，衣服长期不洗，污垢满身，皱皱巴巴的，不仅会给领导一种不舒服感，甚至会使领导产生一种不信任感——如此不精干的下属能做干练的事吗？

随着生活水平的提高，社会文明的进步，人们对仪表的要求越来越高。在发达国家，或在高层次的机关、公司里，工作人员和负责人都是衣冠楚楚的，"白领""蓝领"很难分清。因此，随着社会的发展，下属更应当注意自身的"形象工程"。

在某种程度上说，一个人是否讲究个人卫生，是否了解怎样使自己的衣着和打扮更加符合工作的性质和环境，是其心理素质和修养的外在表现。所以，对于在职场中拼搏的人来说，搞好"形象工程"至关重要。

3. 衣帽鞋袜，整齐端正

【原典】冠必正，纽必结，袜与履，俱紧切。

【释义】帽子要戴端正，衣服纽扣要扣好；袜子要穿平整，鞋带应系紧。

工作中要注意细节，切忌杂乱无章

穿衣戴帽一定要整齐。帽子不能歪戴，那样显得轻浮，纽扣一定要扣好。这里应该注意的是，不仅要扣，而且要扣"好"，也就是不能扣错位，否则穿出来是很难看的。袜子要穿平整，否则不仅影响外观，连穿者自己也会觉得难受。如果鞋子有鞋带，就要系紧，否则不知道什么时候就会松开，如果关键的时刻或者场合出现这种情况，虽然看似问题不大，但是难免会有些尴尬。穿衣戴帽一定要端正，奇装异服最好不要穿，因为这类衣服很难与端正联系在一起。

穿戴整齐端正，首先是《弟子规》教育童蒙的，因为他们大都年纪小，

正是学习这些的时候。再有一点，就是无论是小孩还是大人，其实穿衣戴帽还是有一定的礼节在里面的，什么时候穿什么样的衣服，怎么穿，什么样的衣服坚决不能穿，这里面还是有学问的。其实，越是大人，越应该注意这方面的问题。学会穿衣的动作不难，学会合理地穿衣就不容易了。孩子衣服穿得不合适，顶多人们笑一笑，大人要是犯诸如穿戴不合乎礼仪的错误，那可真会被看不起了。

职场之中，如何穿戴更是马虎不得，这里面甚至有专门的学问，穿戴从来在职场礼仪中就是非常重要的。而且，职场穿戴不仅会影响一名员工在别人心目中的形象，甚至还能影响员工自己的心情和热情，乃至影响工作效果。这就是为什么很多职业要求员工穿统一的制服的原因之一。

一天，乔正躺在床上睡觉，忽然想到还要给约好的一个客户打电话。于是他从床上跳起来，认真地穿上西装、打上领带，然后按照约定给客户打电话。通完电话后，他把西装和领带脱掉，重新躺回床上，继续睡觉。乔的太太看到后大感不解，问他："亲爱的，打个电话不用这样隆重吧？如果想起来要给客户打电话，完全可以穿着睡衣打，不用专门为了一个电话把西装领带又是穿又是脱的，难道你不觉得麻烦吗？"乔在床上翻了一个身，伸了一下懒腰，才说道："我之所以给客户打个电话要这么麻烦，是因为只有这样才能够找到工作的感觉，如果穿着睡衣肯定是不行的。而且，我相信，我对客户的这种尊重，他在电话那边是能感觉得到的，这样无疑会加深客户跟我之间的友情。"事实上，刚才打电话的时候，乔感觉客户就好像在他对面一样，而在电话那边，客户的语气也非常友好和蔼。这位叫做乔的男士，就是美国著名的推销员乔·吉拉德，他是世界吉尼斯大全认可的世界上最伟大、最成功的推销员。

无疑，在吉拉德穿戴整齐之后，且不管客户是否能够感受到他的敬业精神，即使是吉拉德自己，也立马从休息状态转换成了工作状态。可见，一个人的穿戴对于工作态度和结果来说是多么的重要。

除此之外，我们还可以从"冠必正，纽必结，袜与履，俱紧切"中领悟到，细节是非常重要的，没有细节就没有整体。《弟子规》在这里不厌其烦地说了帽子说纽扣，说了袜子说鞋子，就是在传达这个意思：细节成就整体，不管是哪里出了问题，整体都会受到影响，穿衣如此，其他事情也是如此。

作为一名员工，要明白在工作中，得一步步来，细节成就整体，就好像穿衣穿鞋，哪一个细节出了问题，哪怕是一个鞋带没系好，都可能使工作变得杂乱无章。因此，在具体的工作中，既要从大处着想，又要注重细节。面对工作，先有整体观念，从大处着眼，然后层层思考，由大到细，一步一步来，只有这样，才不至于因为细节上的忽视，导致工作做得乱七八糟没有章法。

4. 衣服鞋袜，不要乱放

【原典】 置冠服，有定位，勿乱顿，致污秽。

【释义】 放置衣帽鞋袜时，要有固定的位置，不要乱放，以免造成脏乱。

做事有条理，工作有效率

顿，是指放置。"乱顿"，就是胡乱放置的意思。无论是该换洗的衣服，还是干净待穿的衣服，都应该有固定的位置去放置。这样不仅找起来方便，而且干净衣服也不容易弄脏。例如回家脱下衣服后胡乱一扔，有可能衣物就会掉到地上，或者，不管干净衣服还是换洗衣服都放置在一起，那结果也是可想而知的。穿衣戴帽要整齐端正，脱下来也必须遵循一定的条理，只有这样，才能够做到表里如一。不能在外是个干净整洁的人，到了家屋子里却是一团糟，更不能因为找不到东西，而影响大的事情。假如早上起来，要出席一个比较正式的场合，结果偏偏找不到该穿的那套衣服，是很急人的，而且，假如真的找不到的话，耽误事儿是肯定的。《朱子童蒙须知》中就说："凡脱衣服，必齐整折叠箱箧中，勿令散乱顿放，则不为尘埃杂秽所污，仍易于寻取，不致散失。"放置衣服有条理，不仅干净的衣物不容易弄脏，而且下次穿的时候也容易找到，不会给自己增添本不该出现的麻烦。

不仅是衣服鞋子，对待工作也应该如此。

今天的世界是一个纷繁复杂的世界。唯有那些办事有秩序、有条理的人，才会成功。而那种头脑昏乱，做事没有秩序、没有条理的人，成功永远都和他擦肩而过。只有遇事镇静，不匆匆忙忙，处理事情时有序有条理，才不会出现错误。

的确，没有条理、做事没有秩序的人，无论做什么都没有效率。做事是否有条理是判断一个人做事严谨程度的标尺。能力再强的人，如果没有工作秩序，势必会把工作弄得一团糟。条理分明能提高工作效率，使你不但掌握了自己的工作进程，也会取得更大的成绩。

很多商界名家都将做事没有条理列为业绩不理想的一大重要原因。

工作没有条理，同时又想把蛋糕做大的人，总会感到手下的人手不够。他们认为，只要人多，事情就可以办好了。其实，你所缺少的不是更多的人，而是使工作更有条理、更有效率。由于你办事不得当、工作没有计划、缺乏条理，因而浪费了员工的大量精力，但出力不讨好，最后还是无所成就。

一位企业家曾谈起他遇到的两种人。

一个是性急的人，不管你在什么时候遇见他，他都表现得风风火火的样子。如果要同他谈话，他只能拿出数秒钟的时间，时间长一点，他就会伸手把表看了再看，以此暗示他的时间很紧张。他的公司业务做得虽然很大，但是开销更大。究其原因，主要是他在工作安排上毫无秩序，做起事来也常被杂乱的东西所阻碍。结果，他的事务一团糟，他的办公桌上各种资料堆积如山且毫无条理。他经常很忙碌，从来没有时间来整理自己的东西。当然，我们可以想见，像他这样的人，即便有时间，他也不知道该怎样去整理、安放。

另外一个人与上述那个人恰恰相反。他从来不显出忙碌的样子，做事非常镇静，总是很平静沉着。别人不论有什么难事和他商谈，他总是彬彬有礼。在他的公司里，所有员工都寂静无声地埋头苦干，各样东西安放得有条不紊，各种事务也安排得恰到好处。他每晚都要整理自己的办公桌，对于重要的信件立即回复，并且把信件整理得井井有条。所以，尽管他经营的规模要大过前述商人，但别人从外表上总看不出他有一丝一毫的慌乱。他做起事来样样办理得清清楚楚，他那富有条理、讲求秩序的作风，影响到了全公司。他的每一名员工，做起事来也都极有秩序，整个企业一片生机盎然之象。

你工作有秩序，处理事务有条不紊，在办公室里绝不会浪费时间，不会扰乱自己的神志，办事效率也会因此而变得极高。从这个角度来看，你的时间也一定很充足，你的工作也必能依照预定的计划去进行。

那么，作为员工如何让我们的日常工作更规范、更有条理呢？

（1）清楚自己的工作内容。我们要清楚自己怎样才能做好工作以及除了做好分内工作外，还有哪些可以协助别人，做自己能力所及的。平时要归类整理和计划自己的工作，要清楚自己应该怎么做。

（2）积累资料，使日后工作更轻松。任何优秀的方案都离不开积累，要想使自己的工作更轻松、更完美，平时的积累最重要。每天花2～3小时，从各方面搜集并保存和自己工作相关的资料。时间一久，你会发现你的资料库是一个宝库。这也可以方便万一工作中有特殊情况，有新人接手时，可以根据资料库第一时间上手，保证工作正常运转。

（3）合理安排工作时间。根据自己每周的工作时间及需要做的工作量以及工作习惯，给自己制订计划——什么时候该做什么，花多长时间做，剩余的时间做什么，未能完成的工作什么时候做。

（4）寻求提高工作效率的捷径。要想在职场中成为优秀者，光是埋头苦干是没用的，如何在工作过程中找到自己最快捷和有效的办法是关键，这需要个人的经验积累。每个人的方法不一样，但这样做你就会成功，不这样做你就会落后。

5. 个人衣装，整洁本分

【原典】衣贵洁，不贵华，上循分，下称家。

【释义】衣装贵在整洁，不在华丽；穿着上要遵循自己的身份，并与自己的家境相称。

员工应注意衣着得体

自从人类进入文明社会以来，如何穿衣服一直是日常生活和工作中经常要考虑的非常重要的问题。如果说衣服一开始出现，对于人类来说，是为了遮羞，那么随着文明的演进，后来便逐渐发展为显示身份或者修养的一个外在表现形式。

在我国古代，有着一定的穿衣方面的规矩和礼仪。概括地说：在规矩上主要表现在，某些衣服只能是某些特定人群穿，其他人是没有资格穿的；在礼仪上主要表现在，在某些场合或者情况下，必须穿哪类衣服。前者例如古代的官服，不光老百姓不能穿官服，就是官员阶层自身，也有着严格的穿着规矩，象征着很强的等级观念。后者例如婚丧嫁娶这类比较大而特殊的场合和情况下，都要穿特定的衣服。

当然，本节这四句话，重点更多的放在穿衣的整洁和本分上。整洁很好理解，本分其实也不需要过多地去解释。总体来说，就是穿衣服最关键的是要干净，至于穿什么衣服，就要按照自己的身份和家境来决定。我们从中也

可以咀嚼出一些隐含的意思，例如穿衣服之所以要本分，其中一个原因就是防止攀比。人家一件衣服动辄几千甚至上万，还有好几万的，我一点也不嫉妒。我就按自己的实际能力来，量入为出，不需要买多贵的衣服，关键是穿着得体，能做到这一点就足够了。当然，"得体"本身其实也可以被认为是"本分"的一个很重要的方面。不是说穿的衣服越贵越得体，而是符合自己的身份才得体；也不是说穿的衣服越漂亮就越得体，而是符合自己的职业性质以及所处的职场环境，才是得体。

契诃夫说过："一个人，只有他身上的一切——他的容貌，他的衣服，他的灵魂，他的思想——全是美的，才能算作完美。"而得体与否，直接关系到"美"或者"不美"，也直接关系到最终的是否"完美"。例如在衣着方面，恰到好处的着装可以在社交中给人带来美的感受，大大提升社交中公关的效果。那么，怎样着装才能充分体现你的个人魅力呢？

从一般的原则分析，以下两点最能展现出服饰的风采，给人以美感：

（1）整洁是服饰美的首要条件。无论在何种场合、穿何种衣服，我们都要保证服装整齐洁净。只有如此，才能保证服饰有美感。否则，无论你穿何种品牌、质地、式样、颜色的衣服，都会给他人留下不洁、不好的形象，也就无所谓服饰美了。

（2）协调是服饰美的艺术特征。一个人着什么装，怎样打扮，都必须与个人的性格、气质、职业、年龄以及穿戴的环境、季节相协调，才能与审美要求相符，才能符合社交礼仪规范，才能给他人以美的感受。

另外，着装还要与交际环境协调。

与你工作环境不相适应的着装可能是叛逆的标志。公然违背着装规则会被视为对权威的挑战。无论是女人穿超短裙，打扮得珠光宝气，还是男人经常敞着衬衫领口，穿运动夹克衫，给人留下的印象可能都是："我对工作不严肃。"这种现象在全世界的同类企业中基本上都是一样的。

一套服装是否适合你所处的环境受许多因素的影响：你的工作性质、你居住的地区、气候以及特定的场合。

注重仪表并不意味着追求华丽、高贵的衣着。在上班的时候，得体的穿着能给人良好的印象，让别人对自己产生好感。

小晴在工作中卖力肯干，但她在公司里的发展却总不及别的女同事，她觉得非常委屈，便向同学小张透露了心事。小张沉吟了一下，决定第二天亲自到小晴的单位去看一下。

第二天上午，小张来到小晴所在的办公室。这是个宽敞明亮的大写字间，里面的百十来号人都伏在桌上忙碌着。电话铃声、计算机键盘敲击声此起彼伏，夹杂着职员们小声的谈话声，一切显得井然有序。这时候，窗边的工位上，一个靓丽身影吸引了小张的注意力，只见她穿着时髦，很能吸引别人的注意力，但在这紧张的工作间里……小张暗暗摇了摇头。

这时，那位女职员转过脸来，原来是小晴。漂亮入时的衣服，脸上靓丽的彩妆，使得小晴就像一朵花一样，在这个办公室里忘情地绽放。小晴见小张来了，忙高兴地拉她在会客室坐下，急不可待地说："现在你该看的都看了，知道问题出在哪里了吗？"小张笑笑说："你呀，坏就坏在这身装束上。"小晴张着嘴半晌没说话，最后才叹口气："就这么简单？"小张指了指会客室玻璃墙外："你看，你们公司的男士都穿着整洁、颜色单一的衬衫西裤；而女士呢，都穿着颜色优雅的套裙。他们给人的感觉是精明、干练。而你呢，脸上化着浓妆，身上又穿着这样的衣服，根本不像个办事的职员，倒像个无所事事的花瓶，领导怎么会信任你？更别提委你重任了。你也就因此影响了自己在职场上的发展。"

小晴看一看紧张忙碌的写字间，又看看自己身上的服装，打开小镜子看一看自己的脸，真的有了不协调的感觉，她此刻才恍然大悟了。

得体的穿着是重要的，但并不是叫你标新立异、鹤立鸡群，如果那样的话，只能是像小晴一样，显得另类、离群。只要穿得整洁、自然、大方就可以了。

试想，一个衣着不得体的人，如何给领导留下好的印象呢？如果你想工作如意，就一定要从穿着上做起，得体的穿着和服饰，是职场成功的良好开端。

千万不要以为着装只是一件小事，它能直接影响到别人对你的印象，影响到职场的成败，要记住，对于每一名员工来说，衣着一定要得体，着装一定要讲究艺术。

6. 日常饮食，适度为好

【原典】对饮食，勿拣择，食适可，勿过则。

【释义】对待饮食，不要挑挑拣拣；饮食要适量，不可过量。

工作中切忌"挑食"

日常的饮食，不要挑拣，更不能养成偏食挑食的习惯。同时，饮食不要过量，因为每次进食多少其实是有一定的要求的，且与养生有着很大的关系。因为吃得过饱的话，会增加消化器官的负担，久而久之，对身体势必造成不良影响。

而实际生活中，特别是经济发达的现代，越来越多的人因为吃饭这个本来是为了生存下去的事情，反而让他们生存不下去了。很多病都是因为吃上过于追求华丽精美才找上人们的。因此，不是说吃得多好就会多健康，科学地去吃才是关键。

"对饮食，勿拣择，食适可，勿过则"，其实有着更深层的意思，饮食其实与做人有着千丝万缕的联系。老子在《道德经》中说"圣人为腹不为目"，是说圣人只求温饱，能够生存下去即可，而不求纵情声色。也就是说，即使是吃饭，如果过于贪心，也难免被物欲所累。而老子认为，真正的圣人即使在吃饭上，也会抛弃物欲，只要能够吃饱就行，不去强求诸如美食之类的其他过分的东西。所以要想做一个有修养的人，这方面就不得不慎重。

老子还说过，"治大国，若烹小鲜"，那么我们也可以说，做人做事和吃饭是有类似的地方的。作为一名优秀的员工，当然很清楚不仅吃饭最好不要挑挑拣拣，做工作也是如此。如果在工作中养成"挑食"的习惯，那对于自己未来职业发展的"营养"是有着很大负面影响的。

任何时候，我们都要始终坚定这样的信念：只要愿意付出，一定会得到回报。伟大的成功和辛勤的劳动永远是成正比的。作为现代职场中的一名员工，应该时时刻刻牢记：无论什么样的工作，只要肯去做，就一定会有收获。纵使面对缺乏挑战或毫无乐趣的工作，也终能最后获得回报。对工作不要挑挑拣拣，而要勤勤恳恳。这样一种工作精神可以使我们成为职场中的佼佼者。

罗宾大学毕业后如愿以偿地进入了全美最大的某家庭机械公司。他被录取为该公司的电话客服人员，简而言之，就是别人在买了该公司的家庭机械后，遇到什么使用上的困难或者故障时，就打这个电话以求帮助。公司给这个位置定的正规名称是"电话远端支持人员"。虽然名字很长，显得挺高端，但是，这是这个大公司中小得不能再小的岗位了。

作为一名大学毕业生，却得到这个全美业内最大的公司的最小的职位，很难想象，罗宾是否能够坚持下去。不过，几个月过去了，事实证明他干得很起劲儿。其实很简单，罗宾对工作从不挑挑拣拣，而是认认真真地完成。

作为电话客服人员，其实没有更多的机会现场接触仪器，但是要做一个优秀的客服人员，却又必须对仪器有相当深入的了解，否则就无法有效地帮助打来电话的客户解决形形色色的问题。为了更好地完成这项工作，罗宾开始在每天下班后，留在公司细细地研读从其他部门借来的技术书籍，每一个细节中可能会出现什么样的问题，他都想弄得清清楚楚。

慢慢地，几个月下来，罗宾对公司的仪器有了相当详细的了解。渐渐地，越来越多的用户愿意把电话打给他。因为他们的困难在罗宾这里总是能得到实际有效的解决。

很快，罗宾在用户中居然有了很大的名气。大家一传十、十传百，纷纷要求总机把电话转到罗宾的分机上。罗宾的分机每天都快被打爆了，而其他客服人员却一天也接不到几个电话。

这件事情后来连公司总经理都知道了。一天，他装作一个客户打电话寻求罗宾的帮助。他所提的问题自然有故意为难的成分，但是，罗宾都给了他满意的答案，同时他发现，罗宾的服务态度非常好。令他惊讶的是，一个小小的电话客服人员，居然懂

得这么多技术上的知识，甚至比某些公司里做了多年的技术人员了解得还多、还全面。

总经理找到罗宾，首先告诉他自己假装客户的事情，紧接着话锋一转，问道："能告诉我为什么你能把客服工作做到这种令人惊讶的程度吗？"罗宾很诚恳地说："啊，我觉得是这样的，如果能够做到对手头的工作不挑拣，那么，你会慢慢发现其实任何工作都有很深的学问，而且，即使再小的工作，只要你愿意用心去做，还是大有可为的。老实说，一开始我也曾经想过，做个客服人员有什么前途。但是现在我发现，幸亏当初我没有放弃这个工作。"

年底，技术部经理离开了公司，一周后，罗宾在自己的电话客服工位上发现了调换工作部门和岗位的通知书。

职场之中，成功者与失败者的差别就在于，前者无论做什么总是力求尽自己的最大努力；后者却对工作挑挑拣拣，不愿多付出一点努力，最终错失隐含其中的良机。

只有辛勤耕耘才会有所收获。一个人成就的大小，不在于你现在的高度，不在于你的文凭，也不在于智商的高低，而在于面对工作你能不能做到不挑拣，并全力地付出。身在职场，无论做什么事、担任什么职位，都有它的好处在，所以我们需要做的，就是单位交代了工作，与其挑挑拣拣，不如全力以赴，尽心尽力做事，这样，你才会从工作中真正获得有益的知识和能力，并为自己将来的成功打好坚实的基础。

7. 醉酒失态，最为丑陋

【原典】年方少，勿饮酒，饮酒醉，最为丑。

【释义】年纪还小，不可饮酒；如果喝醉，失态的样子最为丑陋。

酒桌上的注意事项

本节主要针对喝酒这件事，对学堂里的学生进行了告诫：年少最好是不饮酒，原因很简单，只要是喝酒，就有喝醉的危险，而喝醉了之后，很容易丑态百出。

其实何止是年少的人，对于成年人来说，也一样需要注意这方面的问题。

中国有着很浓厚的酒文化，而且很多事情也是在酒桌上办成的。这确实都是事实。但由此也衍生出另外的一些问题，那就是如何喝酒才得体，喝到什么程度才合适……诸如此类。

对于职场人士来说，不管是男性员工还是女性员工，有时候都避免不了喝酒。这时候，就需要注意一定要饮酒适度，不能因为喝酒误了工作，更不可酒醉而现出丑态，因为这不仅有损自己和企业的形象，还可能出现更多其他更恶劣的后果。例如生意谈崩，或者因为自己的一次醉酒给客户留下不好的印象，从而影响将来的合作等，这些都是有可能发生的。

因此，作为职场人士，对于喝酒这个问题，一定要谨慎。能不喝酒就不喝，非喝不可的话，一定要根据自己的酒量来把握，喝酒误事对于在职场中打拼的我们来说，是最应该避免的问题。

除此之外，还有一些问题同样需要我们去注意。

（1）酒后容易出现的问题，喝酒前就应该了解。一方面是自己喝醉后容易出现的问题。俗话说："酒后吐真言。"你在发酒疯时所说的每一句话，对你而言也许是"醉话"，但对方看来，却是"肺腑之言"。酒醒了之后，你可以不必对自己酒后的行为负责任，但对方可不会忘记你所说过的话。有些酒品不好的人甚至于会在喝醉酒的时候，大肆批评自己的领导，这些"醉话"一旦传到领导的耳朵里，最容易引起领导的痛恨，结果不是被领导叫来斥责一顿，就是被领导戴上"酒后乱性"的帽子，这可就因小失大了。

另一方面是领导喝醉后容易出现的问题。有些员工在和领导一起喝酒的时候，总是喜欢频频向领导劝酒，非把领导灌醉不可。然而，领导喝得酩酊大醉之后，就需要有人照顾。当你亲自照料了醉得不省人事的领导回家之后，有的领导事后会感谢你，但有的领导隔天根本就不记得这些了，不记得还好，有的人反而会觉得这种事太丢脸，从此之后刻意回避你。

以上两方面并不能涵盖所有相关问题，但总体传达的意思大家一定要明确，那就是在喝酒前，一定要想清楚自己喝醉或者对方喝醉之后的后果。当然，最好的方式还是从根本上杜绝出现这些问题的可能性：坚决不喝，更不能喝多！

（2）要慎重对待领导的酒后话。曾有人说："酒场是考验人的最佳场所。"当大家喝醉后，种种伪装都会抛下，彼此坦诚相见。这种情况，如果发生在同事之间，也还好说点，但是，一旦与领导喝酒时出现这种情况，那就真的需要你好好想想了。

当领导邀请你一起去喝酒，向你倾诉内心的苦闷时，作为下属的自己千万不要喝醉。同时，也不能刻意地像第一点提到的那样，把领导灌醉。如果领导自己不胜酒力，那么醉酒之后的领导可能会说一些比较敏感的话题，这时候，作为下属最好是赶紧岔开，不然第二天领导酒醒之后，发现跟你说了企业的某些机密或者其他一些不该说的话，那么对你这个下属来说绝不是什么好事情。

领导喝醉酒对于下属来说可能是一颗"定时炸弹"，一旦处理不好，就会对自己的工作产生负面的影响，所以最好的办法还是少跟领导喝酒，即便喝酒，最好也是点到为止，别让领导喝醉，当然，自己更不能喝醉。

职场之中，喝酒本来就是一个非常敏感的问题，同事之间还好说点，特别是跟领导喝酒，真的要慎重。

8. 站行揖拜，动作标准

【原典】步从容，立端正，揖深圆，拜恭敬。

【释义】走路时步伐要从容稳重，站立时要端正，作揖时弯腰要深，双手手臂要伸成圆形，跪拜时要真诚恭敬。

认真细致，高标准完成工作任务

不管是站立还是行走，是作揖还是跪拜，都有一个标准在。例如站立的时候，身体要直，不可佝偻着腰；行走的时候，步履要从容，不急不慢才能够显示一个人的落落大方，太慢显得笨拙，太快则显得轻浮、脚上没根；作揖和跪拜，要求就更细致，尤其是童蒙要想做好这两个动作，还是需要先生好好地教导一番的。

现代人同样需要注意走路、站立等方面的问题，而且基本上和上文的要求相差不大，不管是站立还是行走，不要弯腰驼背，那样显得垂头丧气，给人没有精神的感觉。当然，作揖和跪拜，除了特殊的场合之外——例如到祠堂祭祀先祖——现在已经基本用不上了，但是，人与人见面的礼节性动作还是存在的，例如握手就是其中一个方面。与人初次见面，要主动握手；与合作伙伴多次见面，除非非常熟悉，否则必要的握手还是需要的；达成合作意向或者共同出席签约仪式等场合，也需要握手；男士与女士握手，力度要轻，而且时间要短。

这些方面的礼仪如果做得到位，不仅会给人一种很有修养的印象，甚至还会增加一个人的风度。

写下"海上生明月，天涯共此时"这一千古绝唱的唐朝诗人张九龄，就是这方面的代表人物。张九龄不仅是唐代著名的诗人，还是一位优秀的政治家。据说每次上朝，在众人之中，张九龄总是会比较容易地让人注意到。原因很简单，虽然几乎所有能够上朝面圣的官员，都经历过站立行走之类礼仪方面的训练，但是，没有多少人能够达到张九龄的程度。他不管是站立还是走路，都能够按照标准的礼仪要求来，加之本就容貌清秀，且做到了前文提到的衣冠整洁，因此，他给人的印象总是风度翩翩。这一点，甚至连皇帝都对他赞不绝口。这个也可以理解，一方面，毕竟大唐官员们的形象是朝廷形象的一部分；另一方面，一个仪容整洁、坐立行走都高标准与礼仪契合的人，与他共事肯定是一件令人开心的事情，反之，大家就会觉得不舒服。

作为一个人，站立、行走谁都会，但是，要想站得好、走得好，就不是那么容易了。而人们往往更容易在非常简单、人人都会的事情上出现问题。作揖、跪拜之类的行为也是一样，想要高标准地完成该动作，就必须先认真地学习相关礼仪要领，同时更要注意里面的细节。高标准总是和认真与细致捆绑在一起的。

现代社会，虽然我们逐渐远离了那些诸如作揖跪拜之类的礼仪动作，但是，上文提到过，站立行走依然是我们每个人每天都需要做的，这就要求我们提起足够的重视，在这方面一定要高标准要求自己。另一方面，要把这种高标准的追求扩大到工作和生活的方方面面。要求有多高，舞台就有多大。例如要想工作做得好，做到精益求精，就要高标准要求自己，只有这样，一个人的职业发展之路才会走得顺畅。

对工作能不能做到精益求精，关键是能不能做到热爱自己的工作，能不能发自内心地去追求精益求精的目标，追求完美的结果。

日常工作需要每位员工的参与，对工作认真细致，表现出高度的职业素养。这并不仅仅表现为提高工作的熟练化程度，还体现在完成的标准是否达到一定的高度。

霍怀德刚刚搬入新居几天就有人来敲门，他打开房门一看，外面站着一位邮递员。

"早上好！霍怀德先生！"邮递员说起话来带着一股兴高采烈的劲头，"我叫吉米，是这里的邮递员，我顺道来看看，并向您表示欢迎，同时希望对您有所了解。"

这个邮递员中等身材，蓄着一撮小胡子，相貌很普通，但他的真诚和热情却始终溢于言表。霍怀德从来没有遇到过如此认真的邮递员，这让他既惊讶又温暖。他告诉这位邮递员，自己是一位销售经理。

"既然是销售经理，那您一定经常出差旅行了？"

"是的，我一年大概有一多半的时间出门在外，你知道，这是工作需要。"霍怀德耸耸肩，看来两人的交谈越发轻松了。

吉米点点头说："既然如此，那您出差不在家的时候，我可以把您的信件和报纸刊物代为保管，打包放好，等您在家的时候，我再送过来。"

吉米的话让霍怀德再次感到惊讶，不过他还是客气地说："没有必要那么麻烦，把信放进邮箱里就可以了。"

吉米却说："霍怀德先生，以我常年做邮递员的经验看，窃贼会经常窥视住户的邮箱，如果发现是满的，就表明主人不在家，那么他有可能不知道哪一天晚上就会来到这家行窃。我看不如这样，只要邮箱的盖子还能盖上，我就把信件和报刊放到里面，别人就不会看出您不在家。塞不进邮箱的邮件，我就搁在您房门和栅门之间，从外面看不见。如果那里也放满了，我就把其他信件留着，等您回来。"

吉米的认真细致让霍怀德非常感动，他甚至怀疑吉米究竟是不是美国邮政局的员工。但是，无论如何，他都没有理由不同意这位邮递员这一完美的建议。

三周后，再次出差回到家的霍怀德刚刚走到自家房子门口，就发现门口的擦鞋垫不见了。难道连擦鞋垫都有人偷？美国经济已经差到这种程度了？

上帝，这不可能。就在他疑惑的时候，转头一看，擦鞋垫"跑"到门廊的角落里了，下面还盖着什么东西。

霍怀德拿开擦鞋垫，发现下面是一个包裹，还有一张字条。

原来在霍怀德出差的时候，联邦快递公司把他的一个包裹误投给了他的邻居，细心的吉米发现包裹送错了地方，就把它放到霍怀德的住处，用擦鞋垫盖好，还用纸条留了言，解释了事情的来龙去脉。

吉米已经不仅仅是在送信，他高标准地完成了一个最优秀的邮递员所应该做的一切！

吉米的工作是那样平凡，可是，他的这种高标准完成工作的精神，又是多么的令人钦佩和感动！

《福布斯》杂志的创始人福布斯曾经说过："做一个一流的卡车司机比做一个二流的经理更为光荣，更有满足感。"而高标准地完成自己的工作任务，正是一流员工的体现。

9. 坐立行走，存在禁忌

【原典】 勿践阈，勿跛倚，勿箕踞，勿摇髀。

【释义】 进出门时不要踩踏门槛，站立不要歪斜，坐的时候不可以伸出两腿，腿不可抖动。

养成良好的举止习惯

践，是指踩踏。阈，音"裕"，是指门槛。跛倚中的"跛"，不是指跛子，音"必"，这个词的意思是偏倚，站立不正。髀，音"必"，是指大腿。

进出门的时候，不能踩踏门槛。古代礼仪认为，踩踏门槛是轻浮的行为，给人感觉这个人不稳重。更不能长时间站在门槛上或者门口中央。站立的时候，不能够斜靠在墙上或柱子上。坐的时候，不能叉开双腿，像簸箕一样，更不能双腿抖动。这些举动只要做出来，在古代会被认为是有失君子风范。这里说的主要是站立、行走、坐卧等方面的禁忌，算是对于上一节的补充。坐立行走有一定的标准，如果做得不好，那么轻则被人视为缺乏修养，重则有可能被人耻笑，甚至影响自己在事业上的发展。

在日常生活和工作中，我们经常碰到这样的人：他们或是仪表堂堂，或是美丽非凡，然而一举手、一投足，却让人立即觉得粗俗。这种人虽金玉其外，却是败絮其中，令人唏嘘。所以，在社会交往活动中，要给对方留下美好而深刻的印象，外在的美固然重要，而高雅的谈吐、优雅的举止等内在涵养的细节表现，更为人们所喜爱。这就要求我们从举手、投足等日常行为方面有意识地锻炼自己，养成良好的站、坐、行姿态，做到举止端庄、优雅得体、风度翩翩。

举止礼仪的基本要求是指人们在日常生活、工作和社会交往中，最基本的动作应具备的礼仪规范。

（1）所谓站有站相，主要是指站姿要挺直，这些前文已经提到过。人的正常站姿，也就是人在自然站立时的姿势，其基本要求是：头正、颈直，两眼向前平视，嘴、下颌微收；双肩要平，微向后张，挺胸收腹，上体自然挺拔；两臂自然下垂，手指并拢自然微屈，中指压裤缝；两腿挺直，膝盖相碰，脚跟并拢，脚尖微张；身体重心穿过脊柱，落在两脚正中。从整体看，呈现一种优美

挺拔、精神饱满的体态。

这种体态的要诀是：下长上压，下肢、躯干肌肉群绷紧向上伸挺，两肩平而放松下沉。前后相夹，指臂后夹紧向前发力，腹部收缩向后发力。左右向中，自己感觉身体两侧肌肉群从头至脚向中间发力。这种站立姿势除少数人员作为工作体态外，主要用于体态训练，它是其他各种站立形式的基础。

不注意基础训练或训练中不得要领，会使人产生习惯性畸形。常见的畸形有含胸、缩肩驼背、耸肩等。

一般来说，平时站立时，两腿可以分开不超过一脚长的距离，如果叉得太开是不雅观的。站立时间较长时，可以以一腿支撑身体的重心，另一腿稍稍弯曲，但上体仍需保持挺直。

在站立时，切忌无精打采地东倒西歪、耸肩勾背，或者懒洋洋地倚靠在墙上、桌边或其他可倚靠的东西上，这样会破坏自己的形象。站立谈话时，两手可随谈话内容适当做些手势，但在正式场合，不宜将手插在裤袋里或交叉在胸前，更不要下意识地做小动作，如摆弄打火机、香烟盒，玩弄衣带、发辫等。这样不但显得拘谨，给人以缺乏自信和经验的感觉，而且也有失仪表的庄重。

（2）所谓坐有坐相，是指坐姿要端正。人的正常坐姿，在其身后没有任何依靠时，上身应挺直稍向前倾，肩平正，两臂贴身自然下垂，两手随意放在自己腿上，两腿间距与肩宽大致相等，两脚自然着地。背后有依靠时，在正式社交场合，也不能随意地把头向后仰靠，显出很懒散的样子。

为了保证坐姿的正确优美，应该注意以下几点：一是落座以后，两腿不要分得太开，这样坐的女性尤为不雅。二是当两腿交叠而坐时，悬空的脚尖应向下，切忌脚尖向上，并上下抖动。三是与人交谈时，勿将上身向前倾或以手支撑着下巴。四是落座后应该安静，不可一会儿向东，一会儿向西，给人一种不安分的感觉。五是坐下后双手可相交搁在大腿上，或轻搭在沙发扶手上，但手心应向下。六是如果座位是椅子，不可前俯后仰，也不能把腿架在椅子或沙发扶手上、踏在茶几上，这都是非常失礼的。七是端坐时间过长，会使人感觉疲劳，这时可变换为侧坐。八是在社交和会议场合，入座要轻柔和缓，坐姿要端庄稳重，动作幅度不能太大，弄得座椅乱响，造成紧张气氛，小心不要带翻桌上的茶杯等用具，以免尴尬被动。

总之，坐的姿势除了要保持腿部的美以外，背部也要挺直，不要弯胸曲背。座位如有两边扶手时，不要把两手都放在两边的扶手上，给人以老气横秋的感觉，而应轻松自然、落落大方，方显得彬彬有礼。

（3）行走的姿势也是举止礼仪中所必不可少的内容，亦需加以注意。每个人行走比站立的时候要多，而且行走一般又是在公共场所进行的，所以，除了上文提到过的要"步从容"之外，还需非常重视行走姿势的轻松优美。人的正常行走姿势，应当是身体挺立，两眼直视前方，两腿有节奏地向前迈步，并大致走在一条等宽的直线上。行走时要求步履轻捷，两臂在身体两侧自然摆动。

总之，走路的正确姿势应当是：轻而稳，胸要挺，头抬起，两眼平视，步度和步位合乎标准。走路过程中要特别注意以下几点：一是走路时应自然地摆动双臂，幅度不可太大，只能做小幅度的前后摆动，切忌做左右式的摆动。二是走路时应保持身体的挺直，切忌左右晃动或摇头晃肩。三是走路时膝盖和脚踝都应轻松自如，以免浑身僵硬，同时，切忌走内八字或外八字。四是走路时不要低头或后仰，更不要扭动臀部，这些姿势都不美。五是多人一起行走时，不要排成横队，勾肩搭背，边走边大声说笑，这都是不合礼仪的表现。有急事需要走过前面的行人时，不得跑步，可以大步超过，并转身向被超者致意或道歉。六是步子的频率应与呼吸配合，成有规律的节奏；穿礼服、裙子或旗袍时，步子要轻盈舒畅，不可迈大步行走，若穿长裤步幅可稍大一些，这样才显得活泼生动。七是行走时身体重心可以稍向前，这样有利于挺胸收腹，此时的感觉是身体重心在前脚上。理想的行走轨迹是脚正对前方所形成的直线，脚跟要落在这条线上。若脚的方向朝里，会形成罗圈脚；脚尖过于外撇，会造成 X 形脚。这些都是不正确、不规范、不雅观的举止。

正确而优雅的个人姿态，可以使人显得有风度、有修养，在单位中给领导及同事以美好的印象，因此我们一定要多在细节上训练自己、修饰自己，养成良好的举止习惯。

10. 揭帘转弯，轻缓沉着

【原典】 缓揭帘，勿有声，宽转弯，勿触棱。

【释义】 掀动门帘时动作要轻缓，不要发出声响；在室内行走，转弯时要留有余量，不要撞到物品的外缘。

工作要踏踏实实，拒绝浮躁

进入房间时，要轻缓，如果有帘子，揭的时候要注意，特别对于珠帘之类，动作要轻，尽力避免发出声响；如果房间有门，开关门也要注意，不可用力太大。在室内行走或转弯的时候要留有余量，一是为了不碰到一些有棱有角的物品，从而避免使自己受伤；二是为了不碰到诸如瓷器之类的易碎品，从而避免损坏物品。总之，无论做什么动作，都要轻缓一些，这样既避免了打扰别人，或者损坏物品，或者让自己受伤，也能给人一种沉着的印象，而不是毛毛躁躁，莽莽撞撞，这些小细节都能体现出一个人的修养。

很多事情都是由一些不起眼的细节改变的。一个人的举手投足，其实与他的命运沉浮有着极为微妙的联系。《菜根谭》有言："性躁心粗者，一事无成；心和气平者，百福自集。"说的就是这个道理。如果一个人平时就踏实不下来，别说做大事，就是揭帘转弯之类的小动作都做不到位，那很难想象他日后能够取得什么样的成就。

在企业中也是一样，如果一名员工给领导的印象是不踏实，那么，他的职业发展之路很难会走得平坦。因此，做工作，我们一定要踏实。一方面，在工作过程中要做到踏实，不急于求成，也不消极怠工，而是稳扎稳打；另一方面，就算自己目前的工作跟理想有一定差距，仍然要踏踏实实地先把眼前所处岗位上的工作做好，因为谁也不知道明天等待你的是什么，踏实做好当下的工作，其实就是在为未来的理想职业或者位置打基础、铺道路。

麦当劳公司董事会主席和首席执行官吉姆·坎塔卢波突然辞世后，董事会随后推选时年43岁的查理·贝尔为麦当劳公司新任总裁兼首席执行官，他是第一位非美国人的麦当劳公司掌门人，而且也是麦当劳最年轻的首席执行官。

查理·贝尔由于家境不富裕，年仅15岁就进入澳大利亚的一家麦当劳打工。他在麦当劳的第一份工作是打扫厕所。虽说扫厕所的活儿又脏又累，贝尔却干得踏踏实实。他常常是扫完厕所，接着就擦地板；地板干净了，又去寻找别的活干。

这一切被这家麦当劳的老板——麦当劳在澳大利亚的奠基人彼得·里奇看在眼里。没多久，深深被贝尔踏实肯干的工作态度所感动的里奇就让贝尔签署了员工培训协议，刻意地把他引向正规职业培训。培训结束后，里奇又

把贝尔放在店内各个岗位进行锻炼。虽然只是钟点工，但勤恳踏实的贝尔不负里奇的一片苦心。

经过几年锻炼，贝尔全面掌握了麦当劳的生产、服务、管理等一系列工作。随后，贝尔被提升为澳大利亚最年轻的麦当劳店面经理，那一年，他年仅19岁。

他的踏实肯干当然不会让他的前途只限于此。27岁时他成为麦当劳澳大利亚公司副总裁，29岁成为麦当劳澳大利亚公司董事会成员。他在任期间，麦当劳在澳大利亚的连锁店从388家增加到683家。

接着，贝尔被调到麦当劳美国总部，并先后担任亚太、中东、非洲和欧洲地区总裁及麦当劳芝加哥总部负责人。后来，他被提升为首席运营官。在担任总裁兼首席运营官期间，贝尔负责麦当劳公司在118个国家的超过3万家麦当劳餐厅的经营和管理，并进入了董事会。

这番经历使贝尔成为麦当劳

公司所崇尚的从最底层一步步晋升至公司高层的典范。贝尔在北京参加麦当劳续约"奥运会全球合作伙伴"的新闻发布会时说："我从 15 岁起就在澳大利亚的餐厅打工，19 岁成为澳大利亚最年轻的餐厅经理。我能做到，你们也能做到，明天的总裁就在今天的这些踏踏实实的员工中间。"

古罗马大哲学家西刘斯曾说过："想要达到最高处，必须从最低处开始。"一个只知道坐在云端想入非非而不能脚踏实地去努力的人，除了浮躁的标签，他什么也得不到。要知道，大事是由无数的小事组成的，理想的大厦也是由一个个的小成就砌成的。只有踏踏实实，从点滴的小事做起，并毫不松懈地坚持下去，远大的理想才会变成现实。

11. 君子慎独，谨慎自律

【原典】执虚器，如执盈；入虚室，如有人。

【释义】即使拿着空的器具，也要像里面装满东西一样小心谨慎；即使进入无人的房间，也要像有人在一样，不可随便。

自律是一个好员工的基本素质

手里拿着空的容器时，一定要小心，就好像这个容器里面装满了东西一样；进入没有人的房间时，同样也要小心，就好像这个房间里有人一样，不要乱走乱动，更不能做违背道德甚至是法律的事情。

我国古代的经典《中庸》，在第一章就提出"慎独"的概念，是说君子在独处的时候更要谨慎自己的言行，在无人监督的情况下，更要对自己的道德修养严格要求。"君子慎独"，是一个人高素质养成的一项重要内容。一个人在没有别人看到或知道的情况下，最容易放松对自己各方面的要求，可能在人前表现得彬彬有礼，人后却本性毕露粗俗不堪；人前恨不得成为道德楷模，人后却满脑子坏主意。这样的人，首先做不了君子，再者，可能会短时获利，但是时间一长，隐藏得再深，也会被别人认清真面目，从而影响他将来各方面的发展，让他离真正的成功越来越远。因此，不管有没有人监督，都能做到最好的自己，都能对自己进行严格的要求，这是一个想要成功的人应该追求的。

有人的时候谨慎，没有人的时候也要谨慎。用现在常用的一个词来解释，那就是自律。自律对一个人的成长和日后的成功是非常重要的。

所谓自律，是指在没有人现场监督的情况下，通过自己要求自己，变被动为主动，自觉地遵循法度，拿它来约束自己的一言一行。自律并不是让一大堆规章制度来层层束缚自己，而是用自律的行动创造一种井然的秩序，来为我们的工作生活争取更大的自由。

自律不是约束，而是真正的解放。如果选择了自律，让自律成为一种习惯，你会发现，原来自律的人才是这个世界上真正自由的人。"执虚器，如执盈；入虚室，如有人"，就是在强调一个人要自觉、自律、自我约束。

古语有训：学如逆水行舟，不进则退；心似平原放马，易放难收。历览古今，纵观中外，大凡有所成就之人，无一不是克己自律的。

从我们耳熟能详的"悬梁刺股""闻鸡起舞"的故事可以看出，自律不仅仅是一个人事业发展的前提，更是一名员工在职业道路上获得成功的捷径。

在美国旧金山有一个知名的舞蹈团，一天，精彩的演出结束之后，有位记者去采访剧团的首席女舞星。记者问："您最喜爱的食物是什么？"这位舞星兴奋地回答："巧克力！"记者颇感诧异。因为众所周知，多吃巧克力会造成体重增加，这对于一个舞蹈演员来说，无异于职业生涯的一个灾难，尤其是女演员。看到她标准的舞蹈演员的身体线条，记者好奇地问："那您多久吃一次呢？"女星的回答是："哦，是这样的，巧克力的味道，在 15 年前就已经成为我的一个美妙的回忆了。"

成功有两个最重要的条件：一是坚定，二是忍耐。坚定需要永不屈服，百折不挠；忍耐能够经受得了挫折，坚忍不拔。这位旧金山的舞蹈明星就很自律，克制住了会对自己的职业造成伤害的欲望和要求，才保持了她所希望的身材，并且成为一代舞星。

对于一名员工来说，自律是获得成功的基础。自律体现的是一种忠诚、敬业精神，一种勇担责任、自动自发的态度，一种勤奋进取、协作创新的能力。企业需要的正是具备这种精神的人：他们总是能快速、自动、高效地完成任何任务，而不是去推卸责任，寻找借口为自己开脱，更不会因为禁不住某些方面的诱惑而做出有损职业道德的事情来。

人都是欲望的集合，聪明的人与愚蠢的人的最本质区别就是聪明之人可以把握一个度，让合理的欲望成为自己追求成功的梦想；而愚蠢之人则是昏庸无度，贪婪无度，想要把可要不可要的、合理不合理的统统据为己有。这样收获的，只能是一无所有，甚至还会"负债累累"。古往今来，只有欲望而没有自律的人，最终都会尝到苦果，也许只是几年的欢乐，却要用一生的悲苦去抵偿。

如果你想成为老板眼里的好员工，请学会自律吧！

12. 慌忙畏难，难以成事

【原典】事勿忙，忙多错，勿畏难，勿轻略。

【释义】做事切勿慌慌张张，忙中容易出错；不要畏惧困难，也不可草率行事。

企业需要勇于接受挑战的员工

有道是忙中易出错，即使事情再急，在做的时候也不能慌慌忙忙、急于求成，这样不仅于事无补，反而会拖别人的后腿。如果事情确实比较困难，也不能因此而退缩，假如你畏难，那么困难就会瞬间变得更大，一个人的信心是可以强大到令你吃惊的地步的，只要你不怕困难，事情终有做好的那一天。事情再小，也不能轻视它，更不能有忽略它的想法，因为再小的事情，只要做不好，就有可能影响全局。

总之，《弟子规》在本节中，主要想传达的意思就是，在做事的时候，无论遇到什么样的情况，都不能急于求成，而另外两种态度——轻视它或是畏惧它——也都是不对的。

子夏在做了鲁国的一个小官之后，请教老师孔子该如何处理自己职权范围内的政事，孔子告诉子夏一句话，其中有一个词，就是"欲速则不达"。急于求成，反而会耽误事儿；该怎么办就怎么办，认认真真按部就班，反而有可能提前完成任务。这说的是做事不能太着急忙慌。

而面对一些困难的事情，我们应该做的当然是"勿畏难"。美国石油大王洛克菲勒在给儿子写的一封信中就说过："世界上没有一样东西可以取代毅力。才干不可以，怀才不遇者比比皆是，一事无成的天才也很普遍；教育也不可以，世上充满了学无所用的人。只有毅力和决心无往而不胜。"

而当轻视那些小事的时候，我们应该想到出自《韩非子》的那个成语："千里之堤，溃于蚁穴。"事无大小，都要认真去做，"勿轻略"，这才是正确的态度。

在面对任何事情的时候，我们都要秉承这三种重要的态度：不慌忙，不畏难，不轻视，这样做起事来就会顺利得多。特别是"勿畏难"，每一个人都应该从中得到启发，从而指导自己今后的工作和生活。

在企业中，管理者最希望员工能够在问题面前不畏惧，积极地寻求解决问题的方法。有些员工在遇到该办的事情时怕困难，犹豫退缩，这是哪个企业都

不愿看到的。作为一名想要有所作为的员工，我们要做"职场勇士"，做敢于向问题挑战，能够解决问题的员工。

"职场勇士"与"职场懦夫"，在老板心目中的地位有天壤之别，根本无法并驾齐驱，相提并论。一位老板描述自己心目中的理想员工时说："我们所需要的人才，是有奋斗进取精神，勇于向问题挑战的人。"具有讽刺意味的是，世界上到处都是谨小慎微、满足现状、惧怕未知与挑战的人，而勇于向问题挑战的员工，却非常稀有。

然而，只有具备勇于向问题挑战的精神，才能获得成功的青睐。职场之中，很多人虽然颇有才学，具备种种获得老板赏识的能力，但是却有个致命弱点：缺乏向问题挑战的勇气，只愿做职场中谨小慎微的"安全专家"。对不时出现的那些异常困难的工作，不敢主动发起"进攻"，一躲再躲，畏难退缩，恨不能避到天涯海角。他们认为：要想保住工作，就要保持熟悉的一切，对于那些颇有难度的事情，还是躲远一些好，否则，就有可能撞得头破血流。结果，终其一生，他们只能从事那些平庸的工作。

西方有句名言："一个人的思想决定他的命运。"不敢向高难度的工作挑战，是对自己潜能的画地为牢，只能使自己无限的潜能化为有限的成就。与此同时，无知的认识会使天赋减弱，因为像懦夫一样的人不配拥有这样的能力。

如果你不敢向问题挑战，那么永远不要奢望得到老板的赏识。作为企业中的一员，要想让老板器重自己，就必须能够化问题为激励、为推动力，做到面对任何问题都能声色不变，处之泰然，并妥善解决。这样，就有可能使老板加深对你的印象。善于动脑子分析问题并能妥善解决问题，给老板的印象是金钱买不到的。

如果面对问题，你总不能妥善解决，那么问题就会成为你工作的负担，这不仅是你本人的不幸，也是老板的不幸。因为企业在发展过程中，总会不可避免地遭遇各种问题的困扰。它们的出现，就像太阳日升夜落般自然。所以，老板迫切需要那种能及时化解问题的人才。

从根本上讲，老板欣赏处事冷静，敢于挑战自我，解决企业中出现的问题的员工，因为老板之所以能达到老板的位置，其自身敢于直面问题、能够妥善解决问题是一个重要原因。

一个人对待问题的态度可以直接反映出他的敬业精神，在问题面前你所要做的是敢于挑战，而不是畏难逃避，否则就会失去老板对你的信赖。老板如果这样看待你，就不会再对你委以重任。

甲乙丙三个业务员一起供职于一家公司。公司的经营出了一些问题，虽然产品不错，销路也不错，但产品销出去后，却无法及时收回货款。

公司有一位客户，半年前就买了公司10万元的产品，但总是以各种理由迟迟不肯付货款。

公司决定派业务员甲去完成回款工作。那位大客户没有给业务员甲好脸色，他说那些产品在他们这个地方销得一般，让业务员甲过一段时间再来。

业务员甲知道这位大客户不好惹，心想这工作太难了，不好完成，于是便返回了公司。

业务员甲无功而返，公司只得派业务员乙去。

业务员乙找到那位客户，那位客户的态度依然很无赖，说他这段时间资金周转很困难，让业务员乙体谅他的难处，说等他的资金到位了一定还钱。业务员乙也无功而返。

没办法，公司只得派业务员丙去讨账。

业务员丙刚跟那位客户见面，就被客户指桑骂槐了一顿，说公司三番两次派人来逼账，摆明了就是不相信他，这样的话以后没法合作了。业务员丙没有被客户的指责吓退，他见招拆招，想尽办法与那位客户周旋。那位客户自知磨不过业务员丙，最后只得同意给钱，开了一张10万元的现金支票。

业务员丙很开心地拿着支票到银行取钱，结果却被告知账上只有99920元。很明显，对方又耍了个花招，那位客户给的是一张无法兑现的支票。第二天就要放假了，马上就到春节了，如果不及时拿到钱，不知又要拖多久。

遇到这种情况，一般人可能一筹莫展了。但是业务员丙依然没有退缩，他突然灵机一动，自己拿出100元钱，把钱存到客户公司的账户里。这样一来，账户里就有了10万元。他立即将支票兑了现。

当业务员丙带着这10万元回到公司时，公司董事长对他刮目相看，让公司其他员工都向他学习，后来公司发展得很快，他自己也很努力，在不到五年的时间里，就当上了公司的副总经理，后来又当上了总经理。而业务员甲和业务员乙仍旧是公司里普通的业务员。

世界上没有解决不了的困难，只要敢于挑战，愿意去想方法，就能解决棘手的困难。有责任意识的人面对问题的时候，不会畏难，更不会推脱逃避，而是问自己，我还能做些什么？他们只为成功找方法，不为失败找借口；而不负责任的人，只会找借口却不会主动想办法解决，哪怕有现成的办法摆在面前，他也难以接受，这就是一流员工与末流员工的根本区别。

13. 不近恶地，不问邪事

【原典】 斗闹场，绝勿近；邪僻事，绝勿问。

【释义】 容易发生吵闹打斗的不良场所，绝对不要接近；对下流或者怪诞的事情，绝对不要好奇过问。

没有谁能成为争吵的胜利者

容易发生打斗的场合，充满嬉笑吵闹的场合——泛指不良场所——别说是去到那里，连接近都不要接近。很多场所，例如赌博、色情等是非之地，本来环境就很杂乱，在那里聚集的人也是鱼龙混杂，远离这类场所是非常有必要的。因为环境的好坏对人的影响是非常大的，我们不能被坏的环境带坏，不能让不良场所这种类似于染缸的地方给自己不良习惯的养成提供温床。

对于那些内容上下流或者怪诞的事情，不要因为好奇而去过问，因为这些事情很容易改变我们本来纯净的思想，以至于影响一个人日后的成长和发展。而偏偏就是这类事情，对于人的吸引力非常大，所以对此不得不慎。

这些引申到现代企业中，也自有它的一番道理。例如作为一名员工，不良场所肯定也要远离，这个跟古人是没什么区别的；如果有同事叫你去这类场所，也要婉拒，同时，对于这样的同事也要慢慢地"敬而远之"。而"邪僻事，绝勿问"，里面的学问就更大了，不光内容下流或者怪诞的事情不要问，很多其他的事情——可以统称为不该问的事情——也不要打听。所以在这里，"邪僻事，绝勿问"，换一种说法，就成了"不该问的事情，绝对不要问"。这里的"邪僻事"，含义显然扩大了，不光内容"邪僻"的不要问，就是内容上没有好坏之分，但是涉及别人的隐私或者企业的机密的，我们也不要问，因为如果问了，即使这件事内容不"邪僻"，但它有可能让"邪僻"找上你——影响你在领导和同事中间的形象，影响你的工作，甚至是影响你未来职业道路的发展。所以，一个聪明的好员工，总是能够在这类事情上，把持好自己。

争吵的双方永远没有哪一方会获胜，就算你在争吵中占了上风，却输了感情，丢掉了自己的涵养。

争吵往往不是为了什么大事，而是一些鸡毛蒜皮的小事。事虽不大，吵起来却伤了感情、伤了和气。

三国时的曹操很注重接班人的选择。长子曹丕虽为世子，但次子曹植更有才华，诗文名满天下，很受曹操器重，于是曹操产生了换世子的念头。

曹丕得知消息后十分恐慌，忙向他的贴身大臣贾诩讨教。贾诩一方面做曹操的工作，另一方面对曹丕面授机宜。贾诩对曹丕说："愿您有德行和度量，像个寒士一样做事，兢兢业业不要违背做儿子的礼数，这样就可以了。"曹丕深以为然。

一次曹操亲征，曹植又在高声朗诵自己作的歌功颂德的文章来讨父亲欢心，并显示自己的才能。而曹丕却伏地而泣，跪拜不起，一句话也说不出。曹操问他什么原因，曹丕便哽咽着说："父王年事已高，还要挂帅亲征，作为儿子心里又担忧又难过，所以说不出话来。"

一言既出，满朝肃然，都为世子如此仁孝而感动。相反，大家倒觉得曹植只晓得为自己扬名，未免华而不实，有悖人子孝道，作为一国之君恐怕难以胜任。毕竟写文章不能代替道德和治国才能吧。曹操死后，曹丕顺理成章地登上了魏国皇帝的宝座。

其实刚开始时，曹丕是极不甘心自己的世子之位被弟弟夺走的，他想拼死一争。但他毕竟是个聪明人，经贾诩点化，顿时开窍：争是不争，不争是争。与其争不赢，不如不争，我只需老老实实恪守世子的本分，让对方一个人尽情去表演吧，公道自在人心！最后，这场兄弟夺嫡之争，以不争者胜而告终。儒家思想主张"不争"，即使要争，也是彬彬有礼的"君子之争"。所谓"君子之争"，现在看来，就是要有君子的风度，要按照游戏规则光明正大、堂堂正正地争。争并不一定是坏事，能使人向上，能促进事业的发展，但不正当的竞争就会抑制人们积极进取、勇于开拓的精神，成为社会发展的道德阻力。

有一则兄弟争雁的故事，说的是兄弟两个外出打猎，看见一只大雁从天上飞过，兄弟俩拉好弓准备射雁，这时却为了射了雁该如何吃争吵起来。哥哥说要煮着吃，弟弟说不行，要烤着吃，争论了半天也不分高下，最后没办法，就找了一个过路的老人来评理。老人说："把雁分成两半，一半煮着吃，一半烤着吃不就得了？"兄弟俩觉得这个主意不错，就听从了老人的安排，抬头射雁时，大雁却早已飞走了。可见，争吵实在是一件两败俱伤的事，到头来谁都得不到好处。

争吵本身并不可怕，可怕的是不会争吵，不善于争吵。无论是在家庭还是在工作中，适度、理智的争吵，对于明辨是非、发泄不良情绪、调整心态是有一定的积极意义的。但是要注意一个度，无原则、无休止地争吵则是有害的。

对于身处职场的人来说，更要避免没有意义的争吵。要学会讨论，而不是争吵。如果我们能让自己专注于问题的讨论而不是引向感情用事或固执己见，那么讨论就不至于降格为争吵。

同事之间，于公于私都不会有太大的原则性冲突，即使有矛盾、有争议也属正常，完全没必要扯着嗓子，怒气冲冲地大声争吵，争个脸红脖子粗。

有句老话，叫"有理不在声高"。工作中，如果意见有分歧，要保持冷静、理智和幽默。这些分歧完全可以通过商讨，而不是通过争吵来解决。只要是出于善意，只要"你能够听我说，我也愿意听你讲"，那么，讨论同样会令双方像促膝谈心一样有所收获。相反，那种毫无分寸和理智的争吵，一方激烈地攻击另一方，同时拼命地维护自己，这正是有良好教养的人所不为，也不该为的事。

争吵使人们分离，而讨论却能使人们接近。争吵是野蛮的，讨论则是文明的。没有谁能成为争吵的胜利者，学会在工作中讨论吧。

14. 人还未到，声音先到

【原典】将入门，问孰存；将上堂，声必扬。

【释义】将要入门，应先问家里有人在吗；进入厅堂之前，应先提高声音，让屋里的人知道有人来了。

重视沟通是企业成功的保障

本节四句话的直接意思，释义已经解释得很清楚了。在古代没有门铃之类的设备，如果不是大户人家，有门子、有管家，那么，登门拜访的时候，就要做到人还没到声音先到，以表示你家有人来了。如果什么都不说就直接进院门，甚至"是登堂入室"，那么，首先，可能这家人根本就不知道有人来了，其次会显得拜访者有些唐突，这是很失礼数的。

这个道理在今天仍旧有它存在的理由。例如在单位，要进入领导的办公室，或者其他部门同事的办公室前，要先敲门，以表示有人来访，等到获得允许之后，才能进入，这就是职场之中要遵循的礼节。

除了直接的意思，本节四句话的深层意思，我们完全可以这样理解，在入他人家中前发出声音，询问有人在家否，或者向被拜访者表示来客人了，这本身就是一种沟通。假如被拜访者不方便，就可以在拜访者进院门或者进屋门之前阻止拜访者继续前进，比较含蓄的做法就是，主人迎出来，在院门外或者屋门外谈话。由此可见，这种沟通还是非常必要的，可以避免很多不必要的问题。

这个道理引入现代，引入企业中，同样适用。上下级之间，部门之间，都需要沟通。如果上下级之间缺乏沟通，那就会影响上传下达；如果部门之间缺乏沟通，那势必影响企业整体的运行，甚至对比较大的项目的协作完成会产生不小的负面影响。因此，任何一家企业都非常重视沟通这个环节。而作为一名员工，也应该重视沟通能够给工作带来的巨大好处。

某跨国公司在海外的分公司招聘市场开发人员，这份差使的工资报酬很高，应聘者不下千人。层层把关后，通过初试的仅有 9 个人。

复试的主考官是公司总经理，看过这 9 个人详细的资料和初试成绩后，他相当满意。但是，此次招聘只能录取 3 个人，所以，他出了一道题。

总经理把这 9 个人随机分成甲、乙、丙三组，指定每个组各自去调查不同范围的市场。

总经理解释说："我们录取的人是搞市场开发的，所以，你们必须对市场有敏锐的观察力。让大家调查这些行业，是想看看大家对一个新行业的适应能力。你们不用考虑现在所结的组是怎样的，你们每个人相互间依然还是竞争对手，一定要存在竞争意识，不可马虎大意。"

临走的时候，总经理补充道："公司知道这么大的市场，仅给你们三天的时间去调查是有些仓促，所以公司提前准备了一些以前的调查材料供你们参考，你们以组为单位马上到秘书那儿去领取吧。记住：到规定的时间一定要把调查结果交上来，否则按弃权处理。"

三天后，9 个人都把自己的市场分析报告送到了总经理那里。总经理看完后，站起身来，走向丙组的 3 个人，分别与之一一握手，并祝贺道："恭喜 3 位，你们已经被本公司录取了！"

其余 6 个人都迷惑不解：怎么会呢？自己明明已经很努力地调查了，和他们丙组的人到底差在哪里呢？

总经理看见大家疑惑的表情，呵呵一笑，说："请大家打开我叫秘书给你们的资料，互相看看。"

原来，每个人得到的资料都不一样，三份材料恰好又是互补关系。如果能把这三份材料总结到一起，便能找到最终的正确答案。丙组 3 个人为了方便调查，非常重视沟通，他们互相参考了对方的材料之后才开始进行调查，第一天便把正确的答案做出来了，剩余的两天只不过是到市场上确认了一遍。这种重视沟通、具有合作精神的员工，正是该公司需要的。

重视沟通，把团队拧成一股绳，是企业成功的保障。

在同一个公司里，员工之间、上下级之间的沟通是非常重要的。这是团队内部和谐的保证，也是团队成员有效合作的保证。有了沟通，大家可以达成共识；同事之间可以消除很多误解；有利于在公司内部创造和谐宽松的工作环境。如果不重视相互之间的沟通，不注意相互利用掌握的信息，那么势必会造成资源的浪费，工作效率低下。这种不重视沟通的员工不是老板所欢迎的。

15. 人问是谁，回答分明

【原典】人问谁？对以名，吾与我，不分明。

【释义】若屋里的人问"是谁呀"，应该回答姓名，若只回答"是我"，容易让人无法分辨是谁。

做好工作需要清楚地沟通

此节承接上节的四句话，在进院门或者屋门前，先发出声音，院内或者屋内的主人可能会问是谁来了。这时候，我们清楚地回答自己是谁，而不应该简单地说"是我"。

即使是今天，我们仍会遇到类似的情况，在拜访别人时，人家问"是谁啊"，我们一般会说"是我"，然后对方就把门打开了。这里有一个前提，那就是我们在说"是我"的时候，对方能够通过声音分辨出来到底是谁来了，虽然回答的是"是我"，但是跟清楚地回答自己的名字是没有区别的。所以，总体来说，还是应该遵循这样一个原则，那就是在拜访别人的时候，人问来者何人，我们要清楚地表示出自己是谁。

如果跟被拜访者相熟，那怎么都好说，有时候甚至连"是我"都不用说，只咳嗽一声，对方就知道是谁来了。但是，如果是不太熟的人呢？这时候，我们就要注意报上自己的名字。如果是在拜访客户等特殊的场合，还要加上自己的单位名称，这样才符合礼仪。如果是拜访单位的领导，不管是到领导的办公室，还是到他的家里，如果他对我们不是太熟悉，那么我们首先要说明的，就是自己的姓名和部门，例如"我是人事部的小陈"。这些都是在单位的日常工作中需要注意的。

拜访别人，不管这个"别人"是谁，首先就要清楚地告诉对方，自己是谁。这是"人问谁？对以名，吾与我，不分明"所表述的意思，也就是说，在主人询问和拜访者回答的过程中，需要一个清楚的沟通。说到沟通，由这几句话，我们还可以领悟到，在单位里，同事之间、部门之间、上下级之间的协作，不仅要像上节说的那样重视沟通，而且需要在沟通过程中清晰地表达出自己的意思，做到有效沟通，而不是说话模棱两可，问题说不明白，这样很容易导致协作上资源的浪费，例如不必要地浪费时间。甚至可能导致更严重的后果，例如工作因此受到影响，任务因此无法完成等。当然，最直接的负面影响，还是会在缺乏清晰的沟通意识的员工身上最先显现。

李莎是学广告设计的，毕业后进入了一家广告公司工作。

起初，老板对她还是比较满意的，但是，发生了一件事，让老板开始讨厌起她来。

有一次，李莎为了搞设计，从网上找了很多资料，但她图方便，就直接从网上引用，没有下载，更没有打印。这倒不是什么大问题，关键是等到开设计讨论会的时候，老板向她要那些资料，她才想起来自己没能够及时地跟同事说明情况，导致即使公司的文员在会议室连接投影仪的电脑前忙得颠三倒四，也没能够完整地把李莎的资料找到。

老板责问她说："你不下载不打印也就算了，但是为什么不早跟公司的文员说明情况，让她做相关的准备？"

李莎却振振有词地回了两句。老板顿时被气得说不出话来。

李莎因为跟领导和同事没有进行清楚的沟通，导致整个公司因为她浪费了很多时间，做了很多无用功。而且关键是她似乎并没有从这件事情上吸取教训，后来又间歇性地几次出现这样的事。尽管她的广告设计做得不错，但老板还是让她走人了。

作为一名员工，一定要清楚，重视沟通，并且清楚地沟通，对于企业的发展和自己工作的进步，是非常重要的。

16. 用人物品，必须明说

【原典】用人物，须明求，倘不问，即为偷。

【释义】借用别人的物品，要明着向人请求；假如问都不问就擅自取用，那是偷窃行为。

不要把别人的成果据为己有

如果需要借用别人的物品，那就必须清晰地向对方表达自己的想法。征得对方同意之后，才能够拿走去用。

许衡是我国古代杰出的思想家、教育家和天文历法学家。宋朝末年，元军南下，许衡随难民一起逃难，经过河阳时，由于长途跋涉，加之暑天炎热，所有人都感到饥渴难耐。

这时，有人突然发现道路附近刚好有一棵大大的梨树，上面结满了清甜的梨子。于是，大家都开心地爬上树去摘梨来吃以解饥渴，唯独许衡一人端坐于树下不动。

众人觉得奇怪，有人问许衡："遇到这等好事，你何不摘梨解渴呢？"许衡回答说："不是自己的梨，岂能乱摘！"问的人不禁笑了，说："现在时局如此之乱，大家都各自逃难，眼前这棵梨树的主人兴许早就跑了，你又何必介意？"

许衡说："梨树失去了主人，难道我的心也没有主人吗？"许衡始终没有摘梨。

"倘不问，即为偷"，许衡"义不摘梨"的故事，为这句话做了鲜明的注脚。其实何止是梨，任何东西只要不问就"借"来用，甚至占为己有，都可以算作偷。例如在单位，我们应该明白，不能把在别人帮助下取得的成果说成是自己的，甚至是剽窃别人的工作成果，把工作业绩占为己有。

杨梅口齿伶俐、活泼可爱，是做业务的一把好手，她的业绩在公司里更是遥遥领先。有一次，杨梅要出差，同事薛兰也想去，但怕争取不到业务报不了差旅费。杨梅就热情地说："公司规定出差只能住标准间，两张床，

我一个人是住，加上你也是住，不如咱们一起去吧，这样还能变相为公司省钱呢。住宿的问题解决了，就算你不能报销，也只是自己出点车费，问题不大。"于是事情就这么定下来了。

到目的地后，薛兰说她身体不舒服，窝在宾馆里不出来，杨梅给客户打电话时她都竖着耳朵，听得清清楚楚。第二天，杨梅搞定了一个大客户，约定晚上七点签协议。打完电话，她就把手机放在桌上，高高兴兴地冲澡去了。

她没想到，薛兰趁这个机会，偷偷在她手机上找到了那个客户的电话号码，并且与之联系，独自与对方签协议去了。事后杨梅后悔也晚了，协议上明明签的是薛兰的名字啊，自己辛辛苦苦做出的业绩被人家抢了。

故事中的薛兰不仅没有念杨梅的热心帮助之情，反而使用卑鄙的伎俩，在没有询问并征得对方同意的情况下，将杨梅的客户抢了过去，将本属于杨梅的业绩据为己有，这就是典型的职场中"倘不问，即为偷"的现象。

在现代职场中，不得不承认，总是有些不和谐的人或事存在。竞争越激烈，打击别人、窃取别人劳动果实的行为和手段就越层出不穷。薛兰的做法当然令人不齿，但同时，杨梅也应该从中吸取教训，在职场中要有一定的自我保护意识。

作为一名员工，首先要做到的，就是不把别人的工作成绩据为己有。同时，也要防止职场败类把这种不良伎俩用到你的身上。比如，不要轻易给别人看你的客户资料，不要轻易告诉别人你的电脑密码，把重要的文件保存好等。同时，识人也是很重要的。假如杨梅能够及早认清薛兰的真实面目，也就不会出现上述故事了。

17. 好借好还，再借不难

【原典】借人物，及时还；后有急，借不难。

【释义】借人物品，要及时归还；以后如果有急事，再借也就不难了。

同事之间借财物，慎重为妙

借别人的财或物，一定要按时归还，以后若是有急用，再借也就不难了。我国民间有句谚语，一直到现在仍然广为流传，那就是"好借好还，再借不难"。

元末明初时期，有一个人叫做宋濂。他年轻的时候就嗜读书，但因为家贫，根本买不起书，为了学习知识，他就常常借书读。每次借来书，宋濂就手写抄录，然后计算着说好的还书的日子，到时一定按照约定把书归还主人。为了能够每次都按时还书，宋濂发奋抄书，有时候因为冬季寒冷，砚台里的墨水都冻成冰了，他的手也被冻僵了，但他仍旧咬着牙坚持争分夺秒地抄录。正是因为宋濂这种"好借好还"的做法，使得越来越多的藏书之家愿意把书借给他。而宋濂也因此获得了宝贵的知识财富，为他日后成为著名的文学家和史学家，并出仕为官，被朱元璋誉为"开国文臣之首"打下了坚实的基础。

"借人物，及时还；后有急，借不难"，宋濂的故事完美地诠释了这一点。

其实回过头来看"好借好还"这四个字，细想一下不难发现，它的一个

意思当然是，借了别人财或物之后，要按时归还，而另一个意思也蕴涵其中，那就是如果借的是物品，在使用的时候要爱惜。不能因为是别人的东西，就在使用的时候不注意。

《弟子规》中的这四句话对于今天我们与同事之间的交往同样有指导意义。如果有时需要借同事的东西一用，就必须严格按照这四句话的教导行事。而且，这里有一个建议，就是借同事的东西，最好价值不要太高，不然万一在使用过程中出现什么问题，那就有可能影响与同事的关系。还有一个建议，就是同事之间某些物可以借，但是最好不要借钱。如果不得不借，那就要注意以下问题了。

在职场中，很多人一不留神就会把金钱渗透进了同事之间的交往中，有人甚至认为同事之间就应该在金钱上互通有无，否则就算不上真正关系好的同事。这种想法其实是很危险的，同事之情一牵涉上金钱就会多很多变数。

那么，怎样处理同事之间借钱的问题呢？

（1）同事之间借钱方面的注意事项。同事之间开口借钱，其实多少会让人头大。因为虽然许多人都能做到好借好还，但也因各种原因，总有人不按时归还，或根本就不能归还。如果是后面的情况，借吧，这钱注定打水漂了，不借吧，又碍于情面，觉得对不住对方，真是左右为难。

这个时候得问清楚同事用钱做什么，如果是生活所必需，用于衣食住行，那义不容辞，当然借，没偿还能力也可以借。反之则不然，因为他已经失去了最起码的信用，就必须拒绝。

再一点，你可以给予一定数额的馈赠。如有人向你借五千元钱，而事实上他没有多少偿还能力或信誉不佳，那么你可以主动资助他几百元，并言明，他可以不用还了。这样看来你吃亏了，但实际上你失去的并不多。首先，由于你的无偿资助保护了你跟同事之间的关系。其次，你也能避免更大的损失。因为有些借款是要冒大风险的，不仅借款到时候要不回来，甚至有可能使得同事变成陌生人。

（2）金钱上不要不分你我。有些人跟同事关系好了，就容易在金钱上不分你我。然而事实上是，亲兄弟都要明算账，更何况是同事！

雷子与杨子是同事，两人很要好，他们觉得对方就是自己的异姓兄弟，而且认为关系都到这份上了，那么金钱方面也应该不分你我。

杨子花钱有些大手大脚，所以经常出现月底了钱包也见底的情况。也正因如此，杨子向雷子借了好几回钱，虽然每次都不多，也就千八百块钱，但是加起来就有一定的数目了。

有一天，雷子得知母亲病了，需要用钱，而工资还有半个月才能发。这时候，他第一次想到得向杨子把借的钱要回来。由于一直秉承所谓金钱不分你我的观念，到底杨子借了自己多少钱，雷子其实并没有一个准数。但是，根据脑中残存的回忆，五千块钱肯定是有了。

没办法，这是急用，我俩关系这么好，相信杨子能理解吧。雷子这样想着，就跟杨子把情况说了，并希望对方能够还钱。哪知道杨子说："我要是有钱，就不用借你的了。"雷子没想到杨子会这样回答，自己母亲病了，即使你手中没钱，转借一下先把我的钱还了应急也是个办法，治病的事情耽误不得啊。

　　结果是，杨子不情愿地找别人凑了凑，还给了雷子。雷子接过钱，第二天就回老家看望母亲了。后来母亲的病好了，但是雷子也没再回原单位上班。他辞职了，而他和杨子，此后再也没有联系过。

　　与同事交往，在金钱上不分你我就会留下隐患，生活中好同事、好朋友为了金钱而翻脸的事并不少见。所以我们对此不得不慎重。

　　如果实在没办法，必须向同事借钱，那就要信守承诺，及时归还。否则，就会像上述的故事一样，影响到同事之间的友情了。

信：诚为人基，信为命本

诚信是一个人的安身之基，立命之本。任何企业都提倡诚信，也会要求内部的每一名员工都做到诚信。假如员工做不到，那么企业轻则受到利益损害，重则危及整体发展。员工诚信，就是要对领导、对同事、对客户真诚相待，言而有信。毋庸置疑，职场之中，诚信是一名员工生存和发展的根本。

1. 开口说话，诚信为先

【原典】凡出言，信为先，诈与妄，奚可焉！

【释义】凡是开口说话，必是诚信为先；欺骗和胡言乱语，怎么可以呢！

保持诚信的美德比什么都可贵

不开口则已，只要一开口，必须是诚信为先。如果做出了什么承诺，那么下一步，就是要认真地去兑现承诺。一个只知道夸海口，只喜欢胡言乱语，只善于欺骗的人，是不会有好结果的。

孟子曾经说过："人无信则不立。"可见诚信对于一个人来说是多么重要。作为一名员工，当然不可不明白，诚信与否，对于自身的形象和发展是有着非常深远的影响的。

在竞争激烈的职场中，诚信已经远远超出了道德的范畴，成了在职场立足的根本。对于一个职场中人来说，保持诚信的美德比什么都可贵。《弟子规》告诫我们："凡出言，信为先。"做人一定要讲究诚信。信用是一种承诺，一种保证，就是一诺千金，做人最根本的原则就是讲诚信。

诚信可以分开来讲，那就是诚实和守信。诚实，就是忠诚正直，言行一致，表里如一。守信，就是遵守诺言，不虚伪欺诈。而许多人的前进之路不顺畅，恰恰是因为他们失去了诚信，没有人再相信他们，从而失去了客户，失去了朋友，也没有人愿意帮助他们，自己把自己的路给堵上了。

很多大型公司选人、用人的标准都非常严格，其中第一条就是要诚信，由此可见诚信在职场中的价值。

一家著名的公司需要招聘业务主管，前来应聘的人很多。经过几轮的筛选，到最后一轮时只剩下了3个应聘者。其中一个叫海森堡的应聘者忐忑不安地最后走进考场，还没有坐定，人事部经理就一脸惊喜地跑过来抓住海森堡的手，激动地说道："我可找到你了！"然后，他转头对女秘书说："就是这个年轻人，没错，就是他！上帝，就是他在公园的湖里救了我可怜的女儿，不留姓名就走了。真巧在这里碰到他了！"起初还一脸迷惑的海森

堡，忽然脑子里亮了一下——如果我承认是他女儿的救命恩人，那么结果……他仿佛看到了幸运女神在向自己微笑。但是，最后他还是选择了镇定地对经理说："不，先生，您认错人了。""认错了？不，不，我不会认错的！"海森堡坚持辩解道："您确实是认错了，先生，上周我根本就没有去过公园，哪个公园都没有去过。"说完，他坦然地笑了。

两天后，海森堡去公司任职，他关心地问人事部经理的秘书："经理女儿的救命恩人找到了吗？"秘书大笑起来："救命恩人呀？经理根本就没有女儿。"

海森堡以自己的诚实赢得了他渴望的理想工作。

上文提过，诚信可以分开理解，分为诚实和守信。

所谓诚实，就是忠诚老实，不讲假话。诚实的人能忠实于事物的本来面目，不歪曲，不篡改事实，同时也不隐瞒自己的真实思想，光明磊落，言语真切，为人实在。

所谓守信，就是信守自己的诺言，对自己说过的话负责，说话算数，讲信誉，重信用，履行自己的义务，承担自己的责任。

诚实是守信的基础，守信是诚实的一种具体表现形式，不诚实很难做到守信，不守信也很难说是真正的诚实。但是两者也是各有侧重点的，诚实侧重于对客观事实的反映是真实的，对自己内心的思想、情感的表达是真实的；守信侧重于对自己应承担、履行的责任和义务的忠实，毫无保留地实践自己的诺言。

许诺是一件非常严肃的事情，不要轻率地许诺，而一旦许诺，就要慎重对待，千方百计地去实现它。否则，如果你总是信口开河地开"空头支票"，失信于人，不仅破坏了自己在别人心目中的形象，还会给你带来其他方面的损失。一旦别人对你失去了信任，那你就会陷入孤立的境地。那就真是"诈与妄，奚可焉"了。

一个商人坐船过河时船沉了。商人不会游泳，所以他拼命地大声呼救，正好有一个打鱼的人听到了。商人求生心切，就对渔人许诺说："你如果救了我，我给你100美元。"渔人把商人救上了岸，但是商人却只给了渔人50美元。渔人斥责商人言而无信，商人反责备渔人太贪婪。渔人生气地走了。后来，这个商人坐船时船又出了事故，再次遇到了渔人。这一次渔人没有再救他，而且对旁边的人说："他就是那个言而无信的人。"众渔人停船不救，商人最后淹死在了河里。从这个寓言故事中，我们应该明白，也许，你会认为一次的不守信并不会给自己带来什么大的损失，但你要知道，这很可能就是失败的开始。

守信的力量是巨大的。在竞争激烈的职场中，你若能因此而得到领导、同事以及客户的信任，那么对你个人形象的树立、个人事业的发展是极其有益的。可能短时间内你看不到它的好处，但随着时间的推移，守信的价值会给你的事业带来巨大的帮助。

总之，职场之中，保持诚信的美德，比什么都可贵。要想获得职业上的成功，必须用诚信树立自己的口碑。

2. 说话要少，内容要好

【原典】话说多，不如少，惟其是，勿佞巧。奸巧语，秽污词，市井气，切戒之。

【释义】话说得多，不如说得少；说话要实事求是，不要妄言取巧。不要讲邪恶虚伪的话、肮脏下流的话以及市井小民粗俗不堪的话，千万要慎戒之。

怎样说话是职场大学问

话说得多，明显没有话少好，因为话说得越多，出现纰漏的风险就越大。而话说得再天花乱坠，也不能算是说得好，因为真正说得好的话，必然是实事求是的话，是有一说一、有二说二的话。此外，话说得好还包括不说内容不良的话。粗俗肮脏、邪恶虚伪的话，最好做到坚决不说，这些是我们每个人都应该注意的。

古往今来，说话一直是一门大学问。多少人成功是因为他的嘴，而多少人失败也是因为他的嘴。

作为一名员工，要明白一个其实并不深奥的道理，那就是少说话，多做事。有道是言多必失，与其因为管不住自己的嘴而承担"失"的风险，还不如直接少张嘴，有这方面的精力不如多放到实际工作上面，让工作成果替自己说话。另外，话说得多而且不到位的话，反而对于自己在领导和同事眼中的形象有着巨大的损害，轻则认为你这个人轻浮不踏实，重则认为你根本就不适合现在的岗位都有可能。

如果在某些时间或者场合必须张口说话，那就要谨守一条铁律：话一定要符合实际，内容一定要恰到好处，坚决不要"豪言壮语满天飞"。即使这件事你有十分把握，最好把话说出来的时候，只说七分。也就是常言所讲的"话说七分满"，这绝不是不诚实的表现，反而是一种谦虚的人生哲学。

某公司新接了一个项目，老板想将它交给路小志去做。于是，他把路小志叫到自己的办公室，首先把公司的这个新项目的大概情况介绍了一下，让路小志有一个大体的印象，然后说道："小志啊，项目呢基本就是这个样子。

这样吧，我给你时间考虑考虑，你也好好想想自己的实际情况，然后过来告诉我，这个项目你能不能接。"

话说完，下一步就剩路小志说完"那我先出去了"之类的话，然后抬腿走人了。老板也显然已经做好了这方面的准备，说完之后，就开始埋头看一份秘书送来的文件了。没想到就在这时候，路小志却拍着胸脯说道："不用考虑了，您刚才介绍的项目我已经大致了解，我觉得没问题，一定能把这个项目做好，交给我您就放心吧！"

几天之后，老板问他进度如何时，他才有些不好意思地说："这个实际做起来……还真没想象中那么简单……"老板一时都不知道该说他什么好了。

这是把话说得太满而给自己造成窘迫的例子。

其实，无论是在做事方面还是做人方面，说话都不能太绝对。

在做事方面，对别人的请托可以答应，但不要"保证"，应代以

"我尽量，我试试看"的字眼。上级交办的事当然要接受，但不要说"保证没问题"，应代以"应该没问题，我全力以赴"之类的字眼。这是为万一自己做不到所留的后路，而这样说事实上也无损你的诚意，反而更显出你的谨慎，别人会因此更信赖你，即便事没做好，也不会责怪你。

在做人方面，与人交往时，如果出现意见分歧，不要口出狂言，更不要说出"势不两立"之类的话，不管谁对谁错，最好是闭口不言，以便他日需要携手合作时还有"面子"。尤其应该注意的是，对人不要太早下结论，像"这个人完了""这个人一辈子没出息"之类盖棺定论的话最好不要说。

说话不留余地等于不留退路，要么成功、要么失败的简单逻辑已经不适合复杂多变的社会。为此付出的代价有时是你无法承受的，因此，与其跟自己较劲儿，不如改变一下说话的方式，给自己留下余地。

把话说得太满，并不能与自信画上等号。而话说七分满，也绝不是不自信的表现，反而是一种谦虚。从一个人说话的态度可以看出他的自信，真正有自信的人懂得谦卑。不要把话讲得太满，进可攻，退可守，不至于让自己变得被动。

总之，怎样说话，该说怎样的话，不该说怎样的话，这在职场之中确实是一门大学问。

3. 轻易说话，进退两难

【原典】 见未真，勿轻言；知未的，勿轻传。事非宜，勿轻诺，苟轻诺，进退错。

【释义】 在没有得知真相之前，不要轻易发表意见；不知道真相的传言，不可轻信并任意传播。对不合义理的要求，不要轻易答应或者许诺；如果轻易允诺，就会使自己进退两难。

身在职场，说话不要太轻率

《弟子规》在这里告诉我们：对于一些不清不楚的事情或者传言，一定要做到不言不传——不评论、不传播。这个道理不用多说，每个人其实都懂。对某些事情或者传言妄加评论，甚至是进行传播，这于人于己都没有任何好处。尤其是在职场之中，对这类问题更要慎重。

同时，《弟子规》还告诉我们：面对不合义理的要求或者事情，不要轻易答应去做，否则容易让自己进退两难，不管是践行还是不践行自己的承诺，都是错误的。

总之，不管是面对不确定的事情或者传言，还是不合义理的要求或者事情，自己千万不要轻易说话，更不要轻易地表露自己的意见，甚至是做出承诺。

在职场之中，一些话如果轻易说出去，很可能就会让麻烦"轻易"地找上自己。

就以向别人承诺为例。诺言其实就是一种特殊的债务。承诺别人，就等于自己对别人负债，一旦不能兑现，难免招致别人的不满。

一般情况下承诺是在一定的前提条件下做出的，由于工作中的情况经常会因某些因素的改变而发生各种变化，导致承诺不容易兑现，如此一来，你的形象就会受损，别人因你不能信守承诺而不相信你了，别人也不再愿意与你共事，不愿再与你打交道，那么，你只能去孤军奋战。有些人在生活或工作上经常不负责，许下各种承诺，而不能兑现承诺，结果给别人留下恶劣的印象。如果承诺某事，就必须办到，如果你办不到，或不愿去办，就不要答应别人。承诺时要留有余地，而生活和工作中有许多人把握不了承诺的分寸，他们做出承诺很轻率，也不考虑后果，结果使许下的诺言不能实现。

陈戈是某公司的一名中层干部，领导着一个部门。有一天，当被本部门试用期马上要满的 5 名员工问起转正方面的问题时，陈戈拍着胸脯许诺说："我有信心，各位都能够顺利通过试用，正式被公司录用。"

但当他向公司高层申报时，出了问题，公司不能给他那么多的名额，最多只能留下 3 名。他据理力争，跑得腿酸，说得口干，还是不能解决问题。他又不愿意把情况告诉本部门的这几个新员工，只对他们说："放心，放心，我既然答应了，一定要做到。"

最后，结果公布了，不光没被录用的人大失所望，就连被留下来的人，也对这位部门领导很有意见。

陈戈因为轻率许诺，结果弄得自己"里外不是人"。

在工作中，不要轻率许诺，陈戈的故事就是我们很好的反面教材。

当然，这里的许诺不仅仅是领导对于下属，下属向领导也千万不要轻易许诺。例如在接受任务时不要斩钉截铁地拍胸脯，把话说得太满，应该给自己留一定的回旋余地。当然，这种留有余地不是给自己不作努力寻找理由。自己必须竭尽全力去实现诺言。即使是自己能办的事，也不要马上答应，要三思而后行，因为事物总是发展变化的，你原来可以轻松做到的事可能会因为时间的推移、环境的变化而有了一定的难度。如果你轻易承诺下来，会给自己以后的行动增加困难，对方也会因为你现在的承诺而导致将来的失望。所以，即使是自己能办的事，也不要轻易承诺，不然一旦遇上某种变故，让本来能办成的事没能办成，那么，你在老板眼里就成了一个言而无信的人。

另外，承诺时不要把话说得太满，以为天下没有办不成的事，那样会给人留下不好的印象。

为人处世，应当讲究言必信，行必果，身在职场，这一点需谨记。因此，承诺不可随意为之，信口开河。明智者事先会充分地估计客观条件，尽可能不做那些没有把握的承诺。

承诺了，就应该努力做到。乱开"空头支票"，答应了做不到，只会毁坏自己的声誉，断了自己的前程，使你在公司中很难有立足之处。

以上只是以许诺为例，来分析在职场轻易说话容易带来的负面效应。其实不光是许诺，在任何时候，只要是身在职场，说话就不要太轻率，例如不要轻易对某件不太了解的事情做出自己的评论，不要轻易传播不确定的信息等，这也是我们每一名做员工的所应该注意的。要知道，"信"除了要守信用、要兑现承诺之外，还有一个意思，就是准确，就是不模糊、不模棱两可。对于不准确的事情或者传言，我们千万不要随意地去评论或者传播，以免对别人和自己产生负面作用。

4. 语言表达，清晰为准

【原典】凡道字，重且舒，勿急疾，勿模糊。

【释义】说话时声音要能够让人听清，语速要慢一些，切忌语速太快、吐字模糊不清。

说话清晰准确，为工作加分

上文已经提到，"信"的一个意思就是准确。本节这四句原文，说的便是这方面的问题。一个人说话当然是越清楚越好，语言本来就是一种交流的工具，如果自己口齿不清楚，或者虽然口齿清楚，但是内容不清楚，都会给交流带来一些障碍。因此每个人在这方面一定要注意，特别是在职场之中，更要重视这方面的问题。

周丽在进入公司后，工作非常卖力，而且也很注重在平时和同事们搞好关系。但是，公司每次评优评先都没有她的份。对此，她百思不得其解。

直到有一天，她实在忍不住，问很要好的一个同事李纯。李纯回答道："啊？要不是你今天问我，我以为你早就明白呢。按我的分析，你各方面做得都很好，关键的原因就在于，你的工作是行政啊，其中一个很重要的职责当然就是上传下达了。但是——我说了你可别生气啊——虽然你的普通话没什么问题，但是很多时候你传达上级指示的时候，表述得不是太清楚，经常搞得大家一头雾水，次数一多，甚至有时候同事们都怕你传达上级意见了。"

周丽这才明白个中缘由。从此之后，她努力让自己说话更加简洁准确，经过半年的努力，她终于得到了自己在公司中获得的第一个评优评先的名额。

人们在日常生活中运用语言进行交流，表达思想，沟通信息，交流感情，从而达到建立、调整和发展人际关系的目的。中国人讲究"听其言，观其行"，把语言谈吐作为人品的一个重要内容。正因如此，下面两个方面的问题就需要每一个职场人士注意了。

（1）说话要准确。所谓的言谈准确，就是口头语言表达的时候要合乎语言规范，主要就是要说普通话。在我国，99％以上的人以现代汉语作为交际工具，而汉语标准语又是以北方方言为基础方言，以北方语为标准音，以典范的现代白话文著作为语法规则的。说普通话要力求标准，少出差错。

要想使自己的普通话合乎标准，首先应当避免的是发音上的错误。由于汉字当中的形声字比较多，有人常常想当然地读偏旁，结果就读错了音，比如，有人把"瀑（pù）布"说成"暴（bào）布"。还有的人不注意多音及异义字词的使用，把"山大（dài）王"说成"山大（dà）王"等。除了语音规范以外，遣词造句也应当力求准确。我们就以称谓为例，我国汉族所用称谓词语规定得十分严格，亲兄弟的子女互称堂兄弟姐妹；亲兄妹、姐弟、姐妹的子女互称表兄弟姐妹。这些称谓所涉及的关系人们一听就能明白。可是在香港方言和英文里，亲兄弟的子女互称表兄姐妹，如果在大陆这样说法，就会把听者弄糊涂了。

只有把话说对，说得准确，在语音、词汇、语法等方面遵循统一的标准，人们才能更好地传递信息、交流思想、联络感情。

（2）说话要清晰。言谈清晰，就是要把话说得清楚，说得明白。这是进行有效传播的重要前提，能够消除社会交往中的语言障碍。那么，怎样才能把话说清楚、说明白呢？

首先，要反应敏捷，思路清晰。如果遇事抓不着头绪，"以其昏昏，使人昭昭"，说出来的话必然含混不清。

其次，在言谈中要尽量使用明确精练、通俗易懂的语言，避免使用模棱两可、似是而非、晦涩难懂的语言。

再次，说话要力求简单明了。生活中常有这种情形，有的人不顾场合、时间、地点，说起话来口若悬河，滔滔不绝；有的人车轱辘话来回说，生怕别人不解其意，或是穿插一些不必要的交代，节外生枝，不着边际。结果，主干被枝蔓掩盖了，听者如坠入云雾中，不知其所云。

此外，我们还应当特别注意同音异义字词的使用，以免发生误会。在汉语的口语当中，容易引起歧义的词语很多。例如"全部（不）及格""治（致）癌药物""老张同志是作协（做鞋）的"等。遇到这类容易引起误解的词语，说话人可以换一种表达方式，交代清楚，如"全都及格了""治疗癌症的药物""老张同志是作家协会的成员"。这样对方就不会产生歧义了。

总之，无论你身处什么位置，做什么性质的工作，都免不了与同事和领导交流，这时候，说话的清晰与准确，就非常重要了。做好了这一点，你就能成功地为自己的工作加分。

5. 说长道短，坚决避免

【原典】彼说长，此说短，不关己，莫闲管。

【释义】遇到有人在人前背后对人说长道短，只要不关乎自己，就不要管闲事惹是非。

职场最忌讳对别人说长道短

似乎职场上永远不缺这样一种人：捕风捉影，搬弄是非，听到什么风吹草动，先自己加工一番，然后以最快的速度传播出去。这种"长舌妇"一类人就像职场上的蛀虫，他们最开心的就是把周围的人和事都闹得鸡犬不宁。还好，他们一般都不会有什么好结果，大家需要做的就是引以为戒，并对这类人"敬而远之"。

诚然，职场如战场，"政治游戏"每天都在上演。"我只告诉你一个人"，这句话真是太耳熟了。但是，连小孩子都知道，一旦你说出一个秘密，就不要幻想它不被传播出去。流言迟早会传到当事人的耳中，而受害者对传播的罪魁祸首的怨恨也迟早会发作。

你的隐私有没有被当做小道消息四处流传？你有没有议论过别人的隐私？职场中人，恐怕或多或少都会有这样的经历。由于小道消息往往更关注个人，多和个人隐私有关，很容易引起别人的好奇心，一传十，十传百，三人成虎，假的也会变成真的，就会产生极强的杀伤力。

179

古时候就有"曾参杀人"的故事。

曾参的母亲正在家里面织布，这时候，有人突然过来告诉她："曾参杀人了！"曾母泰然自若，说我儿子怎么可能杀人，继续织布。过了不长时间，又来了一个人，同样是对曾母说："曾参杀人了！"曾母依旧非常镇静地织自己的布，对此根本不予理会。又过了不长时间，第三个人过来了，同样是说："人们议论纷纷，说曾参杀人了！"这时候曾母再也坐不住了，把织布的梭子扔在了地上，关上院门，找到梯子，翻墙从僻静的地方逃跑了。

而事实是，曾参根本就没有杀人，但是虚假消息的一再传播，连曾参的母亲都没办法做到不轻信了。

由此可见，即使传播的是假的消息，但是传播的人数和次数一增多，它的杀伤力也就变得非常之大，甚至有时候远超人们的想象。

一般来说，每家公司都少不了

有一个或者是几个"小广播"的角色。研究表明，竞争越激烈的企业，小道消息越盛行，因为总有人能从给别人泼脏水中获益。

"为什么××总是和我作对？这家伙真让人烦！""××据说两年内换过好几个男朋友，哎，真的是无法理解人家的生活！"……办公室里常常会飘出这样的流言，要知道这些流言是职场中的"软刀子"，是一种杀伤性和破坏性很强的武器，这种伤害可以直接作用于人的心灵，它会让受到伤害的人感到非常痛苦。

既然如此，己所不欲，就要勿施于人，在职场切忌对别人说长道短。

在人背后说长道短，不管他们所说的事情是否属实，单是这种做法就足以令人鄙视。千万不要为了一时的快意就犯了这个职场大忌，这不仅有损你的形象，更会招惹不必要的麻烦。

不在职场说长道短，就要做到不对自己的同事指指点点，不在人前背后说同事的坏话，甚至是传播同事的隐私。

如果你想在企业中有一个好的发展前途的话，那么，请你还是不谈同事的隐私为好。

每个人都有自己的隐私，既然是隐私，当然就不希望外人知道，而你偏偏在那儿说长道短，怎么不叫人恼火呢？

既然是隐私，旁人自然不能知道得很详细、很清楚，即使有所知晓的人也不会是通过正常渠道知晓的。于是，道听途说，添油加醋，离事实往往很远，这也从侧面表明，这些闲话很多其实都是虚假的。你传播人家真实的隐私就已经令人愤怒，再加上传播的内容绝大部分都是虚假的，这怎么能不让人暴跳如雷！

还有人会想，不就随便聊聊嘛，我也不是说有什么非常卑鄙的目的，再说了，我又没有当着这个同事的面说，他怎么会知道？

这可真像孩子一样天真了。世上没有不透风的墙，若想人不知，除非己莫为。所以，与其寄希望于同事不知道，还不如自己不参与谈论同事的隐私为好。

聪明的职场人士应该知道，万一获悉同事的某些秘密，最好要装不知道。不但不对这个同事泄露半句，对其他同事也应保持缄默。如果不知道的话，聪明人当然更不会去打听或者去传播了。

尊重别人的隐私权，是尊重人格的一个重要方面。每一个有教养的人都应该自觉地要求自己做到这一点。好奇是人的本性，但是，探听别人私生活的隐秘，则是人性的一个弱点。

因此，养成不谈论别人私生活的习惯，也是同自己身上的本性弱点作斗争，它将帮助我们使人格更加净化。

在现实生活里，总会有一些人爱在背后说人闲话、爱搬弄是非。有人听了闲话，转身就忘得干干净净，而有些人却把闲话留在脑子里，还不时地回忆，然后再添油加醋地传出去，却不知道这是一件多么愚蠢的事。职场之中，无论你出于什么动机，在背后说人闲话都是一种极不好的行为。有时候你议论别人，也许只是图一时口头的快活，并没有什么恶意，可是实际结果往往会超乎自己的想象。记住，当你的舌头蠢蠢欲动时，赶快把注意力集中到工作上，这才是你成功的根本。

不在职场说长道短，同时也要做到不对自己的单位或者领导风言风语闲话连篇。

"我们老板太抠门了！"

"我们公司太落伍了！"

在吃午餐的快餐店或下班后可以喝上一杯的酒吧，经常能听到同事之间的牢骚和背地里说的坏话。但是，很可能在你想不到的地方，有人会听到你的"高见"。一定要谨记，说人坏话时的面目最可憎。

张勤从进入某家公司做业务员以来，业绩一直非常好。但他有个坏毛病，就是常常背着他的老板去向别人夸耀自己是多么能干，甚至还说他老板的坏话。

张勤工作能力绝对数一数二，但就是关键时刻在嘴上捅娄子。可能是碍于他的业绩一直不错，老板一直没对他怎么样，但是时间一长，谁也受不了别人背地里对自己说长道短。终于，张勤工作范围调整，被责令负责某一个偏远地区的业务工作。

背后议论老板是非是一种非常不好的习惯，对人对己都没好处。但在工作中，总是有一些人为了逞口舌之快，无所顾忌地在背后对公司或者老板说长道短，然而没有不透风的墙，你说的话不知什么时候就会传到老板的耳朵里去。所以，这种习惯还是改掉为妙，毕竟这关系到自己的饭碗。

总之，职场最忌讳的就是对别人说长道短。聪明的员工都懂得，首先是管好自己的耳朵，不该听的赶紧躲开，实在躲不开，听了就当没听见；其次要管好自己的嘴，不光别人的闲话自己不继续传播，自己更不能"制造"闲话，要知道说同事甚至是领导和企业的坏话，对我们自己没有任何好处。你的"唇枪舌剑"似乎让你一时痛快了，但是，真正的坏结果可能已经在未来等着你。

6. 见贤思齐，刻苦努力

【原典】 见人善，即思齐，纵去远，以渐跻。

【释义】 看见他人的优点或善举，要立即想着去学习看齐；纵然能力相差很远，也要努力去做，以期逐渐赶上。

领导的长处要多多学习

在《论语·里仁》中，孔子说："见贤思齐焉，见不贤而内自省也。"这是本节中"见人善，即思齐"的来源，同时，也是现在常用的一个成语"见贤思齐"的出处。见到贤人，就要想着向他看齐，见到不贤的人，就要内心自我反省，看自己是不是也存在同样的问题。那么，需要我们看齐的贤人到底有多少呢？孔子在《论语·述而》中说："三人行，必有我师焉。"意思已经很明显了，如果真要找学习的对象，那么，每三个人里，就至少有一个可以作为我们的榜样。如果真要想努力完善自我，那么，按照孔子所说的这个概率，毫无疑问，我们身边的很多人都可以成为我们"思齐"的"贤人"，例如单位的一些领导、同事，就在这个范围之内。

对于自己，要多看缺点，以期待能够通过努力而改进；对于别人，要多看优点，以期待能够通过学习而完善自己。在单位，要在这方面多留心，有的同事或领导修养好，有的能力强，每个人表现优秀的一面，都值得我们努力学习的。

特别是领导的优点，我们要尤其注意，因为他之所以能够坐到现在的位置，肯定不是因为他的缺点，而是由于他的长处。多向领导学习他的长处，对于一名员工的发展和日后的成功，有着很大的益处。

日常生活中，我们时常可以看到，那些爱学习的聪明人都有自知之明，觉得不如人，便从其他人甚至是对手、敌人那里学东西，因而变得更聪明。人贵有自知之明，尺有所短，寸有所长，从他人身上吸收知识和经验，会使你更具才华和能力。切忌目空一切，甚至连领导也不放在眼里，更拒绝向领导学习。庄子曰："井蛙不可以语于海者，拘于虚也；夏虫不可以语于冰者，笃于时也；曲士不可以语于道者，束于教也。"多向领导学习，才会多长见识，多开阔一下思路，想问题、做事情才能更周全、细致。向领导学习，还可以让你从领导经历过的事情中接受教训，吸收

185

经验，以免走弯路。

如果你的领导是一位知识渊博、经验丰富、办事练达的人，你一定不要忽视这个宝贵资源。哪怕是在知识、经验、工作方法中只有一方面出色的领导，向他学习，都会让你获益匪浅。

学而后知不足。通过学习，你就能认识到自己在哪一方面还有欠缺。知道了不足，便要去弥补，而弥补的最佳途径就是学习。这是一个循环往复、不断上升的过程。

现实中常见这样一些人，他们自认为满腹经纶，当发现领导的学历低于自己时，就更加趾高气扬、不屑一顾了。

其实，作为领导，尤其是工作时间很长的领导，即使学历低于你，也有许多你需要学习的优点。

大多数领导都有丰富的实际工作经验，这是一笔不可小觑的财富。在理论方面他可能不如你，但理论只有在实践中才能显示出威力，否则只能是纸上谈兵。

作为领导，一般看问题都比较全面，有全局观念。领导掌握的是全局，哪一部分怎么样，他都很清楚，而你负责的只是一部分，不在那个位置上，你就不会对全局有一个清醒的认识。因此，虚心向领导学习，还可以学到这种全局观念和细致考虑问题的方法。

当领导的人，经常开会、学习、看文件，掌握的政策会比你丰富，这些都是我们做下级的不具备的。通过学习，你可以了解到之前从未涉及的领域。

除了上述几点，领导还可能各自具有其他独特的优点，如工作雷厉风行，做事细心周到，处理工作关系游刃有余……这些都值得你学习。

放下你的架子，抛却你的羞涩，虚心地向领导学习。将来你会发现，跟他工作的那几年，你的能力有明显的提高。

很多想向领导求教的人都面临这样一个困惑：如何把求教与套近乎撇开

关系。其实，以领导的阅历，下属若是以求教为名套近乎是很容易就看得出的。所以，只要是真心地向领导求教，你就能够得到回应。

卢伟没有较高的学历，因此为了进入现在的公司工作，他做了很多努力。因为得来不易，所以他对这份工作十分珍视。

卢伟的顶头上司工作上很有能力，但是这位领导沉默寡言，给人的感觉总是拒人于千里之外，很不好接触。为了弥补自己学历上的不足，以及能力上的欠缺，卢伟明白，他必须多多向这位部门领导学习专业技术方面的知识，必要的时候，即使对方再冷若冰霜，他也要硬着头皮去当面请教。

一次，领导交给卢伟一项工作，而他在执行的时候，虽然绞尽脑汁还是不得要领，他鼓起勇气，敲响了这位领导办公室的门。卢伟说出了自己的请求，没想到这位顶头上司非常热情，耐心而详细地讲解了卢伟遇到的问题应该如何解决。卢伟这才知道，之前是自己对领导的印象存在偏差。由于卢伟的积极请教和学习，在领导的帮助下，他圆满地完成了任务。此后随着学习的不断深入，卢伟很快就在本部门站稳了脚跟，工作上也取得了长足的进步，领导对他大加赞赏。

在与领导相处的时候，碰到不明白的问题，一定要真心实意地向他请教。下属的态度要诚恳，要注意对领导表现出足够的尊重，不过也不能过分，从而变成谄媚。向领导提出的问题要简洁明了，要抓住核心去问，一是能节省领导的时间，二是避免领导不耐烦。

我们要多学习领导和同事的长处，尤其是领导的长处，因为领导能够坐到他现在的位置，长处肯定会比一般的同事要突出一些，因此我们如果把"见贤思齐"的精神用到这方面，收到的效果会非常大。当然，不是说不需要向优秀的同事学习，只要是"贤人"，不管他处在什么位置，都应该是我们学习的对象，只是说向优秀的领导学习，更容易让我们在更短的时间内取得更大的进步。

7. 见到不贤，内心自省

【原典】 见人恶，即内省，有则改，无加警。

【释义】 看见别人的缺点或不良行为，要立即进行自我反省；有则改之，无则加以警惕。

自我反省是优秀员工的必备素养

上文开头就提到，孔子说过："见贤思齐焉，见不贤而内自省也。"很明显，本节的四句原文，就是根据夫子这句话的后半句来的。见到不贤的人，内心要自我反省。也就是说，贤人如果是我们的好榜样，那么不贤之人就是我们的一面镜子。

当然，除了见到不贤的人要自我反省之外，当自己犯错误的时候，也要自我反省，从而尽可能地不要在同一个地方跌倒两次。总之，不管在什么条件下，不管是客观原因还是主观原因，能够自我反省对于一名企业员工来说是非常重要的。

优秀的员工都能够做到自我反省。每个人都有可能犯错，犯错不可怕，可怕的是犯错之后不懂自省，一错再错。自省是一种智慧，是一种力量，自省可以改变一个人的命运和机缘，使人到达更高的境界。《礼记·乐记》有云："好恶无节于内，知诱于外，不能反躬，天理灭矣。"这就是反躬自省的最早出处，意思是说，回过头来检查自己的言行得失。其目的就是要通过自我反省随时了解、认识自己的思想、情绪与态度，从而弥补短处，纠正过失，不断完善自我。这是积极追求进步的一种表现。

一个人如果不懂自省，他就看不见自己的问题，更不会有自我改正和完善的愿望。做人，与其低着头埋怨错误，不如昂起头纠正错误。

我们的先人就很重视自省。孔子教导弟子说："君子求诸己，小人求诸人。"即君子事事严格要求自己，小人事事严格要求别人。孟子提出："爱人不亲，反其仁；治人不治，反其智；礼人不答，反其敬。行有不得者，皆反求诸己。"意思是说，我爱别人而别人不亲近我，应反问自己的仁爱之心够不够；我管理别人而未能管理好，应反问自己的知识能力够不够；我礼貌待人而得不到回应，要反问自己的态度够不够恭敬；任何行为得不到预期效果，都应该反躬自问，好好检查自己。

成功学大师戴尔·卡耐基说："我的档案柜中有一个私人档案夹，标示着'我所做过的蠢事'。夹中插着一些做过的傻事的文字记录。我有时口述给我的秘书做记录，有时这些事是非常私人的，而且愚蠢之极。没有脸请我的秘书做记录，因此只好自己写下来。每次我拿出那个'愚事录'的档案，重看一遍我对自己的批评，可以帮助我处理最难处理的问题——管理我自己。我曾经把自己的麻烦怪罪到别人头上，不过随着年龄渐增，我最后发现应该怪的人只有自己。很多人随着年纪的增长而认清了这一点。"

拿破仑被放逐到圣海伦岛时说："我的失败完全是自己的责任，不能怪罪任何人。我最大的敌人其实是我自己，这也是造成我悲惨命运的主因。"

富兰克林每晚都自我反省。他发现过十三项严重的错误。其中三项是：浪费时间、关心琐事及与人争论。睿智的富兰克林知道，不改正这些缺点，是成不了大业的。所以，他一周订一个要改进的缺点做目标，并每天记录赢的是哪一边，下一周再努力改进另一个坏习惯。他一直与自己的缺点奋战，

整整持续了两年。难怪富兰克林会成为受人爱戴、极具影响力的人物。

艾尔伯特·哈伯特说过："每个人一天起码有五分钟不够聪明，智慧似乎也有无力感。"一般人常因他人的批评而愤怒，有智慧的人却想办法从中学习。诗人惠特曼曾说："你以为只能向喜欢你、仰慕你、赞同你的人学习吗？从反对你的人、批评你的人那儿，不是可以得到更多的教训吗？"

与其等待敌人来攻击我们或我们的工作，倒不如自己动手。我们可以是自己最严苛的批评家，在别人抓到我们的弱点之前，我们应该自己认清并处理这些弱点。

有一位香皂推销员，甚至主动要求人家批评他。当他开始为某品牌香皂推销时，订单接得很少。在这种情况下，很正常地他开始担心会失业，不过他确信产品和价格都没有问题，问题不是出在产品上，那就肯定是出在人上——他自己。

因此，在这之后，每当推销失败，他都会在街上走一走散散心，顺便想想什么地方做得不对。是表达得不够有说服力？是不够热忱？还是自己说话的方式客户不太喜欢？有时他会折回去，问刚刚拒绝他的客户："我不是回来卖给您香皂的，只是希望能得到您的意见与指正。请您告诉我，我刚才什么地方做错了？您的经验比我丰富，事业又成功。请给我一点指正，直言无妨，请不必保留。"他诚恳的态度感染了对方，因此，对方也愿意说一些真话，一些真正能够帮助他改进自己的话。

这个香皂推销员承认自身不足的同时，诚恳要求别人指出自己的缺点，得到有益的批评和指点后，他立即想办法改正。他自我反省和自我改正的能力，使得他后来的事业越做越好。这个人就是立特先生，他后来做到了高露洁公司总裁的职位。

人不可能避免犯错，但切不可一错再错。"人非圣贤，孰能无过。"世界上没有一个人能保证自己永远不犯错。但是，为什么有的人成就卓著，而有的人却毫无建树？其实，答案很简单：有的人一错再错，没有及时地从错误中吸取教训，而延缓了前进的步伐。

孔子曾夸他的一个弟子颜回，说他"不迁怒，不贰过"。孔子非常重视的一项品质是"不贰过"，就是不第二次犯同样的错误。

当人们评价一个人时，往往先看外表，再看其所做出的具体事情。事情做得好，评价就高。如果老是做错事，人们对你的评价就低。若是一再犯同样的错误，评价就更低了，因为别人会对你的反省能力、做事能力及用心程度产生怀疑。即使你是无心之过，犯的是小错，别人对你的评价也会大打折扣。

"人非圣贤，孰能无过？过而能改，善莫大焉。"因此，我们每天都应该自省。

自省是一次自我解剖的痛苦过程，需要巨大的勇气。认识到自己的错误或许不难，但要用一颗坦诚的心去面对它，却不是一件容易的事。懂得自省，是大智；敢于自省，则是大勇。只要"坦荡胸怀对日月"，光明磊落，自省的勇气就会倍增。

古人云："君子之过也，如日月之食焉。过也，人皆见之；更也，人皆仰之。"这句话的意思是：日食过后，太阳更加灿烂辉煌；月食复明，月亮更加皎洁明媚。君子的过错就像日食和月食，人人都看得见，但是改过之后，会得到人们更崇高的尊敬。一个人要想从"初生牛犊"变成成熟老练的人，就必须经常反省自己，这样才能加快自己的成熟。

自省是自我完善的过程，是治愈错误的良药，是一道清泉，将我们思想中浅薄、浮躁、消沉、阴险、自满、狂傲等污垢涤荡干净，重现清新、昂扬、雄浑和高雅的旋律，让生命之树焕发蓬勃生机。坚持经常自我反省，做一个优秀员工吧！

8. 不如别人，应当自砺

【原典】惟德学，惟才艺，不如人，当自砺。

【释义】应该重视品德、才学、技艺方面的能力培养，如果不如别人，应当自我磨砺。

不断学习，永记自我提高

无论是品德，还是才学、技艺，不如别人的话，就要自我磨砺迎头赶上。而且关键是，几乎每个人都会遇到比自己强的人，不敢说无论哪个地方都高于自己，但至少有一两个方面，是自己不如别人的。就好像上两节提到的一样，三人之中必有我师，山外有山，人外有人。我们首先应该承认这是客观事实，接下来要做的，就是树立一个信念：要加强学习，不断进行自我提高。尤其是身在职场的人，更要记住这一点。

在一个竞争的社会里，有人之所以成为重要角色，是因为他们已经具备了必要的能力，假如你的职业生涯计划包括工作升迁，就要有胜任新工作的能力和能够迅速取得新能力的方法，为取得新的能力，你必须丰富个人的成长经验。聪明的员工不会放过每个机会学习知识、发展技能并寻求新的挑战。每一个单位，都有比自己强的人，从这个角度出发，作为一名上进的员工，我们同样要加强学习，不断地进行自我提高。

员工的能力是企业发展的动力，员工有责任不断提高自己的业务能力，这是企业快速发展的重要保证。没有哪一种能力是万能的，可以适用于各种职业。每一位员工必须清楚自己所必须具备的能力，并促使自己通过学习在未来表现出更加非凡的能力。

通往成功的路有两条：一条是靠自己埋头苦干，实践、总结；另一条是向已经成功的人学习，像成功者那样思考和行事。前一条节省了向成功者学习的成本，但极有可能走弯路，在时间与成本上得不偿失。而且，当一个人仅仅依靠自己的知识、经验、资金、资源进行奋斗，这种成功的推进将缓慢无比。最终的结果往往是资源耗尽，信心丧失。而后一条则是通向成功、获取财富的捷径。

如果你发现自己不如别人，不要灰心丧气，而应该自我磨砺，加强学习。其实从别人身上，你会学到很多对自己有益的东西，让自己尽量少走弯路。同时，别人的成功还可以激发你对事业更大的热情。我们每个人的体内都蕴藏着巨大的潜能，只是你可能不知道。一旦被激发，它就会从酣睡中苏醒，促使你取得惊人的业绩。

人生就是一个不断学习的过程。我们成为怎样的人，取决于我们所学到的东西。每天都努力学点儿新东西，这样你才能不断成长。

要想在职场中站稳脚跟，必须认真地对待工作，在工作中总结经验，永记自我提高，不断学习最新的知识，并把它应用于工作中，这样你才能为自己规划出理想的职业生涯。

每个人都有一定的安全区，不要固守着自己的优势。如果你想超越自己目前的成就，请不要划地自限，勇于接受挑战、充实自我，就一定会发展得比想象中更好。

"用学习创造利润"——这已被管理学界和企业界公认为当今和未来"赢"的策略。

西点军校前校长米尔斯曾说："每个人所受教育的精华部分，就是他自己教给自己的东西。"学校里获取的教育仅仅是一个开端，其价值主要在于训练思维并使你适应以后的学习和工作。

而人生剩下的路，你要边走边学。没有人教你，但是你通过自己的勤奋和聪明获取的知识比别人传授给你的知识更为有用，也更为持久。这将是一笔属于你自己的财富，它可以迅速转化为才能，帮助你获得成功。

有这样一句话：最不可宽恕的是一个人晚上上床时还像早上起床时一样无知。虽然我们出生时一无所知，但只有蠢人才永远如此。任何时候都不要骄傲自满，这个世界上需要学习的事物太多了。

美国总统克林顿曾经说："在19世纪获得一小块土地，就是起家的本钱；而21世纪，人们最指望得到的赠品，再也不是土地，而是联邦政府的奖学金。因为他们知道，掌握知识就是掌握了一把开启未来大门的钥匙。"

汽车大王福特年少时曾在一家机械商店当店员，周薪只有2.05美元，但即使工资微薄至此，他还是会经常去买一些机械方面的书籍，为此，他每周的花费甚至能够达到2.03美元。这导致当他结婚时，除了一大堆五花八门的机械杂志和书籍，其他值钱的东西一无所有。

　　但是，就是这些让他花费绝大部分薪金买下的书籍，使福特得以向他向往已久的机械世界大踏步地迈进，并最终开创出一番大事业。功成名就之后，福特说道："对年轻人而言，学得将来赚钱所必需的知识与技能，远比蓄财来得重要。"

　　每一个成功者都是有着良好阅读习惯的人。据报道，世界 500 强企业的 CEO 每个星期至少要翻阅大概 30 份杂志或图书资讯，一个月可以翻阅 100 多本杂志，一年要翻阅 1000 本以上。

　　在联邦快递公司的企业文化中，参与学习和培训占据了重要地位。公司不仅会积极地为员工进行本职业技能的学习和培训提供各种机会，还会非常慷慨地提供资金支持员工自主选择、自主学习感兴趣的技

能领域。

联邦快递公司在招聘员工时，曾经在招聘广告中这样写道："接受全面的培训，通过完整的职业规划而不断发展；有机会申请高达 2500 美元/年的教育资助以拓展您的职业道路；使用快递行业最先进的技术；拥有不断创新的机会，提供帮助公司业务拓展的想法。这并不是全部，联邦快递公司还将给予您足够的资源来帮助您获得所需要的知识、技能以及接受更高程度的教育。"

联邦快递公司不仅让已经入职的员工明白，还试图让没进入公司但有意应聘的人明白，对于联邦快递公司来说，任何员工所进行的任何学习都是有益的。因为通过学习，不仅可以使员工摆脱故步自封、不思进取的懒散状态，还能够使员工获得最先进的职业技能，开发他们开拓创新的潜能，并能通过鼓励员工自主学习，使员工能够为自己的职业规划做出更为明智的选择。

除此之外，联邦快递公司的企业文化提倡员工互助互学，给企业员工自由发表意见的机会，并进行充分讨论，寻求最优解决方案。正是在这样的企业文化的熏陶下，联邦快递公司成为了世界 500 强企业。

不管你所在的企业是否像联邦快递公司那样重视对你的培训，你都要明白，自己肯定有不如别的同事的地方，因此我们一定要认清自己的不足，并由此自我磨砺努力进步。作为一名员工，学习是一生一世的事，只有终生学习，才能不断地自我提高，成为真正的强者，从而实现自身的价值。

9. 衣服饮食，切莫攀比

【原典】 若衣服，若饮食，不如人，勿生戚。

【释义】 若是穿着、饮食方面不如他人，则不必自卑忧虑。

摆正心态，远离抱怨

这四句话承接上节，连起来意思就更容易理解了：要跟人比的，应该是道德、才华和技艺，至于衣服饮食之类，不必与别人争个高下。攀比心理不是不能有，关键要看攀比的内容。假如看到人家职业技能比自己好，自己不服气，一直想着努力去赶上甚至超过对方，这种形式的攀比心理，是有它积极的意义在的。但是，如果是身外之物，诸如衣服饮食之类，跟别人攀比较劲就不对了。衣服饮食，住宿条件等，假如不如别人，完全可以鞭策自己更加努力，创造更多的财富，来提高自己在这些方面的生活质量，不应该只知道心理不平衡而不知道更好地完善自己各方面的素质，更不应该因此怨天尤人，牢骚满腹。

其实，联系上一节，我们就很容易明白，作为一名员工，只要道德、才华之类的在你身上完备了，待遇、职位之类就不必过分去追求，因为只要你够优秀，成功早晚会来。不怕自己的饮食一般，衣着不够华丽，只怕自己的才能不够，工作做得不够好。要时时想着提高自己的内在，特别是工作方面。

切不可因为生活这不行那不行而心生怨恨，不思进取。

在职场之中，难免会遇到别人的工资比我多，别人的职位比我高这类情况。其实，如果你细想一下就会发现，现实生活中还偏偏就是这样子：不管是领导还是其他同事，总有这方面或者那方面让你不平衡的地方。所以，如果你任凭负面情绪占领你的大脑，任由自己的性子去抱怨而忽略进取的重要性，那么，你今天抱怨的是别人比你强的地方，明天企业中所有的地方就都有可能成为你抱怨的内容。假如真到了这一步，那你就不仅仅是一个习惯于在某些不必要的事情上攀比的员工了，而是一个事事习惯抱怨的人，这样就非常危险了。

实际上，不必要的攀比心理是产生抱怨情绪的一大原因。一旦养成了抱怨的习惯，那么，无论什么事情，都可能成为一个人发牢骚的由头。然而必须承认，抱怨是失败的借口，是逃避责任的理由。抱怨使人思想偏激，心胸狭窄。一个将自己的头脑装满了抱怨的人是无法想象未来的。然而，在现实中，很多人总是习惯抱怨。

在职场上，我们会发现，"抱怨就像空气一样无处不在"。由于职场压力大，竞争激烈，很多人习惯了一边埋头工作，一边对工作表示不满；一边完成任务，一边愁眉苦脸。抱怨，便成了最方便的出气方式。

"跟人家相比，我的工作真是无聊透顶！"

"天天加班，都快累死了，还是××的单位好，根本就不会像我，天天累的跟什么似的！"

"每天面对重复的工作，我简直要疯了！"

……

几个同事凑在一起牢骚满腹，抱怨公司苛刻的规章制度，抱怨领导的魔鬼管理，抱怨干不完的工作，抱怨受不完的委屈……

当抱怨成了习惯，你的情绪会变得非常糟糕，看什么都不顺眼，同事认为你难相处，上司认为你爱发牢骚，是个"刺儿头"。如此下去，升职、加薪的机会永远不会光顾你。

也许有些人会说，我不过是抱怨一下，释放一下内心的不平衡情绪罢了，该工作的时候还是会努力工作，又怎么会影响我的晋升呢？也许在有些时候，抱怨的确能够赢得一些善良人的宽慰之词，使内心的压力暂时得到缓解；同时，口头的抱怨也不会给企业和个人带来直接经济损失。但是，持续的抱怨会使人的思想摇摆不定，进而在工作上敷衍了事。

看看我们周围那些只知抱怨而不认真工作的人吧，他们从不懂得珍惜自己的工作机会。他们更不懂得，即使薪水微薄，也可以充分利用工作的机会提升自己的工作能力，增加自己被赏识的砝码。他们只是在日复一日的抱怨中徒增年龄和工龄，工作能力却没有得到提高，也就没有被赏识的资本。更可悲的是，他们没有意识到竞争是残酷的，他们只知抱怨，只看到别人薪金或者职位上升而不平衡，却不知道完善自己，不知道努力工作，这样的人可能已经被排在了被解雇者名单的前列。

马蒂大学一毕业就顺利进入了一家中美合资企业工作，当然，这是由于她在学校就已经表现出来的超强能力。也正因如此，马蒂有些过于自信。自己的同学大部分找的第一份工作都不是太理想，相对于他们，实事求是地说，马蒂的起点确实高一些。不过，要是因此而骄傲，那就有点不合适了。可能刚从校园里出来，不知道山外有山的道理，她只是雄心万丈，准备大干一场，让所有人都刮目相看，甚至连5年内升到哪个管理岗位都已经做了计划。

可是工作了半年多，马蒂便发现，这家合资企业里真是卧虎藏龙。但是越是这样，她越不服气，于是更加认真仔细地完成手中的工作。本来，这种不服输的劲头是值得肯定的，但是马蒂这个人有点过于争强好胜了，她什么都要跟其他优秀的前辈同事比。不过，尽管她非常努力，有道是一个人是不

可能跟一群人比高下的，自己的能力再强，要想所有地方都能超越别人，这种想法说好听点是有些天真，说难听点那就是自不量力了。

即便如此，马蒂的问题还不是很大。适当的好强还是可以理解的，况且，她这样做，只要自己的精力足够，身体健康不受影响，她不怕累就让她去比去追，到最后不管结果如何，至少这是一个非常上进的员工，而且她的这些努力都会转化成工作经验和能力，成为这个初入职场的员工，在职业上成长的营养。

那么，最大的问题出在哪里呢？马蒂好强的心态似乎正在逐步地侵蚀她本该有的理智。有一天，当人事部任命通知下来后，马蒂发现一个比自己晚进公司三天的人被提升为本部门主管的助理。这对于马蒂来说无异于晴天霹雳。她觉得被提升的这个人平凡无奇，能力跟自己更是没法比。公司的这个决定实在是太不公平了！她不明白，领导看到的肯定比她要全面，火速提升比她晚来三天的新员工，可能是这家合资企业的领导层经过非常慎重的研究才决定的。

不平衡的马蒂开始私底下发牢骚。后来，私下变成公开，她甚至在工作的时候，也经常埋怨公司没有给员工一个公平竞争的平台。时间一长，部门领导害怕马蒂的负面情绪会殃及整个部门的工作情绪，虽然觉得马蒂的工作能力还是很强的，但从全局考虑，不得不将她辞退。

面对这个结果，马蒂自我安慰说，离开这个不公平的公司，换个工作环境也好。不久，她又进入一家公司工作。可没过多久，她发现这家公司的管理跟上一家差距很大，日常运作存在很多问题。一时间她爱抱怨的毛病又犯了，为此还跟顶头上司发生了几次争执。这次，她自动提出了辞职。

就这样，5 年期间，她的工作换了好几次。她每次都会发现新公司的一大堆毛病，抱怨越来越多，而当初的职场晋升计划成了一场梦。

抱怨，不仅于事无补，还会断送你的职场前程。要知道，企业需要的是符合其利益的员工，而不是一个只会与别的同事攀比，只会发牢骚的员工。作为一名优秀员工，在工作中一定要摆正自己的心态，远离不必要的攀比心理，最好能做到平和快乐，永远不要试图埋怨，因为如果你那样做的话，你的心理也会受到伤害，影响你的工作激情，进而影响未来的发展。

10. 闻过则喜，益友相亲

【原典】 闻过怒，闻誉乐，损友来，益友却。闻誉恐，闻过欣，直谅士，渐相亲。

【释义】 如果听到批评就生气，听到赞誉就欢喜，那么坏朋友就会来接近你，良朋益友就会逐渐离你而去。听到赞誉，反而会内心不安，唯恐做得不够好，听到批评却不生气，而是欣然接受，那么正直诚信的人就会逐渐地与你亲近。

工作之中，要感谢批评你的人

任何人都有缺点，有缺点就难免会受到批评或指责，对此我们正确的态度应该是勇敢地接受，并从中吸取教训，这样才能取得长足的进步。如果一说到自己的缺点就生气，一夸赞自己（哪怕对方是虚情假意）就眉开眼笑，那结果只能是以后批评你的会越来越少，拍你马屁的会越来越多。而我们每个人其实都需要批评，有时候，批评甚至是我们前进的动力，由此可见，这种"闻过怒，闻誉乐"的行为是多么危险。

而另外一些人面对批评时是另一种表现。他们会在听到批评时开心地接受，听到对自己的赞美反而会惶恐不安。他们在面对批评甚至是指责时，能够正视它们，反躬自省，问题存在的话，就勇于想办法改正，不存在也不会对这些批评或者指责太介意。这样才是正确的态度。能够做到这一点的员工是难能可贵的，这样的人，才更容易得到别人的帮助，而且这种帮助大都很有效，因为它主要针对的是你的缺点。也正因为如此，才有了一句话，叫作"感谢批评你的人"。

在成长过程中，那些常常批评你的人，才是你真正的朋友。当听到批评你的意见时，你应该做的第一是感激，第二是感激，第三仍然是发自心底的感激。"闻过欣"，对那些常常批评你的人心存感激，不仅是一种修养、一种境界，更是一种成熟的心态。对于批评，许多人总会觉得不好接受，尤其是当众的批评。然而事实是：批评对于心理脆弱者而言是一种心灵打击，对于强者而言却是进步的动力。

从心理学的角度分析，被别人赞美是人的基本心理需求。反之，没有人会从心底很乐意地接受别人对自己的批评与责备，即使知道自己做得确实不怎么样。

但是，如果从内心接受了别人的批评，并且反思自己，改正自己的不足，你将会赢得别人的喜欢与赞赏。

乔治刚到瑞典的时候就明白，自己最迫切的事情就是赶紧找到一份工作，以维持生计。

他写了好几封求职信，然后用电子邮件发了出去。

结果不是太好，所有公司都婉拒了他的求职请求。而且最令乔治气愤的是，有一家公司竟然在回信中毫不客气地写道："你对我们的生意了解得太少，就连用瑞典文写的求职信也是漏洞百出，我们目前根本不需要增添新员工，即使需要，那个来我们公司工作的人，也不会是你。"

乔治当即敲动键盘，想回信反驳并痛斥那个发信人一顿。可是信写了一半，他就停了下来，心想："也许这个人说的有些道理。我学过瑞典文，而且自信学得还不错，不过，难道事实跟我想象的真的这么契合吗？"他打开电子

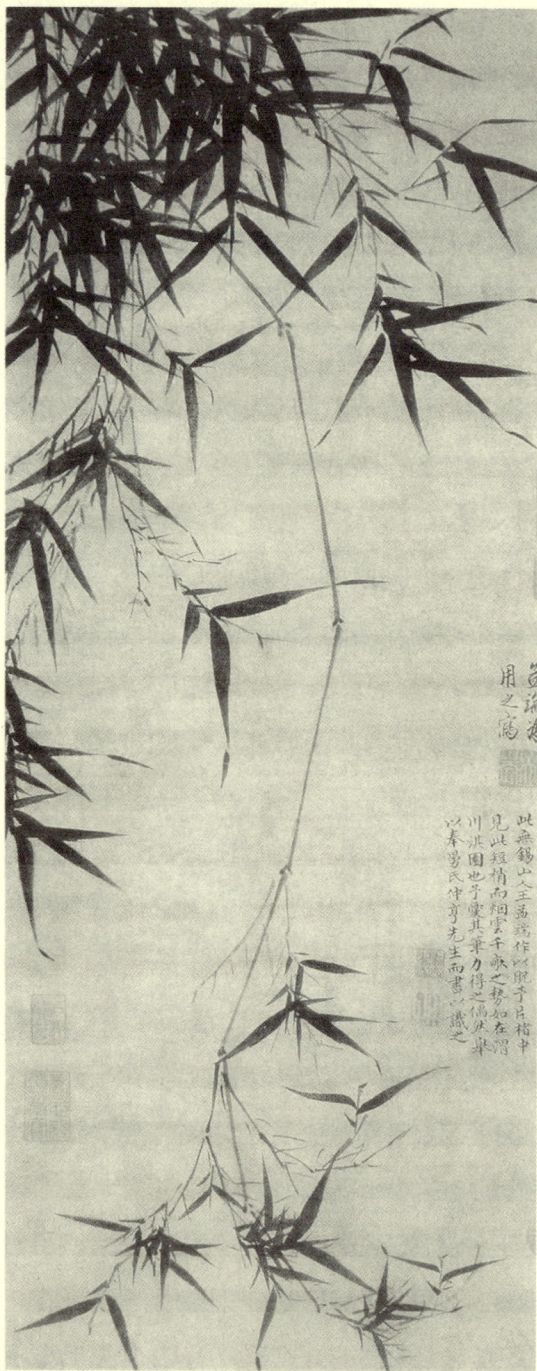

邮件的发件箱，仔细地看自己发出去的求职信的底稿，结果发现，还真有两处语法错误被自己忽略了。

"虽然他用这种难听的话来批评我，但却帮了我一个大忙。我应该做的，不是回信谩骂，而恰恰是要感谢他呀！"乔治突然之间觉得心中非常宽慰。随即，他的手在键盘上又开始忙碌起来，只是这一回写的是感谢信："贵公司能在百忙之中给我回信，并且指出了我的错误，让我意识到自己的不足之处，这对我实在是太好了。一开始我并没有意识到自己的信中会存在文法上的错误，对此我觉得很惭愧，也很难过。我现在打算更努力地学习瑞典文，以改正我的错误，希望有一天能用正确无误的瑞典文再一次给贵公司写求职信。"

出人意料的事情发生了，几天后，乔治再一次收到了那家公司的来信，是请乔治去他们公司一趟。乔治应约前往，并最终得到一份能够立竿见影地改变他这个初来瑞典的异国人生活的工作。

在生活和工作中，对于那些批评和指责你的人，你的态度会是怎样呢？愤怒、不屑，还是反驳？请不要这样做，因为能够指出你错误的人恰恰是你最应该感谢的，因为他指出了可能连你都没有意识到的问题，从而提供给你一个完善自我的宝贵机会。

面对批评，不应躲闪、不应反感，应该做的是接受。而对于那些真诚地批评你、指出你实际存在的问题的人，更要由衷地感谢。

感谢批评你的上司，无论亲和或者苛严，他都是提早开启你认知人性差异的老师；苛严与高标准是在逼迫你成长。

感谢批评你的同事，不管价值观是否接近或者相去甚远，同事的批评能够让你进步，甚至连他们的谩骂也完全能让你变得智慧而包容。

感谢批评你的人，无论批评的内容是老生常谈还是花样翻新，前者在锻炼你的耐力，后者让你适应变化。不同的人总站在不同的角度，用不同的方式讲述同一个异常浅显的道理，能不能去领略其中的奥妙全在于个人的造化。

赞美固然让你风光无限，批评更能让你显得冷静而稳健。批评让你倍加珍惜赞美的满足感，批评让你懂得理性地选择！爱之深才会责之切，那些经常批评、指责你的人，你甚至可以把他们当做你人生的导师。

11. 明知故犯，就是罪恶

【原典】无心非，名为错；有心非，名为恶。

【释义】无心之过，称为错；若是明知故犯，就是罪恶。

不怕做错事，就怕做错人

有一种错，叫做无心之过，因为无心，所以更值得原谅，既然并非是有意的，这时候所犯之错和他这个人的品质本身没有必然的联系。有一种错，叫做明知故犯，因为是"有心非"，所以这时候所犯之错能够直接反映出这个人的人品。

就拿生活中看起来比较小的一些事来说吧。例如到商场、地铁里，在乘坐扶梯的时候，国际惯例是"右侧站立，左侧急行"。但是我们总是有机会看到有人在乘坐扶梯时在左侧直愣愣地站着，尽管他的前面空无一人，而后面却因为他排了一个长队。

有的人是真的不知道有这方面的惯例，即使看到提示牌也不明白是什么意思，因为很多提示牌只写四个字，也就是上述国际惯例的上半句。对于这类人来说，上扶梯和上普通楼梯一样，只是脚下的这个"楼梯"会自己动，因此他只要没急事，也就乐于站着不动，让它尽可能大地发挥电梯的作用。而且更大的可能性是，他认为上了电梯就应该一动不动，直梯如此，那么扶梯也该如此，谁让它们都是电梯呢？当然，问题的关键在于，他在平常上楼梯的时候，在左边走也是走，在右边走也是走，所以当上了这类他认为像楼梯的电梯之后，才会觉得站在哪里都一样，却不知道自己的无心之过已经客观上给别人造成了困扰。对于这样的人，他们虽然做错了，但情有可原，是无心之过，他们如果在将来了解了该惯例之后，可能就会非常自觉地靠右侧站立，所以说，这类错误和人品是没有必然联系的。

然而，我们也总会看到，有些人明明知道该靠右站立，但偏偏我行我素，想怎么站就怎么站。特别是在地铁这类高峰期人流很大的公共场所，他们这种行为的负面影响就变得很大。每个人都有自己的事情，自己悠闲自在，不代表别人不急。遇到有人赶时间，扶梯左侧如果畅通，就可以省下很多麻烦。这时候如果有人故意在左边堵着，那可真是让赶时间的人"从电梯上堵到心眼上"了。有些人是与人方便，自己方便；有些人则不然，他们觉得自己舒服了就行，别人的感受根本不管，更有少数极端的人，以靠自己的"努力"让别人不方便为乐。对于这种明知故犯的人，我们就不得不怀疑，他们的人品或多或少存在着一些问题。

从小处看大处，一个处处谨守公德，为别人着想的人，必定是个品质好的人；一个只想着自己，就连小事上也喜欢给别人造成困扰的人，如果他是故意的，那就真的是做人的问题了。

不是有心做错的，称为过错，这只是做错了事。若是明知故犯的，便是罪恶，这就不只是做错事那么简单了，连做人方面也出现错误了。做错事可能只会暂时影响一个人，但是错了却不知悔改，甚至是明知故犯，就会影响一个人的一生。

仔细观察我们的生活你就会发现，在宁静的生活中，大多数人都是亲切的、温和的、有爱心的、宽容的。在工作中难免犯错，特别是刚刚参加工作的人，倘若能够正确认识所犯下的错误，并真诚恳请他人原谅，很容易就会得到别人的宽恕，因为你是一个坦白的人，你在品质上是没有问题的。年轻人气盛，心智尚未完全成熟，再加上来自生活和工作中的压力，难免会因一时冲动或考虑欠佳而做错事。正所谓"过而能改，善莫大焉"，做错事不一定是百分百的坏事，因为错事能让你头脑更加清醒，从此不再犯同样的错。

而那些丧失道德观故意做错事的人，不仅会受到道德的谴责，甚至还会受到法律的审判。有一些没有道德的人，在发展自己的事业时非常爱耍小聪明，他们把顾客当成了傻子，明知不可为而为之，所生产的产品都是以次充好，想以此来欺诈消费者。他们无时无刻不在盘算着怎么去骗钱，这种唯利是图的行为不仅违背了商道，还会损失掉顾客。顾客会上当，但不会一而再、再而三地上当，所以他们的顾客会越来越少，没有了顾客，经商者就没钱可赚了。

由此可见，做人是关键，拥有好的品质最重要，但是要做到这一点是最难的。面对人人都有的私欲和贪婪，在思想上稍有松懈，就可能酿成巨大的错误。

所谓"一失足成千古恨，再回首已百年身"，做人有污点会很难改正，甚至需用一生的时间来修复。而这种修复永远不能使其如初般完好。做错事可能只会暂时影响你，但是一旦做错人，就会影响你的一生。因此，不论是在工作中还是在生活中，也不管面对怎样的问题，都需要三思而后行，不要因为年轻气盛而丧失理智，更不要被眼前的一点暂时的小利挡住了眼睛。如果是自己的无心之失，结果犯了错，以后注意改正就是了，千万不要知错不改，甚至是明知故犯。还是那句话，不怕做错事，就怕做错人。作为一名员工，对此应高度重视。

12. 过而能改，善莫大焉

【原典】过能改，归于无，倘掩饰，增一辜。

【释义】知错能改，错误就会慢慢消失；如果千方百计掩饰过错，那就是错上加错。

犯了错误要勇于改正

错误是人生必修的一课，每个人都要细细研读。承认错误需要很大的勇气，尽管如此，我们还是要面对它，并寻求改正，否则就等于是逃避，就等于犯了第二次错误，错上加错。如果犯了错误勇于改正，错误就会越改越少，渐归于无过，如果故意掩盖过错，那反而增加了一项掩饰的罪过。

可见，抬起头承认自己的错误，是非常重要的。任何人潜意识深处都是争强好胜的，自负是人的本性。但即便如此，人们对待错误还是有区别的。愚蠢的人往往对别人的批评置若罔闻，而聪明的人最大的特征是，能够谦虚接受别人的批评，坦然地说"我错了"。

年轻时候的富兰克林，可能因为自己懂的多一些，有些骄傲自大，特别是与人谈论问题的时候，常显得咄咄逼人。他父亲的一位挚友看在眼里，找了个机会对他说道："富兰克林，你想想看，你不尊重他人意见，事事都自以

为是的行为，是不是有些不合适呢？没有人能够受得了你骄傲的言论、逼人的态势，这样下去，你的朋友们都会远远地避开你。而且你确定自己知道的，就真的比别人多吗？"

听了这一番话后，富兰克林大受震动，他认识到自己的错误，决定痛改前非。渐渐地，他的态度变得谦虚了，言语也不那么咄咄逼人了。随后，他变成了一个到处受人欢迎和爱戴的人际交往高手。

试想如果富兰克林没有接受意见改正自己的毛病，仍然是一意孤行，说起话来还是不分轻重，不把他人放在眼里，那么，他想取得日后的那么多成就的话，就会多很多障碍。

接纳别人的意见不是怀疑自己，而是在相信自己的同时，不妨从另一个角度看问题，把别人的批评意见当做一笔鞭策自己的珍贵馈赠。因此，犯了错误，就要直面错误，想办法改正。只有这样，才是正确的人生态度。

出生在底特律的黑人青年热佛尔从小在贫民区长大。由于童年时缺乏爱抚和指导，他学会了逃学、破坏财物和吸毒。之后他因为犯罪，被送进了监狱。

或许有人会觉得这个身处花样年华的青年，这辈子彻底毁了。但是，后来的事情表明，似乎并不是这样子。

在热佛尔服刑期间，有一天，监狱里的一个老年无期徒刑犯看到他在打垒球，于是对他说道："孩子，你是有能力的，有机会做自己想做的事情并且成为一个好人，不要因为自己进了监狱就自暴自弃！"

在听了老人的话之后，热佛尔突然意识到他具有一个囚犯所能拥有的最大自由：他能够选择在出狱之后做些什么，他能够选择不再成为坏人——例如，努力当一个垒球手。

于是他更加刻苦地训练自己在垒球方面的技能。此后，底特律垒球队当时的领队马丁在友谊比赛时访问了热佛尔所在的监狱，他同样看到了这位黑人青年在垒球方面的天赋。在他的努力下，热佛尔成功假释出狱。后来，经过自己的奋斗，热佛尔一跃成为了垒球队的主力队员。

这个当初生活在社会最底层的青年，曾经做了很多错事，并且已经入狱，但是，他并没有自暴自弃，没有灰心失望，更没有破罐子破摔。他对自己说："我能够做出决定。"他选择了痛改前非，不再重蹈覆辙，他也最终给自己的人生交了一份满意的答卷。不怕做错事，就怕做错人。今天的人们，更加关注那个在垒球场上英姿飒爽的热佛尔，而他年轻时做的错事，却很少被人提起，即使是提起，也是作为知错能改的典范而被人们津津乐道。"过能改，归于无"，知错能改，就会逐渐消除之前犯错的影响，并从中吸取教训，提升自身。

作为一名员工要明白，在日常工作中，每个人都难免出现失误，如果真是因为自己而导致工作上出现某些问题，那就大胆承认，勇于改正。这样的员工才是勇于承担的员工，才是更容易取得进步的员工，才是企业最需要的员工。

泛爱众：关爱他人，就是爱己

企业是一个团队，而团队是由一个一个的人构成的。上下级之间、同事之间需要团结协作，共同为了企业的明天而努力。因此，企业中的每一名成员都要做到相互关爱、相互帮助、相互尊重。作为一名员工，要明白"泛爱众"对于所在企业以及自身发展的重要性。想得到他人的关爱，就要先关爱他人，而关爱他人，就是关爱自己。

1. 凡是人类，皆须关爱

【原典】凡是人，皆须爱，天同覆，地同载。

【释义】凡是人类，皆须相亲相爱；因为同顶一片天空，共枕一块大地。

团队的发展需要齐心协力

每一个人都需要得到别人的爱，所以大家要相互关爱、相互尊重、相互合作。人类之所以能够发展到今天，就是因为"爱"。孙中山先生说："物种以竞争为目的，人类以互助合作为目的。"这里面自有一定的道理在。人类有很强的社会性，而这种社会性就要求人与人之间要相亲相爱、相辅相成。没有关爱、尊重和合作，就没有人类浩瀚的历史和如今高度发达的文明。

想要办成任何一件事情，只靠一个人都是不行的。哪怕你认为自己是在单打独斗，但是如果细想，你还是脱不开别人的关爱和帮助。因为身处在社会中，你所做的一切事情，都与人类社会这个整体有着千丝万缕的联系。而社会本身就是一个庞大的互助体系。

例如中午下班后，你需要去饭店或者单位食堂吃饭，而饭是需要厨师做的；假如你自己带饭，也需要用微波炉热，而微波炉是别人生产的；假如你家离单位近，中午回家做饭，不用单位的微波炉，那也脱不开别人的帮助：菜是别人种的，是别人运到菜市场的，是别人卖给你的。如果再往下想，厨具、炒菜用的食用油、煤气……真是越想越多。

因此，千万不要说我不需要别人。不管愿不愿意，你都需要而且一直都在接受别人的帮助，来维持你的生存，乃至你的生活。

在企业中，同样如此。我们不可能离开领导和同事的关爱和帮助，离开大家的共同协作，单独完成哪怕一项简单的工作任务。你即使能力再强，在单位里地位再高，也需要与领导和同事共同努力，从而形成一个良好的互相关爱和帮助的氛围。在这种氛围中，工作才能做好，企业才能做大做强。因为一个企业就是一个团队，而团队的发展，需要大家相互合作，齐心协力。

很多人有这样一种错误的认识：事不关己，高高挂起。对某一件事情，关系到自己时往往说"我"，和自己无关时往往说"他们"。其实，为什么不把"我"和"他们"变成"我们"呢？每一个人都不可能完全凭借一己之力干好所有的事情。你总会需要别人的帮助，需要与别人协作。

承担工作的能力和有效地与人开展合作并没有冲突，独立完成工作是个

215

人能力的体现，而合作则是一种工作的方法，在具体的工作中，两者是互相结合的。我们知道，合作是为了使团队中每一个人都发挥出最大的优势，使工作成果达到最好，在合作的过程中，分工明确后，每个人都一定要有独立完成自己工作的能力。想要得到最好的结果，选择合作，并在合作中发挥出自己最大的优势就是成功的法则。

在我们的周围不乏那些有才华却不喜欢与别人合作的人。这样的人让公司的管理者非常头疼。这样的员工，往往就是把"我"和"他们"分得很清楚的人，个人意识特别浓，总在一味地追求个人卓越而忽视或无视团队的成败。这样的人永远都不会是一个可以成就大业的人，只适合自己单打独斗。个人的能力毕竟有限，团队中每一个人的力量才是你创业的不竭源泉。因此，尽管某人很聪明，但他的优秀就长远来看也是没有更大发展空间的。十根筷子一根根很容易被折断，但绑在一起则不容易被折断。

对于就职于公司的每一名员工来说，学会有效地与人合作是一件很有意义的事。有人会质疑说同事之间谈不上什么合作，就是在给老板干活，其实，两个同事间为了同样一个目的共同做事就是合作，只是存在分工的不同。同事间的合作被人们称为共事，没有特意地强调是在合作，事实上，合作在工作中无处不在。在绝大多数时候，公司会安排好一件工作合作的人选，所以，员工在工作中学会怎样与人合作，对工作的进展和自己今后的发展都很有价值。

单枪匹马在任何工作中都不可能出彩。比如在营销团队中，营销工作是一个系统而整体的工作，光靠几个人或单方面的工作是不可能完成的，在现代整合营销传播理论中充分强调利用各种资源，实现最佳组合，形成最大的营销力。所以，加强团队意识的培养是提高营销队伍战斗力的重要手段。同时市场内外环境瞬息万变，营销工作的战略和战术也是动态的，需要根据环境的变化随时调整。如果只要个人英雄主义，不懂得关爱他人，会在一定程度上影响团队的整体创新能力和工作质量，自己也会随之受到影响。

作为一个业务员，小赵的业绩在公司里一直都是最好的，因此，他就开始飘飘然地逐渐脱离团队了，尤其喜欢对客服部的同事指手画脚。

本来客服部的同事们都非常支持小赵的工作，只要是他的客户打来的电话，他们马上进行售后服务。但是，小赵不但不感激这些同事为自己的工作提供了帮助，反而经常说，如果不是他的业务做得好，哪来这么多售后服务给客服部的人做？产品卖不出去，客服就得全部辞职回家喝西北风！客服部的同事看到这种情况，渐渐地没有一个人再愿意管小赵的客户了。结果，小赵的客户因为售后服务跟不上，一个个地都不再跟他合作了。业绩一落千丈的小赵，最后只得选择辞职。

表面上看，小赵说得没错，产品卖不出去，哪来的售后？但是，事实上却不一定如此。因为一个企业是个完整的团队，任何工作的成功与否，需要看大家相互协作的程度。小赵可以说，我卖出去产品，才让客服部有活干，要照这个逻辑，客服部是不是也可以说：我们的服务不到位的话，就再也没有人愿意买你卖的产品了。

总之，作为一名成熟的员工，千万不要犯小赵这样的错误。大家在一起工作，同在企业这个平台上，良好的状态应该是这样的：谁也需要谁的帮助，但是谁也不欠谁的。大家都是为了工作，需要的是认真协作，做好了，目的也就达到了。如果想要分清楚，到底是谁帮了谁，那就跟前文做菜的那个例子差不多了。到底是谁创造了这盘菜？炒菜者自己？很难说这是正确的答案。

很多事实都告诉我们，合作是获得成功的必备条件，作为员工来说，能和同事们相互关爱，能快速融入企业的团队中，同事间能达成最有成效的合作，是老板们想要构建的一种企业文化，因为这是一种很重要的工作模式。

有人说：没有完美的个人，却能有完美的团队。这说明如果一个团队能切实做到齐心协力的话，它的力量是多么强大。由此可见，同事之间真正做到相互关爱和密切合作非常重要。

2. 大才大德，名声自高

【原典】行高者，名自高，人所重，非貌高。才大者，望自大，人所服，非言大。

【释义】德行高尚的人，名声自然崇高；人们所敬重的，并非他的容貌。大德大才的人，声望自然很高；人们佩服的，并非是他会说大话。

不要说得头头是道，做得乱七八糟

一个人如果修养好、德行高，那么，他的名声自然就好，人们自然会不自觉地拥护他。而如果仅仅是外表长得俊美，想要得到人们的敬重，是不可能的。一个人的德大才大，名望自然就大，不是说一个人会说大话，就能让人们敬佩。一个有理想的人，必定是脚踏实地不断学习和完善自己的人。说大话很容易，做大事却一点都不容易。

总体来看，一个人与其在意自己的相貌好与坏，不如在意自己的修养和才学的高与低。人们所看重的不是表面，而是内在。隐含的意思是，既然"行高者，名自高""才大者，望自大"，那就踏踏实实地完善自己，不是外表上做得好（貌高），就能够得到人们的认可的。

前文提到过的春秋时期的晏婴，身材矮小，其貌不扬，但是不妨碍他成为齐国的能臣，不妨碍他成为齐国名相，更不妨碍整个齐国的百姓都爱戴他。包拯在民间一贯的形象是面如黑炭，史书上并未明确记载他到底是不是如此，如果是真的，那么他这样的一种外貌，按照中国传统的审美来看，很难说是"貌高"。但是，他为人正直，为官清廉，在家孝顺父母，在外刚正不阿，因此，千百年来，他在人们心目中的地位还是非常高的。

由此可见，"貌高"者不一定为人所重，为人所重的也不一定"貌高"。这个道理放到任何一件事情上都说得通。例如在企业里，一个人只知道做表面文章，实际工作能力却不行，那么他短时间可能可以迷惑住一些人，但从长远来看，是绝不可能在这个企业中生存下去的。

作为一名员工需要明白，企业和老板看重的是一个员工真实的内在的工作能力，而不是表面上的"能力高超"。

219

有一个刚刚毕业于某名牌大学的年轻人，参加了某公司举办的招聘会。他的能言善辩，给该公司的老板留下了很深的印象。没错，这位年轻人说话逻辑清晰，而且能恰到好处地引经据典，给人的第一印象是饱读诗书、才华横溢。

当时他应聘的职位是业务员，最基层的那种工作，所以老板当时还比较感动，觉得这个年轻人并不好高骛远，不仅给人印象是很有能力，而且愿意主动从基层干起。

为了试探这个年轻人，老板顺着问了下去：如果给你这个岗位，工作该怎样开展？

年轻人立即舌绽莲花地讲述了自己对工作的构想，听得老板直点头。销售工作嘛，口才很重要。最后，年轻人被录取了。

可惜，年轻人在入职后的半年里，几乎没有做出来什么成绩，销售业绩甚至不如那些当初并不被老板看好的同期入职的其他同事。

面对惨不忍睹的"工作答卷"，老板叹了口气："我以为找到了良将韩信，没想到其实是个只会纸上谈兵的赵括。"年轻人很快就被公司辞退了。

正所谓金玉其外，败絮其中，一名真正被企业看重的员工，不应是表面上看起来多么有能力，而实际上什么都做不成的人。"人所重，非貌高"，企业所看重的，是能切实把工作做好的人。说起来头头是道，做起来乱七八糟，这样的人在任何企业里都没办法生存。

3. 别人优秀，不要嫉妒

【原典】己有能，勿自私；人有能，勿轻訾。

【释义】自己有能力，不要自私自利，要懂得帮助别人；他人有能力，不要嫉妒甚至毁谤。

对于领导和同事，要懂得欣赏

如果自己有能力那当然好，不过不能因此而自私自利，害怕帮助别人，就好像帮了别人自己会有很大损失一样。就好像上小学的时候，你的同学学习很好，你想请教他一道题怎么做，他却不愿意教你，好像教了你，你就会超过他的成绩似的。这种心理对于成年人来说是要不得的。

如果他人比你有能力，千万不要嫉妒，更不能做出诸如毁谤人家之类的事情来。对方有能力，不服气的话就应该完善自己，争取超过对方。而嫉妒对方，甚至是用某些伎俩来打击对方，这种态度是绝对不可取的。就好像孙膑和庞涓的故事一样，庞涓嫉妒孙膑的才能，对他百般陷害，最终庞涓还是被孙膑打败，落得个赔上性命的下场，自食其果。

在工作过程中，如果有些问题你有能力帮助同事解决，就要无私地伸出援助之手，对方会非常感激你。如果有的同事能力出众，你应该做的，是真心地佩服对方，想方设法学习对方的长处，变嫉妒为欣赏。

如果你的同事工作能力很强，而你又能够真诚地用欣赏的眼光和赏识的语言来肯定对方，那么你将收获和谐的同事关系，以及关键时刻来自于对方的真诚的帮助。

况且，每个人身上都有优点。因此可以说，美存在于你的眼中，如果相信他人是优秀的，你就真的能在每一个人的身上找到优秀的人格品质。欣赏别人，是人生中一种积极的、阳光的、乐观向上的态度，更是一种气度和胸怀。所以，在工作过程中，要学会欣赏你的领导和同事。

小何是一家体育用品公司的文员。这个位置看似不起眼，而且并不像公司那些生产部门一样压力大，但是真要忙起来的时候，也是让人手忙脚乱。小何因为刚入职，到公司不到半年，加上年轻、马虎，在被催得紧的时候，经常因为疏忽让自己打印出来的文件有问题。有好几次，总经理发现错别字之后，立即语气柔和地提醒小何注意。小何当然点头称是，说以后一定不再马虎，但是心里却很不以为然——一个体育用品公司的领导，抓效益就好了，天天抠这些文件上的错别字有什么意义？

就这样，毫无疑问地，问题又出现了，而且这次是在公司红头文件的大标题上出现了一个错别字。小何看着文件上的标题，感觉那个字就好像红着眼睛在瞪着她一样。赶紧修改啊！但是一切已经来不及了，当时正在开会，每个人手中都有一份这样的"问题文件"。总经理忍无可忍，会也不开了，当众狠狠地批评了小何一顿。小何委屈地哭了，然后辞了职，跳槽到了另外一家公司做同样的工作。

说也奇怪，自从被上个公司的总经理当众责骂后，小何在打字的时候总是会不由自主地留意措辞和错别字，甚至连标点符号也习惯性地检查一遍。不久，小何顺利通过了这家公司的试用，并且受到了领导的表扬，原因是工作非常认真和细致。那天下班后，小何给原公司的总经理发了条短信："当我在您手下做事的时候，不懂得欣赏您的严谨，在新岗位上取得成绩的时候，才发现我的进步是您带给我的。以后，我会多多向别人学习。"

学会欣赏你的领导和同事，就要学会不嫉妒比你工作能力强的人，同时也不看低暂时比你工作能力差的人。要学会不带偏见地、客观地评价别人，学会找出别人的优点，发现他们身上令你佩服的闪光点，并发自内心地去赞美他们，在行为上以他们的优点为榜样去模仿他们。做到了这些，你会发现与领导、同事之间的关系发生了变化，同时，你的长处也获得了相同的尊重和认可。

有位哲人说：如果认为身边的人都是天使，你就生活在天堂里，那么你就变成了天使；如果认为身边的人都是魔鬼，你就生活在地狱里，那么你就变成了魔鬼。

在职场中，无论是对老板还是对同事，多一点欣赏就多一点开心，多一分包容就多一分理解，多一分真诚就多一分和谐。让欣赏成为一首美妙的歌，给别人也给自己带来一份愉悦的好心情。

4. 对任何人，尊重第一

【原典】勿谄富，勿骄贫，勿厌故，勿喜新。

【释义】不要谄媚巴结富有的人，也不要在穷人面前骄傲自大目中无人；对事物不要喜新厌旧。

对任何人都不能忘记尊重

别人富有，你要尊重他，不可心生嫉妒，或者背后对其恶言恶语；别人贫穷，只要他人品没问题，你要尊重他，不可因此就看不起人家，更不可在人家面前表现出骄横的模样。《易经》有言："君子上交不谄，下交不渎。"意思就是说，与比自己地位高的人交往，不谄媚奉承，与比自己地位低的人交往，不骄傲轻慢。

"勿厌故"中的"故"，在这里指故旧，也就是老朋友。如果你取得了一定的成就，不要因此而忘记旧朋友，只结交新朋友，这也是对老朋友的一种尊重。《论语》有言："故旧无大故，则不弃也。无求备于一人。"这是周公跟自己的儿子伯禽说的话。意思是说，如果老朋友没有什么大错，就不要遗弃，对人不可求全责备。

不管是对富人、对穷人，还是对新老朋友，本节四句主要说的就是一个问题：如何与人交往。那究竟怎样与人交往呢？最起码，要给别人以一定的尊重。这个道理放在企业中同样适用。

对于地位高、能力强的人，我们不能嫉妒，也不要巴结；对于地位低、能力差的人，也不能贬低人家，看不起人家。总体来看，无论是对领导，对其他同事，还是对客户，我们都要做到不卑不亢，用自己真诚的尊重对待每一个人。

职场之中，尊重很重要。尊重上级是你应该拥有的礼貌，尊重同事是你必须具备的素质，尊重与你所在企业有业务往来的人，是你应该时刻牢记的信念。学会尊重每一个人，这是一种高尚的美德，是个人内在修养的外在表现。

要知道，每个人都喜欢被别人尊重。如果你想获得别人的尊重，请首先尊重别人。

有个业务员曾说过这样一个例子。他是美国某药品公司的一线推销员，客户中有一家是药品杂货店。每次他到这家店去的时候，总要先跟柜台的营业员寒暄几句，然后才去见店主。有一天，他到这家商店去，店主突然告诉他今后不用再来了，他不想再买这个公司的产品了，因为这位业务员所在的公司所开展的许多活动都是针对食品市场和廉价商店而设计的，对小药品杂货店没有好处。这个业务员只好离开商店。他开着车在这家药店所在的镇上转了很久，最后决定再回到店里，把情况说清楚。

走进店里的时候，他照常和柜台上的营业员打过招呼，然后到里面去见店主。店主见到他很高兴，笑着欢迎他回来，并且比平常多订了一倍的货。这个业务员对此十分惊讶，不明白自己离开店后发生了什么事。店主指着柜台后一个卖饮料的男孩说："在你离开店铺以后，卖饮料的男孩走过来告诉我，你是到店里来的推销员中唯一会真诚而热情地同他打招呼的人。他告诉我，如果有什么人值得同其做生意的话，就应该是你。"从此店主成了这个推销员最好的客户。

这个推销员说："你知道，我永远不会忘记，尊重每一个人，是我们必须具备的素质。"

在职场之中，尊重别人的人总能赢得更多同事和领导的支持。相反，那些妄自尊大，高看自己小看别人的人总会引起同事的厌恶，领导的反感，最终在工作中使自己沦落到孤立无援的地步。

在职场交往中，自己对待别人的态度往往决定着别人对自己的态度，就如同你站在镜子面前，你怎么样，镜子里的人也会怎么样。因此，要想获得他人的好感和尊重，首先必须尊重别人。

学会尊重每一个人，无论一个人的身份和工作多么卑微，我们都应尊重他，这是我们应该具备的良好品质。尊重没有高低贵贱之分，而且尊重别人就是在尊重自己。

工作中，要尊重上司。作为下属你要多理解上司，了解他的性格，尽量使自己适应他的工作风格。同时，上司也会有自己的难处，因此要学会体谅。假如他的某些决定对你多少有些不公平，请先想一想，可能站在上司的位置，他只有这么做，才是最好的方案，因为他必须从全局考虑，不会也不可能只考虑其中某一两个员工。

工作中还要尊重同事。同事是工作中的伙伴、朋友和搭档，与同事的关系处理不当，不仅会影响你的工作态度，还会让你的工作变得没有效率，甚至会让你厌恶工作。要以宽厚的心态对待同事，不对他们点滴的不足没完没了地纠缠，每个人都有缺点，应予以体谅和尊重。

工作中也要尊重客户。尊重别人是一种美德，更何况"客户是上帝"，我们需要聆听客户抱怨，甚至有时候还要扮演"出气筒"的角色。其实，与其说是抱怨，实际上客户许多时候是想倾诉，找一位听众。人都是形形色色的，如果你能容忍客户与你看法相左的观点，客户就会觉得他们得到了尊重。越是能容纳别人的观点，就越能表明自己看重他们。

总之，职场之中，彼此尊重才能赢得尊重，只有尊重才能换来尊重，尊重他人才能够让自己的工作更加顺风顺水。

5. 换位思考，体谅他人

【原典】 人不闲，勿事搅；人不安，勿话扰。

【释义】 别人正在忙碌的时候，不要用事情去打搅；别人心情不好的时候，不要用闲言闲语去打扰。

换位思考和体谅他人是职场法宝

如果你正忙着自己的工作，同事这时候来找你帮忙做别的事情，你是否会觉得有些为难？如果你心情不好的时候，同事来找你聊东扯西，你是否会觉得心情更加烦躁了？

己所不欲，勿施于人。当别人正在忙碌或者心情不好的时候，尽量不要去打扰。这里的"忙碌"除了是真正意义上的一看就能看出来的忙碌之外，还包括隐性的，一眼看不出来的，这就需要一定的观察力了；同时，"忙碌"的意思，还可以理解为对方在忙自己的事情，即使这"事情"对于你来说可能算是休息或者休闲之类。例如《宋史·杨时传》里就记载，杨时和另一个同学去拜见大儒程颐，当时程颐正好在家中小睡，这时候杨时他们就不敢打扰了，在门外等着老师醒来。程颐发觉杨时他俩时，雪已经下了有一尺深了。

227

这个著名的"程门立雪"的故事，可以算是对于"忙碌"的一种解释。当别人忙的时候，即使内容是休闲，最好也不要打扰。假如你的同事正在忙着打篮球，你过去打扰也是不合适的。

总之，不能光想着自己，经常换位思考，学会体谅他人，是非常重要的。在职场之中，当然也是如此。

把爱惠及别人，则天下充满了爱。把爱己推及别人，就成了美德。可以说，能做到"仁"与"爱"是一个人非常重要的品格，汉朝大儒董仲舒在《春秋祭露·仁义法》中这样论仁义："仁之法在爱人，不在爱我；义之法在正我，不在正人。"意思是讲仁德，就要懂得爱他人；讲正义，就要从严格要求自己做起。而不仁义的人，却只爱自己，只知苛刻他人。

古训《增广贤文》说，以"责人之心责己，爱己之心爱人"，仁者爱人，有礼者敬人，爱人者，人恒爱之；敬人者，人恒敬之，乃是人类道德修养的最高境界。

无论在工作还是生活中，我们都要以爱己之心来对待周围的人，无论做什么事，都要以自己的感受去体会别人的感受，以自己的处境去想象别人的处境。

曾听过这样一个故事：印度伟人甘地有一次乘火车，他的一只鞋子掉到了铁轨旁，此时火车已经开动，速度虽然不是很快，但是印度的火车上人是很多的，因此想要下去捡鞋子是不可能的。于是甘地急急地把还穿在脚上的另一只鞋子也脱了下来，然后把它扔了下去，第二只鞋子落地的地方离第一只不是太远。同行的人见到这个情景，有些不解，于是问甘地。甘地说："我之所以这样做，是希望铁轨旁的穷人们别管是谁捡到我的鞋子，他能得到一双而不是一只。"

既然自己没办法让另一只鞋再穿到自己的脚上，那就干脆让别人穿的时候能够得到一双。甘地的做法让我们明白：遇事多考虑考虑别人，是很必要的。

为他人着想，就是为自己着想。其实为他人着想，并不一定要在他人必经的路边放上金子，有时候一点方便，一些提示，一句真心的话，都会成为别人跃过坎坷的机遇，也会成为别人成功的关键所在。一位哲学家说过：一个人把自己想象成什么，他就会成为什么。一个给予别人方便的人，自己也会得到别人给予的方便，正所谓送人玫瑰，手有余香。

以"爱己之心爱人"，是一种更高层次的思想境界。人类爱自己，是一种天性，把这种爱惠及别人，则天下充满了爱。法国伟大的思想家、哲学家、教育家卢梭说得好："把爱己推及别人，就成了美德。"

在职场，要有以"爱己之心爱人"的境界，懂得换位思考，站在别人的立场考虑问题。无论你是自己创业的老总，还是给别人打工的职员，都同样面临巨大的压力。在注视自己艰难处境的同时，不妨将自己四分之一的眼光看向合作者或者同事。这样，你就可能体谅别人的行为，让自己的团队更具核心竞争力，为自己的成功增添更多助力。

只要进了办公室，就要像上了发条的闹钟一样不停地工作，以便在最短的时间内让上司和同事看到你的工作成效，你不必不平衡，也不必抱怨，因为其他人也一样。因为在考核时，效率是衡量员工的第一标准。

在这样的工作环境中，当你面对着厚厚一摞待处理的文案愁眉不展时；当你刚刚挨了上司的"板子"，心中怒气冲天却不能发作也不敢发作时；当你加了一通宵的班，头昏脑涨可又不得不出席一个重要的会议时，压力自然而然就产生了，同时滋生的可能还有你对同事、对合作伙伴或者对下属的不满，觉得自己替他们承担了责任，这就滋生了你的离心力。

现代职场的一句口头禅就是"忙"。如果要说谁最忙，或者哪些人在忙，大多数人会感觉自己是忙得最昏天黑地的那一个。朝九晚五，四季恒温，一个格子间，一个显示器，一大堆文件，总有做不完的事情。

你是老总你有压力，你是高管你有压力，你是总监你有压力，你是普通员工你也有压力……

在现代职场上，工作压力是不可避免的。事实上，一定的工作压力也有助于你的成长。工作中有一定的压力，它能激发你的潜能。如果你想在工作中有所表现，就一定会感到有些压力。所以，压力不是上司、同事、下属或者其他人强加给你的，让自己背上沉重负担的其实是你自己。

不要老是想着压力和烦恼，不要总是怨天尤人！压力每个人都有，责任每个人都负，工作每个人都不轻松……每天早晨醒来时，你只要对自己说一声"又一个美好的早晨到来了，又可以见到可爱的合作伙伴了"，那么，你就会焕发出一种活力，信心十足地开始迎接新的一天的工作。这样做，对你的成功只有好处没有坏处！

有一个很形象的问答题可以很好地说明换位思考的含义：

问：什么是好领导？

答：心里不把自己当领导的就是好领导。

问：什么是好员工？

答：心里不把自己当员工的就是好员工。

将换位思考和体谅别人带到我们的日常工作生活中，将它当做自身一种修养不断修炼，那么，你就得到了职场上的法宝。你会慢慢发现，自己的工作开展得顺利了，人际关系也不像以前那么僵化了，人们开始对你友好起来了，你比以前更加自信和充满干劲了，工作对你来说不再是负担，而是一种乐趣。

6. 短处莫揭，隐私莫传

【原典】 人有短，切莫揭；人有私，切莫说。

【释义】 别人有短处，千万不要揭露；别人的隐私，千万不要宣扬。

千万别做职场"长舌妇"

每个人都有短处，每个人都有隐私，别人的短处千万不要揭，隐私千万不要宣扬。因为首先这是对人的不尊重，而且这样下去的话，不知道哪一天，你自己的短处和隐私也会被揭露和宣扬，这样于人于己都没有好处。

《菜根谭》中有言："人之短处，要曲为弥缝，如暴而扬之，是以短攻短。"对于别人的短处，要婉转地替人家遮掩，而不应该揭露并且宣扬，否则就是在暴露自己的短处。是啊，一个不尊重别人的人，一个随意揭人短处的人，他的这种做法本身，就是他的一个非常大的短处。

每个人都有自尊心，说通俗点就是每个人都要面子。自尊心过了就是自负，要面子过了就成了病态，这个谁都清楚。但是，如果是在正常范围之内的自尊或者是要面子，我们就要给予理解，做到不伤害对方的自尊，替对方留面子。曾国藩曾说："予人一分面子，人必予两分面子。伤人一分面子，人必损十分面子。为人处世，面子不可不慎。"

"人有短，切莫揭；人有私，切莫说。"《弟子规》的这几句话很明确地告诉我们，千万不要做"长舌妇"。揭人短处伤人自尊，传播隐私害人害己。而正因为职场是一个特殊的地方，人与人的关系五花八门错综复杂，因此这种做法所产生的负面影响更大。所以在单位，我们一定要管好自己的嘴巴。

传播他人隐私，在人后流言蜚语，有时是出于嫉妒、恶意，有时是为了揭示别人不知道的秘密，以此来抬高自己的身价，这些都是令人不能容忍的事情。

真正聪明的人，是不会对他人的隐私感到好奇的，要知道有些事只能点到为止，这样才能给自己也给他人留下一片自由呼吸的空间。

每个人都有好奇心，但这种好奇心却无意中成了制造矛盾的根源。大家在一起谈论其他同事，将议论传播出去，就会制造同事之间的矛盾，使办公室人人自危，对你这个导火索只有避而远之。知道能力强的同事的隐私，也许会成为他的心腹，也许会成为他的心腹之患。

人人都有好奇心，对于获悉的秘密是很难忘记的。用巧妙的方法处理这样的事情，才能使自己免于祸患。如果在偶然的机会获得秘密，装作不知道这件事情。要尽量避免加入谈论他人隐私的行列，更不要凡事都爱凑热闹。

有个长舌的老妇人向牧师承认自己说过许多人的闲话，要么是某人的短处，要么是某人的隐私。她也意识到自己的这种做法影响很不好，只是不知道还有没有办法可以弥补。牧师并没有对她说教，只是给她一个柔软的鹅毛枕头，要她到教堂的钟楼上把枕头拆开，并把里面的羽毛撒到空中去。她照着做了。牧师说："好吧，现在把每一根羽毛再收集起来，放回枕头里去。"这位老妇人为难地说："牧师，那是办不到的!"牧师严正地说："要追回所说的每一句闲话，同样难以办到。"

人们有的时候喜欢把自己的烦心事告诉别人。或许有人把你当做真心的朋友对你倾诉衷肠，你获得了同事的隐私，此时千万不可得意，因为在无形之中你已经增加了一份担子，担了一份责任，在暗中受到了监视，暗藏了一丝祸端。无论是有意的还是无心的，同事的隐私一旦从你的嘴里暴露出来，不仅会使同事难堪，而且会使你的信誉大打折扣。

在一次宴会上，某人在酒桌上向邻座的人说起某校校长的秘密来，同时表现出对校长的不满，并说了一大堆攻击的话。他没有注意到，就在他说话时，有位太太一直一言不发，只是坐在那里静静地听着。

等他终于说完了，那位太太问他说："先生，请问你知道我是谁吗?"

"还没有请教贵姓。"

"我正是你说的那位校长的妻子。"酒席不欢而散。

对同事隐私的传播会造成很大的影响，会使该同事在办公室中轻则羞愧，重则颜面扫地。该同事可能会对你恨之入骨，你与他的友情也会由此画上句号，甚至在工作中还会成为对头。同时办公室的其他同事会对你另眼相看，与你的距离将会变得很遥远。

喜欢当众谈及对方隐私、错处是一种很令人讨厌的行为。心理学家研究表明：谁都不愿把自己的错处或隐私在公众面前"曝光"，一旦被人曝光，就会感到难堪而恼怒。因此在交往中，如果不是为了某种特殊需要，一般应尽量避免触及这些敏感区。

喜欢传播别人隐私的人同时也是爱讲负面话的人，他们有时过于理想化，用自己理想化的模式去套生活中的现实，结果常常事与愿违。说出去的话，泼出去的水，是收不回来的，当事后完全了解了真相后，还能更正吗?

还有的人看问题过于狭隘偏颇，只考虑自己，不顾及其他，凡是不对自己脾气的，一概予以否定。另一种便是用放大镜甚至是显微镜看人，将别人微不足道的缺点放大。他们很难与人友好交往，即使没有直接说对方不好，但他那万事皆不如意的心态，让人很难同他有舒心满意的共同语言。久而久之，人们会觉得此人太"刁"，难以相处，常常避而远之，偶有接触，也只是打个哈哈敷衍了事。总讲负面话，最终会成为难以与人相融的孤家寡人。

7. 称赞别人，是种美德

【原典】道人善，即是善，人知之，愈思勉。

【释义】称道他人的善行，就是行善；别人听到你的称赞，会愈加想着勉励自己。

赞美是职场润滑剂

称道别人好的地方，别人会愈加勉励自己，让自己变得更好。有道是"良言一句三冬暖，恶语伤人六月寒"。上节说别人的短处和隐私，不能揭露和宣扬，那么本节则提倡的是，对于别人的优点，别人好的方面，我们需要做的，就是要多多地"揭露"，多多地"宣扬"。《荀子·不苟》有言："君子崇人之德，扬人之美，非谄谀也。"君子对他人的美德和优点进行尊崇和宣扬，并不是谄媚阿谀，其实是对别人的肯定，对别人的善和美的地方的肯定，进而表达的是整个社会都应该尊崇善和美的愿望。

单就个人来讲，从心理学角度看，你越是赞美他的优点，他就会做得越好。你的赞美会成为他前进的动力。只要你的赞美是真诚的，发自内心的，并且符合客观事实，那就不是巴结奉承，而是对对方的一种由衷的肯定和鼓励。这样不仅对方会努力变得更加优秀，你与对方的关系也会更加和谐。

因此，身在职场的你，一定要明白这一点。要对领导和其他同事多赞美少揭短，这样你会更受欢迎。赞美是职场的润滑剂。领导或同事的优点，你多去赞美，他们在做好自己的同时，也愿意帮你解决问题；同事有了进步，你要给予肯定，这样他会更加努力，你们的协作质量会更高，工作会更好地完成。就好像机器添了润滑油，齿轮与齿轮之间的合作才会更加顺畅。

马克·吐温曾说过："一句精彩的赞辞可以代替我十天的口粮。"渴望得到赞美是每个人内心最迫切的需求之一，恰到好处地赞美别人，自然会得到别人的回应与赞美。

在许多场合，适时恰当的赞美常常会发挥它的神奇功效。林肯曾经说过：

"人人都需要赞美，你我也不例外。"人人都渴望赞美，这是人们的共同心理。在人与人之间，无论是朋友之间、夫妻之间、师生之间、父母和子女之间，还是领导与下属之间，互相赞美都是必不可少的。

有一位著名的企业家，他给员工讲述了这样一件事情：

在他还是一名见习服务员的时候，常常对生活不满意。特别是上班的第一天，他在杂货店里忙活了整整一天，累得筋疲力尽。他的帽子歪向了一边，工作服上沾满了点点污渍，双脚越来越疼。他感到疲倦和泄气，自己都忙碌成了这副模样，但是事实是，他似乎没有任何成就感，甚至觉得自己什么也干不好。好不容易为一位顾客开列完了一张账单，但是这位顾客的孩子们却三番五次地更换玩具的订单，这时他似乎已经到了忍耐的极点。

随后，孩子的父亲一边给他小费，一边笑着对他说："干得不错，你对我们照顾得真是太周到了！"突然之间，他就感觉到疲倦消失得无影无踪了。

后来，当经理问到他对第一天的工作感觉如何时，他回答说："挺好！"那几句赞扬的话似乎把一切都改变了。

忙碌的现代人在繁忙中逐渐丢掉了许多东西，包括短短的几句赞美之语。其实，赞扬就像是照在人们心灵上的阳光，没有阳光，我们就无法发育和成长。赞美不仅是一种悦耳的声音，更是一种力量，一种可以提升我们生活质量的强大力量。

生活在社会中的每一个人，都希望得到他人的赞美；赞美往往会激发听者的自豪和骄傲感，从中了解自己的优点和长处，认识自身的生存价值，从而改善人际关系，创造美好的心境。赞美的力量是非常强大的。如果注意培养自己赞美别人的习惯，那我们在社交中一定会更受欢迎。

喜欢得到他人的赞美，这是人性的一个特点。很多人喜欢他人赞美自己，就是自己对此过于吝啬，对其他人一直没有这种习惯，没有意识到"赞美"二字的魔力——这两个字不但让别人高兴，也让自己获得了无数的友谊和帮助。

詹姆斯教授说过："人类渴望受人称赞，是天性中最深奥的禀质。"只要你把握好赞美的度，并适时赞美别人，那么，你的人际关系必将更加和谐，你的工作做起来也必将越发顺利。毕竟，赞美就是职场润滑剂，可以让企业这台精密的仪器，因为同事之间的赞美，运行得更加顺畅。

8. 揭人短处，祸藏其中

【原典】扬人恶，即是恶，疾之甚，祸且作。

【释义】宣扬他人的缺点或过失，就是在做恶事；痛斥别人太过分，会给自己招来祸患。

打人不打脸，揭人不揭短

如果说前面的"人有短，切莫揭；人有私，切莫说"重点是劝我们不要做这类事情的话，那么本节的"扬人恶，即是恶，疾之甚，祸且作"就是在告诉我们，如果我们真的那样做了，可能会得到不太好的结果。

宣扬他人的过失或者缺点，本身就是在作恶，是小人的行径。《孔子家语》中就说："扬人之恶，斯为小人。"而对于别人批评指责得太过分，就会招来祸患。《格言联璧》说："祸莫大于言人之非。"《菜根谭》也说过："攻人之恶毋太严，要思其堪受。"即使别人有缺点，甚至是做出了不好的事情，指责的时候也不要太过严厉，要考虑对方的承受能力。这应该是"疾之甚"容易招来祸患的原因之一。

西汉有一位将军叫灌夫，他勇猛善战，很受大将军窦婴的赏识。但是，灌夫是个鲁莽的人，性格过于急躁。有一次，丞相田蚡举办婚宴，满朝大臣都去贺喜。宴会上，灌夫向田蚡敬酒，田蚡不喝。灌夫忍着气，又向灌贤敬酒，灌贤正跟将军程不识交头接耳地说话。灌夫的怒火正无处发泄，便破口大骂，甚至把田蚡曾经的某些不良行径也抖落了出来。田蚡见灌夫骂人，立即下令把他逮捕。有人劝灌夫向田蚡磕头赔罪，他不肯，反而大骂田蚡。田蚡是皇帝的舅舅，岂能善罢甘休。不久，灌夫就被他罗织罪名处死了。

别人做了坏事，不是说不要和他斗争，但斗争要讲究方式，注意策略，光凭一时的意气贸然行事，往往会出问题，甚至招来大祸。

所以，在职场之中，批评他人一定要讲究方式方法。千万不要不分场合和轻重地批评下属或者同事。不分场合，容易让影响扩大化，让对方很没面子，言语过激，容易让对方自尊心受不了。总之，这种批评和指责，不仅没有积极的效果，而且还容易带来更多的负面影响。例如对方不仅不接受你的批评，还会想方设法对你进行报复，这就得不偿失了。

有道是"打人不打脸，揭人不揭短"，要给对方留有一定的面子，这样既照顾到对方的自尊心，也更容易让你的批评产生好的效果。因此，有涵养的人从不轻易在公开场合批评别人。被击中痛处，对任何人来说都不是件令人愉快的事，尤其是他人身上的缺陷，千万不能用侮辱性的语言加以攻击。

在中国，有所谓"逆鳞"之说。据说在龙的喉部下方约一尺的部位上有"逆鳞"，如果不小心触摸到这一部位，必定会被激怒的龙所杀。事实上，无论人格多么高尚伟大的人，身上都有"逆鳞"存在。所谓"逆鳞"就是我们所说的"痛处""短处""伤疤"等，只要我们不触及对方的"逆鳞"，就不会惹祸上身。

大家都知道，明太祖朱元璋出身寒微，在他坐上皇帝宝座之后，有位儿时的朋友去找他，一见面就当着文武百官的面大嚷大叫起来："朱老四，你当皇帝可真威风呀！你还认得我吗？当年咱俩一块儿偷豆子吃，豆子还没煮熟你就先抢起来，结果把瓦罐打烂，豆子撒了一地。你吃得太急，豆子卡到喉咙里，还是我帮你弄出来的。要不是我，你哪有今天……"

听到老友在众臣面前喋喋不休唠叨个没完，朱元璋心底火气也聚集起来，心想：此人也太不识趣，居然当着文武百官的面讲我那些丑事，揭我短处，让我皇帝的脸往哪儿搁。于是盛怒之下，朱元璋下令将他杀了。

现实社会中人们最忌讳的就是碰到像朱元璋的那位朋友一样喋喋不休，一味将那些不该公开的事情拿到众人面前夸夸其谈，而这样的人也是人们都不想结交的，最终定会落个众人疏离的下场。

在现实生活中，朋友相聚时，有些人只顾一时口舌之快，有意无意地对他人造成了伤害，有时一句侮辱性的语言完全可能把深厚的友情葬送。有许多语言伤害原本是可以避免的，只要我们学会礼让。

有这样一则寓言：有位樵夫救了一只小熊，母熊对他感激不尽。母熊安排了丰盛的宴席款待他。酒足饭饱之后，将要离开的樵夫对母熊说："你款待得很好，厨艺也很不错，我唯一不满意的就是你身上的那股腥臭味。"母熊虽怏怏不乐，但嘴上却说："那可真是对不住了，作为补偿，你用斧头砍我的头一下吧。"樵夫照它的话做了。若干年后，樵夫又遇到这只母熊，问："你头上的伤应该早就好了吧？""哦，是的樵夫先生。你一斧头下来之后，我的头痛了一阵子，不过伤口愈合后我就忘了。但是，不知道为什么，那次你说的话我却还记得。"母熊回答说。

的确，没有人能彻底忘掉别人对他的侮辱，即使那个人曾经有恩于他，或者他们曾经是好朋友，所有这一切，都无法弥补你在语言上对他人造成的伤害。

不能拿朋友的缺点开玩笑。不要以为你很熟悉对方，就可以随意取笑对方的缺点，揭人伤疤。那样会伤及对方的人格、尊严，违背开玩笑的初衷。

闲聊也好，开会也好，谈判也好，对话是人与人沟通最普通的方式。交谈是打开交际之门、丰富自己知识的重要途径。对话中，最不礼貌的做法就是揭别人的痛处。如果对方是外宾，有可能让他对我们的国家产生误解；如果对方是上司，很可能会让你丢了工作；如果对方是朋友，有可能与你反目；如果对方是客户，也许你就因为口无遮拦而失去一次赚钱的机会。

实际上，懂得替别人着想，就不会轻易揭别人的伤疤了。交谈过程中，一定要把对方放在与自己平等的地位上来看待，不自傲，不轻视对方，也不自卑，不仰视对方。谈话时，言辞委婉礼貌，不卑不亢，使用恰当的谦辞和敬语，适时展示自己的知识与幽默，始终尊重对方，才能取得预期的效果。

9. 互相促进，相劝行善

【原典】善相劝，德皆建；过不规，道两亏。

【释义】互相劝善，良好的品德修养才能共建；如果有错不能互相规劝，双方的品德道义都会亏欠。

互相帮助是团队精神的基石

互相劝善，善就会越来越多，有了过错互相不纠正，那么，错就会越来越多，而且会使人们的道德和道义受到损害，因为看到了别人的错误不及时纠正，也算是自己的一种错误。例如，有人在光天化日之下看到有人在实施犯罪，自己却装作看不见，这种做法就是见人错而不纠正。

上节的"扬人恶，即是恶，疾之甚，祸且作"，意在告诫我们在批评甚至是指责别人的时候要注意方式方法，而本节承接上节，意思是说有人犯错，该劝诫的时候要劝诫。这里的重点是互相。也就是大家要相互劝善，相互指出错误，这是一种在道德和道义上的相互帮助。

这个道理引申到职场上，可以这样理解：同事之间要相互帮助、相互促进，只有这样才能够把工作做到最好，也就是做到"善"的程度。如果眼见别人工作上的问题不加以指出和纠正，那对于工作来说，是损害很大的。不光别人因为工作上的失误没有被及时指出而给单位造成损失，就是自己也会因为"过不规"而在客观上犯了错误，损害了企业的利益。只有在工作当中相互促进和帮助，才能使工作做得更好。同事有失误，你看到了就要及时指出并加以纠正，你自己的一些失误，也只有在同事的帮助下才会认清并改正。相互促进，还可以是相互"劝善"，互相吸收对方在工作上的优点，这样工作才能"善善结合"，达到"大善"的效果。

不管是相互指出错误，还是相互吸收优点，都要明白重点是"相互"。举个例子，如果你指出别人的错误，别人改正了，这是你做了好事，但是反过来对方也善意地指出你的错误时，你却不接受，这就不是"相互"。再如，你很愿意帮助别人，别人也很感激你，很愿意哪天能够回报你，但是当对方真诚地帮助你时，你却因为太要强而不愿意接受，这也不是"相互"。对于企业来说，只有员工之间真正做到"相互"，在纠错和进步方面都能做到互相促进，才能获得真正意义上的良性发展。对此，作为一名员工，不可不慎。

小丽和小方同在一家传媒公司的广告部工作，这天罗经理分别交给她们一项开发大客户的任务，由于她们的任务都比较艰巨，所以在离开经理办公室时，罗经理特意叮嘱她们："如果有什么需要帮忙的事可以直接找我，同时要注意多和其他部门协调。"

小丽的业务能力很强，在广告部的业绩经常名列前茅，她也非常热心，别人请她帮忙，她都会很开心地施以援手，但是到她自己就不行了——可能是有些过于自信，所以她不大愿意让别人帮助她，更不愿意在某项工作做完之后还要背着某人的一个人情，说"要没有××，工作不会这么顺利就完成"之类的话。因此，离开办公室后，小丽心想："帮忙？凭我自己的能力和智慧一定会完成这项任务的。"

小方一向谦虚好学，她的业务能力略逊小丽一筹，不过在团结同事和谦虚的学习精神方面小丽就大不如她了。走出经理办公室以后，她就直接到公司企划部和售后服务部向大家打了一声招呼："过几天我可能有一些问题要向大家请教，同时需要大家的帮忙，我先在这里谢谢大家了。"小方同时也想，小丽一向因拒绝别人帮助而显得有些骄傲，但如果自己想实现业务能力的提高就必须向她多学习；不到万不得已的时候不会麻烦罗经理，但在客户沟通等方面，自己确实需要罗经理的鼎力相助。

这次的任务确实比以前艰难得多，通过向小丽和罗经理的学习，以及与公司其他部门的配合，小方的任务超额完成了，她为公司带来了好几笔大生意，当然公司也给了她优厚的奖励，而且还让她和其他部门的相关同事一起到夏威夷免费旅游。

而小丽也联系到了一些大客户，但因为她向企划部交代的事项不清楚，导致客户看到的方案不够详细，有些客户选择了其他公司；有些客户则因为没有得到更多的服务承诺而离开了；还有一些客户觉得小丽的公司不够重视他们，因为他们从来没有见过管理者和他们交涉。"这些大客户真是越来越难对付了。"小丽无可奈何地想。最后她只能联系一些小客户以补偿自己在这次任务中的损失。公司也因为没得到那些本该属于自己的大客户而比竞争对手少了更多的利润。

小丽由于只愿帮助别人，却不愿接受帮助，弄得自己和公司都受到不应有的损失，这是很让人感到惋惜的。欣赏每个人的优点并互相帮助，是团队精神的基石。所以，即使你非常优秀，也不要拒绝别人的帮助。实际上，每个团队成员都有自己独特的一面。成员之间取长补短、互相合作产生的合力，要远大于两个成员能力的总和。当然，有些人并不是自负，而是怕给同事带来麻烦。实际上，任何事物都是辩证的，有时求助别人反而能表明你对别人的信赖，能融洽关系，加深感情。相反，如果你不肯求助，同事知道了，会觉得你不信任他。

总之，不管是相互帮助，还是相互纠错，都是一名合格的员工需要做到的。只有如此，才能够让团队的能量最大化地发挥出来。

10. 给予宜多，索取宜少

【原典】凡取与，贵分晓，与宜多，取宜少。

【释义】取得或给予财物，贵在清楚分明；给予宜多，取得宜少。

小事上贪便宜，职场上吃大亏

《弟子规》教导我们："凡取与，贵分晓，与宜多，取宜少。"说的就是与人有财物上的往来，应当分辨清楚，不可含糊。财物给予他人应该慷慨多布施；取用别人的财物则应少一些。告诫我们不要贪图小便宜，只知索取，不知付出。贪小便宜虽然不是什么大毛病，但是小小的举动足以折射出一个人的人品，长此以往，将会影响自己的生活与事业。

在工作和生活中，总有些人心有贪念，不肯守本分，只想贪多，看到别人的东西就想占为己有。这就是怕吃亏，喜欢贪图便宜的心理在作怪。

如果说怕吃亏是被动的，那喜欢占小便宜就是主动的行为。

不要以为占小便宜没什么，又不是去偷、去抢，对于别人来说可以忽略不计。可是，你想过没有，小便宜虽然无足轻重，对别人来说也不是什么大的损失，但是时间久了，会引起别人的反感。

刚开始，别人也许感觉不出来你是在占小便宜，但是天长日久，就会在心里想："这个人怎么总用我的东西、找我借钱呀，每次借了也不还，都不好意思向他要！"

　　一旦如此，接下来你的行动就会被别人刻意留意，久而久之，会有很多人慢慢地聚在一起，交流他们对你的看法，就这样，等你占小便宜的形象在大家心目中留下烙印以后，大家就会纷纷离你而去，谁会愿意和一个不停地从自己身上揩油的人交朋友呢？在人际交往的时候，一般人首先要看对方的度量大不大，没有人愿意跟一个小肚鸡肠，喜欢占小便宜的人做朋友。

　　小靳特别喜欢在小事情上占人便宜。例如和同事一起出去聚餐，本来商量好了是 AA 制，但是几乎每次聚餐，小靳都会拍一下自己的脑袋，说钱带得不够，或者干脆就说没带钱包。每次分摊到每个人身上的也就五六十块钱，小靳这么一弄，同事们也不好多说什么，事后更没有人会找他要，让他把钱给补上。

　　但是时间一长，所有人都受不了了。同事们不是计较钱本身，而且确实也没有多少钱，而是小靳做事的态度让同事们越来越难以接受。最后，小靳在公司一个朋友也没有了。他也明白了个中原因，找个理由辞了职。

　　小靳在小事上爱贪小便宜，结果却在职场之中吃了大亏。

　　占小便宜是出于自爱的心理，也是一种自私的行为。人应该懂得用爱己之心去爱人，当你占别人的便宜的时候，是否想过别人是否愿意。

　　中国有句古话叫"勿以恶小而为之"，贪小便宜虽然不是什么大不了的坏事，但是长此以往，养成这种习惯，影响是不可小视的。因此，何必因小失大，因为占小便宜而失去良好的人际关系，进而影响自己的生活与事业呢？

　　职场之中也是如此。要知道，同事之间交往，有些事情要分清楚一些。亲兄弟都要明算账，更何况同事跟亲兄弟还是很有区别的。很多事情都是因为没有分清楚才造成越来越多的困扰，这个道理其实每个人都明白。不过有一点要注意，这里的分清楚，主要是针对别人来说的，到了你自己这里，最好还是大方一点好，不要锱铢必较，因为这样的"清楚"对自己是没什么好处的。

　　例如自己受了别人的恩惠，一定要记清楚，记得找机会回报对方，这样别人才会更喜欢帮助你；而当你对别人有恩的时候，就不要记得那么清楚了，这样别人也会因此而更加喜欢你，甚至能加深他报答你的愿望。也就是说，对别人要多付出，等到别人对自己付出的时候，自己要少索取，这在职场之中是非常重要的。只有这样，才能够广结善缘，让你的人际关系越来越好，从而在客观上促进你在单位中的工作业绩甚至是地位的提升。但是很多人却一直是反过来做的，对别人索取多，自己却付出得少，甚至有些人还喜欢贪小便宜，这都是不对的。

11. 己所不欲，勿施于人

【原典】将加人，先问己，己不欲，即速已。

【释义】将要施加给别人时，先反躬自问，如果连自己都不愿意，就应迅速停止。

设身处地为别人想，工作才能更加顺利

《论语·卫灵公》记载：子贡问曰："有一言而可以终身行之者乎？"子曰："其恕乎！己所不欲，勿施于人。"子贡问老师："有没有一个字，可以终身受用并践行呢？"孔子说："大概就是'恕'字吧！自己不想要的，不要施加给别人。"这也就是本节的四句话想要传达给我们的道理。想要把一件事情加到别人身上的时候，先问问自己，如果这件事自己做的话愿不愿意，如果不愿意，那就不要强加给别人，而应该立即停止。

曹操刚刚起家的时候，和袁绍作战处于下风，部下们见此情景，很多人开始跟袁绍偷偷联络，为的是假如曹操失败了，自己还有退路。

经过官渡之战后，曹操彻底打败了袁绍。这时候，曹操阵营里的很多人却一点也高兴不起来。因为他们之前只顾着为了自保而向袁绍示好，却忘了考虑，如果曹操胜利，自己写给袁绍的信件岂不是要落到曹操手里？这样的话，自己就等于被逼到了悬崖边上，不但本来留的后路没有了，反而还会有

247

性命之忧。

果然，曹操的大军缴获了很多来往书信，其中不少是曹操的一些部下写给袁绍的。这时候，曹操却立即下令，把这些书信全部烧毁。当有人问他为什么要这么做时，曹操说，谁都有家庭，上有老下有小，为了生存，做出一些事情来也是情有可原。而且当初我们的实力确实远不如袁绍，当时连我都不太相信能有今天，将心比心，这些所谓的通敌之人有留后路的想法也是完全可以理解的。

就这样，在打败袁绍之后，曹操用自己的实际行动稳定了军心，没有因为那些缴获的信件而让自己这一方产生内耗甚至是叛乱。

曹操的这种做法有他的政治目的，但同时也不得不说，他遵循了推己及人的原则，为那些曾经跟袁绍通信交往的部下着想，是曹操成功地保住自己的胜利果实的一大原因。

设身处地地为别人着想，是一个人为人处世的一项重要原则。在职场之中，也是如此。能够真诚地为自己的领导或同事着想，可以让自己的工作更加顺利。

咸丰十年（1860 年）七月，曾国藩时任两江总督，他在日记中写道："我身旁必须有一个性格淡泊之人，时时看到我的缺点来规劝，不让我不自觉中生出骄矜之心。"又说："凡做好人、做好官、做名将，俱要好师、好友、好榜样。"在曾国藩看来，好师好友的力量是极其巨大的，而榜样的力量更是无穷的。"京师为人才荟萃之地，不求人才没有，愈求则愈出。"曾国藩正是秉着这样的认识，在京城中结交了一大批师友，这批师友不但对他当时的进德修益大有帮助，而且他后来治政治军，也常常得到他们的大力支持。

曾国藩初办团练时，手中并无一兵一卒。而当时湖南已有江忠源的楚勇、罗泽南的湘勇，且各自都有一定的势力。其中江忠源的楚勇更是出境至广西，有著名的蓑衣渡之战，后保卫长沙城，转战江西，各有战功。可是，曾国藩却能成为他们的精神领袖，协调了各部的行动。江忠源战死后，接领其部的刘长佑、萧启江等，罗泽南战死后，接领其部的李续宾、李续宜、蒋益澧、刘腾鸿等，也大体上都接受了曾国藩的指挥和调度。在湘军逐渐发展的过程中，一批非湘籍的将领也陆续得到了曾国藩的重用，如满族人塔齐布、蒙古族人多隆阿、河南人李孟群、广东人褚汝航、四川人鲍超、福建人沈葆桢等。这都说明了曾国藩在浓厚的宗族观念、地域观念之外，还有着坦荡的襟怀和识才善用的本领。

所有这些大体上接受曾国藩节制的湘军将领，除极少数如塔齐布等出身行伍外，绝大多数都是原先不甚得志、僻居乡间的士人。他们以维护名教为己任，以杀"贼"立业为职志，与曾国藩心心相印。他们不听他人号令，却独尊曾国藩，除了思想上与之相通这一点之外，确是因为曾国藩崇高的人格力量。

在这方面，曾国藩说："人谁不想自己能够成名显贵，若能推此心到别人，让别人成名显贵，则与万物同春！"反过来说，意思就是"己所不欲，勿施于人"。不欲人以虚伪待我，我便应不以虚伪待人；不欲人以权术待我，我便应不以权术待人。如此等等，都是人际关系的重要原则。

曾国藩强调严于律己，宽以待人，不怨天，不尤人。如果"无故而怨天，则天必不许；无故而尤人，则人必不服……凡遇牢骚欲发之时，则反躬自思：吾果有何不足而蓄此不平之气？猛然内省，决然去之"。凡不能严于律己、宽以待人的人，最终也不能立己达己。历史上的无数事实充分地证明了这点。所以，曾国藩主张"以能立能达为体，以不怨不尤为用"。这也是他能够在大清朝廷这个"职场"中游刃有余，获得巨大成功的关键。

许多心理学家在论述人际交往的基本规律时，都会强调同理心。所谓同理心，就是在人际交往的过程中，能够体会他人的情绪和想法，理解他人的立场和感受，并站在他人的角度思考和处理问题的能力，就是人们常说的设身处地地为别人着想。

设身处地地为别人着想，你才能感同身受，才能真正理解别人，做一些雪中送炭的事情。所有人都渴望得到关爱，关爱让生活多姿多彩，让欢声笑语充满人间。需要关怀与爱护，是一种世界性的现象。给别人关心与帮助，也能得到他人的尊重与爱护。

自己不想做的事情，不要强加于别人身上。其实，这也就是人们经常说的设身处地、将心比心。在现实生活中，这是一种高明的处世方法和做人准则。要想做到这点，就要做到推己及人。自己不喜欢或不愿意接受的，就不要强加给别人。

在职场之中，凡事能够站在他人的角度思考和看待问题的人，就能够体察他人的意愿，理解和帮助他人，从而受到大家的欢迎，得到大家的信任。

将心比心，这是人们常说的一句话。我们希望别人怎样对待自己，就要先去这样对待别人。要知道，尊重别人是与人交往的第一准则。理解别人是人际交往所提倡的一种基本态度。只有设身处地地考虑他人的处境和心态，才能与人建立和谐友好的关系。

真诚地关心别人，才会得到别人同样的回报。如果你希望在工作中能够与他人愉快地相处，并得到周围同事的尊敬和信任，就要学会设身处地地为别人着想，这样工作才会更加顺利。

12. 报怨应短，报恩应长

【原典】恩欲报，怨欲忘，报怨短，报恩长。

【释义】受人之恩要想着报答，别人做了伤害自己的事要想着忘掉；报怨是短期的，报恩是长期的。

远离仇怨，学会宽恕和包容

受人之恩，要永远铭记，并时时想着报答；而"受人之恶"，例如别人伤害了你，要宽大为怀，尽快忘掉，不要让仇怨长时间占据你的内心。要长时间想着报恩，而对于报怨，则完全相反，仇怨在心里留存时间越短越好，如果老是走不出那些怨恨不平的事情，总是想着怎样去报复，不仅会影响自己的身心健康，对于未来的发展其实也是埋了一颗定时炸弹，因为一个充满仇恨的人，做什么事情都会受到自己这种心理的影响。从这个角度看，一个常怀感恩之心的人，永远要比一个常怀报复之心的人幸福。仇怨长时间留在心里的感觉其实是很痛苦的，相反，把仇怨占据的空间让给感恩，眼前的世界立即就会由灰暗变得光明。

韩信曾经连饭都吃不起，结果被一个浣纱的老太婆救助。待韩信建功立业之后，他给当初给他饭吃的老太婆千金谢礼，这叫做常思报恩。同样还是韩信，曾受胯下之辱，但是等到自己加官进爵，他首先想到的不是杀掉那个曾经羞辱自己的人，反而给他官做，说如果不是他，自己可能不会发愤图强，也就不会有今天。韩信的这种报怨方式，让我们每一个人都敬佩不已。他的宽容，使得当年的胯下之辱不再是别人的笑柄，反而成就了一段以德报怨的佳话。

在职场之中，我们也要秉承"报怨短，报恩长"的思想。

同事于自己有恩惠，永远不要忘记，虽然不能立即报答，但是，要让同事知道，你一直在记着。可能对方会说："哎，你这是说什么呢？客气了啊！"但心里也会非常舒服。他可能并没有想过你要给他什么回报，不过，当你向他传达出你对待这个恩惠的态度的时候，他照样会很开心。有时候，一个人做好事不是为了让你给他多少钱，但是，你一定要懂得感恩。感恩是一种态度，即使你得到的恩惠是一辈子也报答不完的，但这不妨碍你真诚地感恩。

同事对自己有伤害，永远不要长时间记在心上。对方如果是无心之失，你要立即忘掉这件事；即使对方是处心积虑，那你也要宽容，从古至今，多少仇人最后变成了朋友，就是因为宽容。一笑泯恩仇，一个宽容，即便不会让对方变成你的朋友，但是至少不会加深你们的仇怨。如果没有宽恕之心，生命会被无休止的仇恨和报复所支配。内心的平静，是通过改变你自己而获得的，而绝不是通过报复获得的。

人们常说"由爱生爱，由恨生恨"，也是要求我们忘却怨恨。如果你将仇恨的锁链拴在敌人的脖子上，那么锁链的另一端，就会牢牢拴在你的脖子上。

古时候，印度有一个国王，在反抗邻国的侵略时兵败被俘，随后被判了死刑。

临刑前，这位国王向王子留下了遗言："不要冤冤相报。"

王子虽然知晓了父亲的遗言，但是，他根本就没办法遵照着去办，而是无时无刻不想替亡父报仇。后来，王子乔装成老百姓，混到邻国国王身边当差，准备伺机报复。过了不久，由于他表现出色，深得邻国国王的信任，忍辱负重的王子欣喜若狂，因为复仇的机会很快就到来了。

有一天，邻国国王带着王子外出打猎，在归途中，他觉得很疲倦，便躺在树下休息。这时候，王子拔出预先藏起的匕首，抵住他的脖子。正想置他于死地，忽然想起父亲临终时所说的话，一时之间突然犹豫不决。

就在这时，邻国国王醒了过来，王子未能达成复仇的目的，遂坦白地将心中的念头告诉了对方。

"不要冤冤相报。"这句王子父亲临终的遗言，让眼前的这位国王深受触动，他不但向王子坦承自己的罪过，并且将侵占的国土归还给王子。从此以后，两国之间的怨恨终于解除了，实现了永久的和平共处。这个故事要教诲世人的是：不要一味怀恨他人，否则怨恨将难以消除。只有宽容，才是消除仇恨的最好办法。

心怀仇恨寻求报复，虽然可以使自己的恨意消除，但这只是暂时的解脱，接踵而来的是仇恨不断循环。许许多多怨恨，因为含有浓厚的敌意，所以永远无法消除。只有先化解敌意，仇恨才能消失。但是，世人往往忘不了仇恨，反而被仇恨冲昏了头，甚至不惜任何代价要与仇人同归于尽。

唯有原谅对方的愚蠢，才能使我们常保心灵清净。当我们心中生出恨意的时候，应该将恨意转化成对自己的磨炼。

受到别人的欺侮，不妨安慰自己："你尽量打击我吧，那只会使我增强信心！"

别人的非难，是上苍赐予的磨炼，也是一种恩宠，我们不但要坦然接受，而且心中要存感谢之念。

生活中，我们不但要学会忘记仇恨，而且还要懂得宽恕，唯有懂得宽恕别人，你才不会被仇恨折磨。

有这样一幅漫画：Ａ拿了一张白纸，用一支笔在中间画了一个黑点，然后问Ｂ："你看到了什么？""一个黑点！"Ｂ一脸不屑地回答说。Ａ再问："为什么这么大一片白色你看不到，而只看到这黑色的一小点呢？"Ｂ一脸茫然。

这里提出的的确是一个发人深省的问题。在生活中，在这个五光十色的社会中，我们往往一眼就能看到别人的小小缺点，而更多的优点却视而不见。原因可能很多，而习惯性的自私、嫉妒心理大概是主要原因。看到他人的利益，看到他人的美好，往往高兴不起来，主要是因为我们的心胸太狭窄了。然而，宽容就是治疗嫉妒、自私、心胸狭窄的最好方法。宽恕，是人类的一种美德，宽恕的本身，除了减轻对方的痛苦之外，事实上，也是在升华自己。因为，当宽恕别人的时候，我们反而能够得到真正的快乐。

犯错是常见的平凡，宽恕却是一种超凡。假如我们看别人不顺眼，对别人的行为不满意，痛苦的不是别人，而是自己。

一般人说："我恨你！"但是你恨死对方，对方也许并不知情。因为不知情，他不会有任何损失，也不会有什么负担，反倒是你自己的内心因为有"恨"而一刻也不得宁静，痛苦不已。因此，我们要了解，"恨"是世界上最愚痴的行为。唯有懂得宽恕别人，才能得到真正的快乐。如果一个人的快乐是希望从别人身上去获得，那会比一个乞丐沿门乞讨还要痛苦。

生活中，宽恕可以产生奇迹，宽恕可以挽回感情上的损失，宽恕犹如一个火把，能照亮由焦躁、怨恨和复仇心理铺就的黑暗道路。宽恕是"把悲痛与怨恨留在身后"最好的也是最有效的办法，古人云：海纳百川，有容乃大，壁立千仞，无欲则刚。

宽恕与快乐紧紧相连，"宽恕是所有美德之中的王后，也是最难拥有的"。一个懂得宽恕的人，他的天地一定广阔；一个懂得宽恕的人，他的精神一定充实；一个懂得宽恕的人，他的人生一定美丽。原谅是一种风格，宽容是一种风度，宽恕是一种风范。

如果没有宽恕之心，生命会被无休止的仇恨和报复所支配。一个不肯原谅别人的人，就是不给自己留余地，因为每一个人都有犯过错而需要别人原谅的时候。当你还在为一件不快的事情而伤感、而闷闷不乐的时候，当你正在处心积虑地想给那个冒犯了你的人施以"颜色"的时候，当你正欲"以其人之道还治其人之身"的时候，当你正在制订君子报仇的十年计划的时候，当你暗藏杀机想对那些曾经诬陷过你、诋毁过你、加害过你的人进行报复的时候，不妨以宽容的心态、宽恕的心境来面对一切，做到宽恕别人，升华自己。在没有烦恼和心灵羁绊的日子里，在没有痛苦和怨恨的空间里，你的生活定会处处充满阳光，你的事业定会得到蓬勃发展，你的心境定会舒畅饱满。

懂得宽容，学会宽恕吧！

内心的平静，是通过改变你自己而绝不是通过报复获得的。为了你自己，为了快乐，为了内心的平静，为了光明的未来，请你改变你自己。你宽恕了伤害你的人，你将获得更多，生活也将更加美好！

13. 品行端正，以理服人

【原典】待婢仆，身贵端，虽贵端，慈而宽。势服人，心不然，理服人，方无言。

【释义】对待家中的婢女和仆人，贵在自己品行端正，以身作则；虽然品行端正很重要，但是慈爱宽厚更可贵。仗势逼迫别人服从，对方口服心不服；以理服人，别人才会心悦诚服再无话说。

要以身作则，不可以势压人

现代社会当然已经没有奴婢和仆人，但并不代表本节的几句原典就完全失去了现实意义。因为我们可以从中引申出一些即使是现在照样也很有积极意义的东西。例如，假如你属于某企业的一个中层干部或者再大一点的领导，从原典的这几句话中，应该能够体会出一些道理。是的，你肯定已经想到了。或者是对待下属一定要做到慈爱和宽厚，同时，自己也要以身作则；或者是在解决某些问题的时候，要做到以理服人，而不应用自己的职位等因素来帮助自己强词夺理，因为以势压人肯定是没有办法让人真的服气或者佩服。这些都可以说是蕴藏在《弟子规》中的积极的原则。

首先，管理者要以身作则。在一个企业中，管理者的行为是员工的榜样。而带头遵守企业的规章制度，就是管理者以身作则的一大表现。

实际上，制度作为大家共同遵守的准则，对管理者的要求远胜普通员工。管理者只有在制度下身体力行，以身作则，才能维护自己在员工心目中的威信，才能让下属自觉地遵守制度。

许多员工眼中的优秀管理者，都具有某种他人所没有的特质，在这些特质中，最重要的是管理者的"自我要求"。你是否对自己的要求远甚于对员工的要求呢？你会站在客观的立场上，为对方设身处地想想吗？这种态度与涵养是身为管理者必须具备的。

优秀管理者对自己的要求远甚于员工，优秀管理者常会站在客观的立场上设身处地为员工着想。一天到晚为自己打算的人，绝非一个优秀的管理者。

"善为人者能自为，善治人者能自治。"一个公司的业务能否在激烈竞争的浪潮中得到发展，重点在于管理者是否有正确的自律意识。管理者只有身体力行，以身作则，才能建立起人人遵守的工作制度。比如说要求公司的职员遵守时间，管理者首先要做出榜样；要求员工对自己的行为负责，管理者也必须明白自己的职责，并对自己的行为负责。

管理者要培养良好的自律性，成为员工的表率。只有不断地反省自己，高标准地要求自己，才能树立起被别人尊重的良好形象，并以其感染手下所有的员工，使他们产生尊敬、信赖、服从的信念，从而推动工作的开展。

当然，管理者的以身作则还体现在带头执行方面。

企业经营要想成功，策略与执行力缺一不可。许多企业虽有好的策略，却因缺少执行力，最终导致失败。市场竞争日益激烈，在大多数情况下，企业与竞争对手的差别就在于双方的执行能力。如果对手在执行方面比你做得更好，那么它就会在各方面领先。企业迫切需要执行力，培养企业执行力的关键在于培养企业领导的执行力。

很多时候，破坏执行的人不是员工而是领导者。比如，大厅中明明写着"请勿吸烟"，可是烟瘾上来了，"头儿"抽一支，别人也不敢讲什么。只有领导者以身作则，成为执行的典范，下属才会上行下效，树立起有效的执行力。

领导必须具备相当的执行力。执行力是否到位既反映了企业的整体素质，也反映出中国式领导的角色定位。领导的角色不仅仅是制订策略和下达命令，更重要的是必须具备执行力。如果企业领导认为做管理不需要执行力，那么其角色定位就有问题。

再好的策略只有成功执行后，才能够显示出其价值。因此，作为企业领导必须既要重视策略又要重视执行力，做到一手抓策略，一手抓执行力，两手都要硬！策略是企业未来发展的指南，根据策略来制订执行方案。策略和执行力对于企业的成功来说，缺一不可，二者是辩证统一的关系。企业领导不应将执行力和策略割裂，把它们看成完全对立的部分。一方面，领导制订策略时应考虑这是否是一个能够切实得到执行的策略。无法执行的策略形成以后只能束之高阁，没有什么实际的价值。另一方面，领导需要用策略的眼光诠释执行，也就是说不要陷入执行的泥潭，执行需要策略来指导。因此，中国式领导在制订策略的时候必须考虑执行力问题，好的策略应与执行力相匹配。

领导是策略执行最重要的主体。许多领导认为自己的角色就是制订策略，而执行属于细节事务，不值得为之费神。他们认为自己的定位就在于描绘企业远景，定好策略，至于执行嘛，那是下属的事情，作为领导只需要授权就行。这个观念是绝对错误的。相反地，执行应该是领导最重要的工作。真正优秀的企业领导必须脚踏实地，深知企业所处的大环境，认清真正的问题所在，然后不畏冲突勇敢地面对。领导制订策略后也需要参与执行，只有在执行中才能准确及时发现目标是否可以实现。领导及时根据执行的情况调整策略，这样的策略才可以有效达到目标。如果领导角色定位错把忽视执行当成必要的授权，等到发觉策略不能执行的时候再调整策略，可能晚矣。

领导者是带动全体员工的发动机。可以想象，如果一支球队的主教练只是在办公室里与球员达成协议，却把所有的训练工作交给自己的助理，情况会怎样？主教练的主要工作应当是在球场上完成的，应当通过实际的观察来发现球员的个人特点，只有这样他才能为球员找到更好的位置，也只有这样，他才能将自己的经验、智慧和建议传达给球员。对一位领导来说，情况也是如此。你必须亲力亲为，与自己的管理团队一道以巨大的热情和精力，深入到企业的具体运营当中去，身体力行地像发动机一样带领员工，去面对和解决每一个问题。

其次，有效控制靠的是以理服人。在企业中，无可否认的是，权力是领导凌驾于下属之上的利器。领导要控制自己对权力的使用，使用权力的目的不是专制，也不是制造紧张气氛，而是要使团队的业绩达到预期。然而，传统的领导者大多用高压的方式来领导和管理员工。他们认为，作为团队的领导，就应该对员工吆五喝六，否则做领导者就失去了乐趣。随着时代的进步，这种陈旧的管理方式已经逐渐被淘汰了。员工不再是完成工作的机器，现代领导者应当在管理中加入一些人性化的东西。

实践证明，权力是领导者实施有效管理的辅助手段，也是领导者指挥和影响下属一个不可或缺的管理平台。因此，如何正确地使用权力就成为每一个领导者不得不面对的问题。美国著名管理者泰勒认为："权力是领导者对自己管理手段的体现。但无数事实证明，过分保护和夸大这种权力会引起私人欲望，就会产生滥用权力的现象。滥用权力是对权力价值的破坏。任何权力都有一定的限制和范围，领导者如果硬要突破这种限制和范围，就会形成'权力扩张'，最终会危及企业及员工的利益。"

　　"这是命令，就照这个方法做，不然，你就不要在这里干了。"

　　像这种不顾下属的感受的命令方式，是身为领导要绝对避免的。因为，这样只能增强下属的反抗心理，而收不到好的效果。

　　最有效并持续不断的控制不是强制，而是触发个人内在的自发控制。

　　有一些领导，自命不凡而盛气凌人。其实，你的升迁很可能只是由于运气特别好，或者按顺序轮到了你。然而，有些人却以为是自己的才能及努力所赐，难免产生一种狂妄自大的心理。此种人常以其头衔自豪，喜欢用权力压人，或妄发言论或任意否决，平日好管闲事，走起路来神气十足，俨然不可一世。这些做法其实都是错误的。

　　一个真正优秀的领导，绝对不会依靠权力压人行事，他们知道以势压人根本就不会达到预想的效果，只有以理服人，才是每一个企业管理者都应该做到的，不管是上层领导还是中层干部，都是如此。

亲仁：亲近仁者，无限美好

　　企业中，对于道德修养高、学问好、工作做得好的领导或同事，我们要以他们为榜样，不断地通过学习来改进自己。《弟子规》说"亲仁者，无限好"，这里的"仁者"是指优秀的人，就是在这方面或那方面做得好的人。作为一名员工，要有辨别意识，对于优秀的人，我们要亲近他们，要引为自己的标杆，而对于消极落后的人，我们要远离他们。要明白，亲近仁者，自己的未来将无限美好，亲近"非仁"，留给我们的将是无限的遗憾。

1. 人多流俗，贤者稀少

【原典】同是人，类不齐，流俗众，仁者稀。

【释义】虽然同样是人，但是有善恶正邪，心智高低之分，良莠不齐；流于世俗的人众多，仁德的贤者稀少。

对同事的要求不可过高

我们是要亲近仁者，但是，有一个前提必须要清楚，就是《弟子规》中说的，人与人是不同的，而且偏偏是"仁者稀"。在这种情况下，对于我们来说，一方面要多多与仁者亲近，另一方面，就是要明白，对于一些有些流俗甚至是缺陷不少的人，我们要宽容，毕竟"流俗众"，我们不要期待所有人都是"仁者"。

《弟子规》在前文也说过："见人恶，即内省。"这个已经探讨过了，我们要"见贤思齐"，见到"不贤"的人，我们要自我反省。本节则更进一步地传达了一个意思，那就是"不贤"的人其实是非常多的，"贤者"则是稀少的。所以我们在亲近并学习这些优秀的人的同时，对于各方面做得不是太好的人，我们除了引以为戒自我反省之外，对他们也要展现出宽容大度的态度，或许正因为你对他们的宽容，会让他们自觉完善自己，不断与"仁者"的标准接近。

从前，有个年轻人，虽然年纪不大，却有着很高的个人道德修养。

有一天，这个年轻人看见有一头牛正在偷吃他家的庄稼。年轻人发现这个问题的时候，牛已经把他家的庄稼糟蹋了很大一片。庄稼对于古代的农户来说，真是重要得不能再重要了。如果是别人，看到此情此景，不管是谁家的牛，肯定恨不得立即上前杀了它才解恨，就算不杀，至少拿鞭子抽它个半死，才能抚平自己因为失去被啃的那些庄稼而造成的心灵创伤。

但是年轻人没有这样做。他明白牛是没有过错的，如果说非要责怪谁，那也是牛的主人。他把牛牵离自己的田地，忽然发现这头牛他很熟悉——对，是邻居家的牛！

原来年轻人的这个邻居比较好占小便宜，而且多少有点懒。正因为如此，他家的牛才经常被发现啃食别人的庄稼——它的主

人有时懒得割草喂它，又怕它饿着，所以找了这个办法。

庄稼被啃食，却不想杀牛或者打牛，那么至少也要去邻居家闹一闹啊。而且村里的其他人百分百都会支持年轻人的做法。

不过年轻人并没有这样做。因为他明白，一直以来他对自己都严格要求，不做有损道德仁义的事情，但是这并不能表明所有人跟他想的都是一样的，而且可能事实会有些悲观："仁者"很少，流俗者却多得数不胜数。一向严格要求自己的年轻人觉得，面对这样的人，首先要做的不是异想天开地让他们突然都变成"仁者"，而是给予他们一定的宽容，对他们的要求不能过高。

打定主意后，只见年轻人把牛牵到了自己的家里，然后出去割了很多青草，好吃好喝地招待它。随后，年轻人把吃饱的牛送回邻居家，说道："你们家人少地多，顾不上照看牲口，我顺便割了些草，连同牛一起给你们送回来了。"

那家人本来有些无赖，做事不讲理，但是见年轻人如此宽厚，不禁羞愧难掩，从此之后，他家的牛再也不会"不小心"跑出去偷吃别人的庄稼了。

面对别人的缺点，学会宽容，这是一种难得的美德。身在职场的你可能会发现，同事之间无论是个人素质还是工作能力，有着很大的差别。面对那些做得不好的同事，我们要做的，是学会包容他们，不可对同事要求过高。因为"流俗众，仁者稀"，你要求再高也没有用，反而是你恰到好处的包容，能够让你的某些同事认识到自己的缺点甚至是恶习，从而知道努力去改变自己、完善自己。

除此之外，我们还应该明白：一是对于同事的一些做事方法要学会理解，不要斤斤计较，但是，对于自己要严格要求，以期能够尽早由"俗人"变为"贤人"；二是大家工作能力相差很大，就像智商一样，对同事或者下属不要要求过严，不要总是交办一些常人难以完成的工作，但是对自己，可以这样做，以期锻炼自己，让自己工作能力更上一层楼。

2. 桃李不言，下自成蹊

【原典】果仁者，人多畏，言不讳，色不媚。

【释义】果真是仁德之士，大家自然敬畏他；因为他直言不讳，不会阿谀谄媚。

职场之中切忌自夸

如果一个人果真具有高尚的仁德，那么，大家自然会对他产生敬畏之心。如果一个人总是自夸而无实质上的仁德，大家是不会敬畏他的。就如明朝的海瑞，因为他为官清廉，刚正不阿，所以，在他去世之后，老百姓自觉地披上孝衣，为海瑞送行。海瑞从不说"我是个清官啊，你们要尊敬我啊"之类的话，人们却早已将他伟岸的形象深深地刻在了心里。

所以说，身在职场，与其自我夸耀，不如埋头干工作。工作业绩出来了，你的能力自然会得到大家的认可。能力不是自夸出来的，是做出来的。

一个真正有能力的人是内敛的，是不会自以为是的，他们知道什么时候该出头，什么时候该隐忍。而只有懂得谦卑、懂得适度收敛的人才会更愿意亲近仁者，向仁者学习。很难想象，一个恃才傲物的人会是一个亲仁的人。

真正聪明的人，不会自以为是，更不会自我夸耀，他们为人处世，以谦虚好学为荣。常以自己的无知或不如人而惭愧，以期能够得到更多的学习机会，向别人求教，丰富和完善自我是他们的目的。即使自己确有才智，也不会四处去出风头，不去刻意地炫耀或展示自己。

在一般情况下，忍住显示自己才智的欲望，可以获得更多的才能，保持不自满的心态可以避免因为炫耀自己的才能，招致他人对自己的妒忌、诋毁、攻击乃至陷害。过于夸耀和显示自己的才智是不智之举。三国时的杨修有才，但他不知道保护自己，耐不住性子，总是在曹操面前显露出来，那不是自己找死吗？

在日常工作中，你可曾遇到过这样的同事，他们虽思路敏捷，口若悬河，但刚说几句就令人感到狂妄，所以别人很难与他们合作相处。这种人多数都是因为太爱表现自己，总想让别人知道自己很有能力，处处想显示自己的优越感，以为这样就会获得他人的敬佩和认可，其结果往往适得其反，反而会在同事中失掉威信。要明白在这个世界上，那些谦虚豁达的人总会赢得更多的知己，那些妄自尊大、轻视别人、唯我独尊的人总是令别人反感，最终在交往中使自己到处碰壁。

下面的故事，也许会对我们有所启发：

小刘刚到单位时，在同事中几乎一个朋友都没有。但因为他确实有一定的能力，这为他谋到了一个很不错的职位，因而显得春风得意。也正因如此，小刘自恃能力强，有些目中无人，经常自夸，有人找他帮忙时，他就趾高气扬，一副傲慢的样子，有时候还非要得到好处才肯帮助别人。

本来他因为能力强，其他同事其实都挺佩服他的，也愿意多跟他交往和交流。但是他的那种做法，使他最终成了不受同事欢迎、与同事们格格不入人，这给他的工作和心理造成了极大的伤害。后来经当了多年领导的父亲的点拨，他才意识到自己的毛病。从此以后，他再也不自夸了，而是处处谦虚谨慎，虚心地向别人请教，虚心地接纳别人的意见，乐于助人，积极与同事们沟通、交换意见，经过一段时间，小刘改变了他在同事中的"形象"，赢得了大家的好感，心情舒畅，工作也得心应手了。

老子曾说"良贾深藏若虚，君子盛德貌若愚"，是说商人总是隐藏其宝物，君子品德高尚而外貌却显得愚笨。这句话告诉我们，必要时要敛其锋芒，收其锐气，千万不要不分场合地吹嘘抬高自己。要时刻注意谦虚一些，谦虚的人往往能得到别人的信赖，因为谦虚，别人才觉得你亲切，这样你就会赢得别人的尊重，更好地与同事建立关系，成为一个受欢迎的人。

对于这一点，卡耐基曾有过一番妙论："你有什么值得炫耀的吗？你知道是什么使你没有成为白痴吗？其实不是什么了不起或伟大的东西，只不过是你甲状腺中的碘在起作用而已。它的价格并不高，才五分钱。如果别人割开你颈部的甲状腺，取出一点点的碘，你就变成一个白痴了。说实话，在药房中花五分钱就可以买到这些碘，这就是使你没有住在收残所的东西——只卖五分钱，有什么好谈的呢？"

卡耐基的话说明一个什么道理呢？其实就是告诉我们，每个人的聪明才智其实都差不多。你要想成为团队中最优秀的一员，其实很简单，但也很难办到，那就是善于虚心学习别人的长处，克制自夸的冲动，脚踏实地地去赢得成功。

谦虚的人恪守的是一种平衡关系，使周围的人在对自己的认同上达到一种心理上的平衡，同时也让别人不感到卑下和失落，这就是良好的团队意识的体现。非但如此，你的谦逊有时还能让别人感到满足，感到自己比其他人强，即产生任何人都希望能获得的所谓优越感。

所以，不让别人感到失落和使别人产生优越感的秘诀之一，便是在他面前恰当地表现自己的谦逊。可以说，谦逊的人才不容易受别人排斥，才容易

被社会和群体吸纳、认同。

每一名企业员工都要明白，未达到成功的人没有什么值得特别骄傲的，因此，应该而且必须保持谦逊。而已经取得成功的人，也不应该自高自大、自以为是，因为你的成功是团队努力的结果。所以更应该继续保持谦虚的作风，因为知识是无穷的，你的认识能力也是无穷的，没有任何一种力量能够永远战胜未来。未来需要你脚踏实地去赢取，一切自以为是得到的只能是碰壁和挫折。

总之一句话，谦逊是赢得领导重视和同事尊敬的最好的礼物之一，也是你成为一个受欢迎的人必备的品质之一。只知道自夸的人，是不会得到领导的器重和同事的尊重的。

3. 近朱者赤，德行日进

【原典】能亲仁，无限好，德日进，过日少。

【释义】能够亲近有仁德的人，是无限美好的事情；这会使我们的德行与日俱增，过错天天减少。

多与优秀的同事接近

多跟优秀的人接近，多向他们学习，那么，自己就会一天天地获得进步，并且过失也会越来越少。这就是"近朱者赤"的道理。

早在战国的时候，孟子的母亲就深深地明白这个道理，因此才有了孟母择邻的故事。

孟子在很小的时候父亲就去世了，母亲承担了教育孟子的职责。为了让孟子能够成才，她曾经搬了好几次家。原因很简单，他家住在一片坟地附近的时候，由于经常有扫墓的人来，孟子就受到影响，没事儿就学人家的样子做跪拜祭祀之类的事情，读书的事儿则抛在脑后。搬家之后，因为是住在集市旁边，孟子倒是不学人家上坟了，但是孟母一点也不省心，因为孟子照样不想读书，而是开始有事没事学小贩在那里吆喝。孟母一看这哪行，再次搬家。他们住到了一个靠近学堂的地方。这回孟母总算是放心了。因为孟子被学堂里的先生和学生所影响，逐渐地学着念起书来。

由此可见，身边是什么样的人，自己就容易成为什么样的人。正因为这个原因，作为一名员工，我们要在工作过程中，多亲近"仁者"，多向优秀的同事学习。

有道是碌碌无为者有着各种各样的恶习和缺陷，成功的人则总是有很多相似的优点，而这些优点就是我们要学习的。他人是本书，优秀是财富。

有这样一个故事：

正值赶考时节，有一位秀才欲赴京城，偏偏妻子这时候挺着个大肚子，随时可能临产。放弃本次考试照顾妻子吧，他有些不甘心；留马上临盆的妻子一个人在家中，自己又不放心。最后，他决定带着妻子同行。

一路旅途劳顿，妻子竟在半途肚子痛了起来，眼看就要分娩了。

沿途住家稀少，他们勉强前行了一段路，才找到一处人家。秀才急忙上前敲门。这户人家以打铁为业，刚巧铁匠的老婆也正要分娩。算来也是秀才的运气好，有现成的接生婆正好顺便帮妻子接生。

过不多时，秀才的妻子和铁匠的老婆都安然产下一子，皆母子平安，让人不得不感慨的是，天下这么巧的事情今天竟然出了好几件：秀才妻子需要接生婆的时候，正好行路至铁匠的门口；铁匠的妻子也正好要生；两个孩子的接生婆是同一个人；而且关键是，孩子几乎是同时出生的。

16 年后，秀才的儿子长大了，也考上了秀才。老秀才大喜之余，想起铁匠的儿子与自己儿子的生辰八字相同，迷信的他想来此时对方也必定已经是个秀才了。

回想起当年之恩，秀才随即准备了礼物，专程赶往铁匠家中，目的是先道谢，并顺便给铁匠儿子中了秀才道喜。

可是，等老秀才到了铁匠家中，展现在眼前的却是另一番情景：只见老铁匠坐在门口吸着旱烟，屋内一个年轻后生，赤着上身正忙着打铁，唯独不见铁匠的儿子。秀才说明道谢之意，将礼物呈上，并问老铁匠："令公子哪里去了？"

老铁匠随手指了指门内，说道："相公啊，我儿子在打铁啊，他还能到哪里去！"

秀才诧异道："这不对啊！按命理说来，你我的儿子生辰八字完全相同，命也应该一样啊。我儿子已经中了秀才，令公子此际理应也该如此才对啊。"

铁匠哈哈大笑："这小子从小跟着我打铁，斗大的字不识得几个，拿什么去考秀才啊！"

老秀才至此方才大悟，生辰命理作不得准，处于不同环境，际遇自然也大不相同。

这一则故事，提供给我们一个很好的思考方向：决定我们一生成就的重要因素，不是所谓的命运，而是每个人所处的环境。

命运的形成多半由于习惯的累积，而习惯是持续的同一行为所养成的，行为则是思想衍生的结果。所以，命运是可以改变的，此刻所面临的命运结局，是过去的思维模式造成的。若想将来有更好的命运归宿，可以从现在起调整思维模式，使之往好的方向发展。有好的思想，就能有好的行为表现；有了好的行为，便能养成好的习惯，好的习惯自然导致良好的结果，达到改变命运的目的。

我们所处的环境，以个人的力量是难以改变的，正如故事中秀才与铁匠儿子的际遇大不相同一样。我们知道，一个资质优秀的人，若身处难以成功的环境中，其成就亦是有限的；而一个平庸驽钝的平常人，若置身于成功者之间，机会无穷，就算他自己想不成功都很难。

和优秀的人相处对于一个人的影响至深至远，我们切勿等闲视之。榜样的力量是无穷的。

美国一位名叫阿瑟·华卡的著名银行家，他的成功，得益于他少年时的一次经历。

一天，华卡在杂志上读到大实业家威廉·亚斯达的故事后非常崇敬他，希望能见到他，并希望能成为他那样的人。终于有一天，华卡见到了亚斯达。当华卡问其赚钱的秘诀时，亚斯达对华卡说："只要多结交比自己更优秀的人，就有成功的那一天。"这句话如醍醐灌顶。此后，华卡一直不忘这句话，并时时处处付诸实践，不到 5 年的时间，他终于如愿以偿地实现了自己的梦想，成为银行家。后来，有年轻人向华卡讨教经验，华卡说："我希望你常向比你优秀的人学习，这对做学问或做人都是有益的。"

华卡的做法值得我们在工作中借鉴。把优秀的人作为自己学习的榜样，这是华卡取得事业成功的重要因素。

优秀者，出类拔萃也。结交优秀的人，学习其优秀的经验，就像读到一本优秀的书籍一样，不仅能成为我们的益友，而且很可能成为指引我们走向成功的良师。向优秀者学习，会从优秀者那里得到许多鼓励和帮助，获得更多意想不到的启示，有利于学会分析自己的长处和短处，从而做到扬长避短，完善自我，创新发展。

善于并虚心向优秀者学习，就要敢做小学生，只有这样，才能不断进步，不断地去超越自我。三人行，必有吾师。在工作中，我们要善于向他们学习，学习他们的优秀经验与做法，从中得到启示，找到差距，从而实现工作赶超一流的目标。

4. 近墨者黑，百事皆坏

【原典】不亲仁，无限害，小人进，百事坏。

【释义】不肯亲近有仁德的人，就会有无限的祸害；奸邪小人就会趁虚而入并影响我们，导致整个人生的失败。

在职场应远离"害群之马"

承接上一节，不跟优秀的人接近，不向他们学习，那么，奸邪小人就会来到我们身边，影响我们，误导我们。这也就是"近墨者黑"的道理。对于一些人而言，学坏比学好容易得多，因此，有的人越是亲近小人，就越是无法自拔，最终自然是"无限害"，无法成事。而且关键是，亲近小人除了容易让自己变坏之外，还有其他的危险，例如损害自己的事业，甚至是赔上自己的性命。

齐桓公是大家都很熟悉的一个人物。他年轻的时候重用管仲这个贤人，把齐国治理得井井有条，并因此成为"春秋五霸"之一。那时候的他真是意气风发，个人领导魅力也极其耀眼。但是到了晚年，齐桓公开始远离贤人，亲近小人。在管仲弥留之际，齐桓公去看望。管仲到那时候还不忘提醒齐桓公要远离易牙、竖刁和开方之类的小人。齐桓公开始还算是听了管仲的遗言，把这几个小人都逐出了朝廷。但是时间不长，他又把他们都召了回来。就这

273

样，齐桓公整日与这些小人为伍，但是等到他生病之后，那些小人却一个个地离开了他，还搅得整个朝廷乱七八糟。他们甚至阻止任何人去探望齐桓公，并在宫门外修筑了高墙。齐桓公最后绝望而死。

齐桓公的教训可谓相当深刻。可见亲近小人，远离贤者，后果比一般人想象的要严重得多。作为一名员工，对此不可不慎重。在单位里，要注意多亲近有仁德的人，和优秀的同事交往，同时要远离小人和是非之地。要明白"近墨者黑"，其中害处无限，甚至能导致百事皆坏的恶果。

大家听说过管理学上一个叫"酒与污水"的有趣定律吗？意思是：将一匙酒倒进一桶污水，得到的是一桶污水；将一匙污水倒进一桶酒里，得到的还是一桶污水。显而易见，污水和酒的比例并不能决定这桶东西的性质，真正起决定作用的就是那一勺污水，只要有它，再多的酒都成了污水。

这是一条来自西方的管理定律，其实在我国也有同理的谚语，如一块臭肉坏了满锅汤，一粒老鼠屎坏了一锅粥。无论是来自西方的管理定律还是中国的谚语，已经给负面影响的始作俑者做了准确的定性：污水、臭肉、老鼠屎。

这些定型的东西已经没有改变和改造的可能。污水不可能成为酒，臭肉不可能成为好肉，老鼠屎也不可能成为调料……既然如此，最好的办法就是及时处置，远离它们。

将"酒与污水定律"应用到人际交往中，就是应该注意远离那些给自己带来不好影响的人。生活中的小人就好像那些污水、臭肉。任何事物都不是无懈可击的，包括人的道德修养。如果你接触美好的事物或品质优良的人，就有可能耳濡目染而受到陶冶，接受"真、善、美"的世界观，而变身成为一个优秀的人；但如果你置身于一个"假、恶、丑"的生活环境中，自己就会或多或少地受到坏的影响。

害群之马的典故相信很多人都听过。

远古的时候，黄帝要到具茨山去寻找一位传说中的神，叫做大隗，向他请教治理天下的良策。当行至襄城郊外时迷了路，绕来绕去总是找不到出路，黄帝一行万分着急。此时，他忽然看见空旷的野地里有个牧马的男孩，黄帝心想这个小男孩想必知道路该怎么走，于是赶快过去问他："你知道去具茨山的方向吗？"男孩说："当然知道。"黄帝心中大喜，连忙又问："那你知道大隗住在什么地方吗？"男孩看了看黄帝说："当然也知道。"黄帝道："你真了不起啊，不但知道具茨山在哪里，还知道大隗的住处，那么敢问如何治理天下，你知道吗？"男孩对此就有些推辞不想回答了。黄帝继续追问，他才回答说："治理天下，与牧马相比有什么不同吗？只不过是要把危害马群的坏马驱逐出去而已。"男孩说完，骑马离去。黄帝闻听此言，茅塞顿开，连连向牧童

275

离去的方向拜谢。

"害群之马"与酒中的污水是一样的，其可怕之处正是在于它那惊人的破坏力。在我们的生活和工作中，总有这样一些人，他们到处搬弄是非，惹人讨厌，他们所在的圈子，也会因他们的存在而受到不同程度的破坏。那么，我们能让自己做到的最低原则，就是谨言慎行，远离是非，远离"害群之马"。

我们无法控制别人的嘴去传播"是非"，那么最好的办法就是看好自己，停止"是非"的传播，也把握住自己的耳朵不去听"是非"。我们虽然可能不容易达到"贤人"的标准，但是能够做到远离小人。近墨者黑，与同事交往必须慎重，如果对方属于害群之马，我们应该做的，至少是远离他们，不要受到他们的影响，避免给自己的工作和生活带来不必要的负能量。

余力学文：职场之海，学为舟楫

当今社会，竞争如此激烈，所以想要在职场之中地位稳固不被淘汰，那就要不断地完善自己，从而应对不断到来的一个又一个挑战。在入则孝、出则悌、谨、信、泛爱众、亲仁之后，《弟子规》以"余力学文"作为结尾，就是要告诉我们，诸如孝、悌、谨、信之类，是我们需要努力做到的，但这并不是全部，因为无论什么时候，学习，不断地学习，都是必要的。作为一名员工，要把学习贯穿到自己的工作当中，不断提高自己各方面的职业素养，只有这样才不会被淘汰，也才会更加接近职业生涯的成功。

1. 学文与行，不可偏废

【原典】不力行，但学文，长浮华，成何人！但力行，不学文，任己见，昧理真。

【释义】不能身体力行勤于实践，只是死读经典，纵有知识，也只是增长自己华而不实的浮夸习气，这样成了什么人！仅仅是身体力行，却不肯读书学习，就容易任由自己的偏见引导着去做事，事理的真谛也就蒙昧不清了。

实践和学习，得两手抓

不管是学习还是实践，都是非常重要的，哪一点都不能偏废。

光知道学习，不知道用行动来实践，"学而不行"，这样的人是华而不实的，表面看上去很有才华，实际上却是绣花枕头，这不是我们应该追求的结果。就好像古代的某些读书人，天天标榜自己读了多少圣贤书，懂了多少做人做事的道理，但是真正让他做的时候却一点都做不好。在企业中，有的员工谈起工作计划来头头是道，等到真正去做的时候就不行了，执行不力，计划再花哨又有什么用？这样的人是得不到人们的尊重的。

所以，我们一定要明白，要想做一名好员工，不光要懂很多工作上的知识和技能，关键是还要能付诸实践，能够用到实际工作当中。不仅能够说到，而且也能做得到。

如果你仔细观察，不难发现，你的某些同事在阐释工作计划的时候，嘴上说得很漂亮，但就是工作做不好。因为他们根本就不知道，对于一名员工来说，真正做到执行到位是多么重要。

相反，你也会发现，有些同事不光说得好，做得也很好。这类言行一致的人，会兢兢业业地对待工作，严格按照自己所说的话来行动，为所说的话负责。正是这看似最平淡无奇的举动，成就了许多企业和员工自身的辉煌。

"说到"而且"做到"是优秀员工必不可少的素质。在现实工作中，做到、做好是体现一名员工执行能力的关键。在今天，"说到不如做到"这一简单而意义深远的工作宣言，既是员工对待工作的准则，也是每个人在现实生活中的"座右铭"。

老板布置了任务，你不能光说所谓完美的计划，动用自己脑子里所有关于这项工作的知识来证明，你能够完成，而是一旦接受下来，就一定要交给老板一个满意的答案，就一定要做到把说出来的计划完美地执行到完成工作的过程当中。这就是实践的重要性。这也是为什么说光知道学习，不知道实践是根本不行的。

当然，反过来，光知道实践而忽略学习，这样可以吗？答案当然也是否定的。"学而不行"的人华而不实，"行而不学"的人也有自己很大的缺陷，例如他们会原地踏步，永远没有进步的时候。而这样的人，在知识爆炸的今天，难免遭遇被淘汰的命运。

阿春高考成绩不错，顺利被某重点大学录取，但就在收到录取通知书的同时，母亲突患急症入院急救，被确诊为脑溢血，虽因抢救及时已无生命危险，但从此瘫痪在床。母亲住院抢救就花了不少钱，到后来出院后卧病在床，平时的护理也需要不少钱。这无疑给阿春本不宽裕的家庭造成了重创，望着白发愁眉的老父和躺在床上的老母，阿春决定放弃学业，以帮助老父维持这

个家的生计。为了偿还给母亲治病欠的债，他决定出去打工。

来到城市，阿春在一个建筑工地上找了一份工作。起初他是个苦力工，在工作期间，阿春边干边学，很勤快，对任何不懂的东西都向有关的师傅请教。由于在实践中虚心学习，阿春在一年多的时间里掌握了几种主要建筑工程必备的技术。但这只是实际操作知识，阿春又利用那点有限的休息时间，购置了建筑设计、识图、间架结构等相关书籍资料，开始在蚊子叮、灯光暗的工棚里学习。因为他努力学习，并且不断地把学到的知识应用到实践中去，不久，他就成为了师傅的小助手，工资也得到了一定的提升。

第二年，阿春基本掌握了基建的各种操作技术和原理，渐渐由助手被提升为技术员，工资又涨了不少。由于阿春的好学肯干精神以及扎实的功底，公司试着给阿春一些小项目让他独立管理施工。阿春仍旧没有忘记不断地学习，并且他越来越发现，在工作的过程中学习相关知识，无论是对于工作还是学习本身，都有着非常好的作用。用他自己的话来讲，就是不知道自己是在学习还是在工作，因为两者已经有机地融为了一体。

由于措施得当和管理到位，公司交给阿春的每个小项目，他都完成得非常出色。在这期间，阿春仍没放弃学习，自修了哈佛管理学的系列教程，还选学了一些和建筑有关的学科，准备参加自考，完善自我。

几年后，阿春因为自己在工作的过程中不断学习，又有了更大的提升，之后和一个交情不错的建筑工地老板共同合作，一个出力一个出钱，开发了一个新的建筑项目，他现在已是一个工程公司的经理，但即使是这样，他仍在远程教育网上进修和业务相关的课程，同时不断地把学到的知识立即应用到实际工作当中，这样相互促进，工作干得越来越好，学业学得越来越扎实。

在企业中，一个光知道学习的员工和一个光知道工作的员工，都不算是最好的员工。只有能够真正把学习的知识，有机地运用到实际工作当中的员工，才是企业最需要的人才。像故事中的阿春，如果他在参加工作之后，只知道上面让我干什么我就干什么，而不知道去学习，去不断完善自己，那么，他可能一直到现在还只是个建筑工地的小工，无法成为后来管理整个建筑公司日常运营的经理。由此可见，不光要好好地干工作，还要不断去学习，只有实践和学习两手都抓得牢牢的，才能在做好本职工作的同时，为将来职业生涯的新发展打好基础。

2. 要做学问，贵在专一

【原典】读书法，有三到，心眼口，信皆要。方读此，勿慕彼，此未终，彼勿起。

【释义】读书的方法，须注意有三到，心到、眼到、口到，确实都要做到。做学问要专一，不能这本书没读完，又想着那本书，这本书没有读完，另外的书不要开始读。

工作中做一等一的专才

读书需要细致认真，只有这样才能够把书读好，心眼口，一样都不能少，要用眼看，要用嘴读，要用心记，这是把书读好的方法。要想做到这几点，其实是不容易的，需要一个人有坚强的毅力，需要不断地去努力。同时，做学问要专一，不能一本书没读完，就想着下一本书。

做工作也是如此，在企业之中，我们的目标应该是认真细致地对待每一项工作，争取做最优秀的专才。

在职场上，如果你想和别人竞争，首先就要有一些自己有而别人没有的资源。这里所说的资源，就是指专业知识。

成功大师拿破仑·希尔博士曾说过："专业知识是这个社会帮助我们将愿望化成黄金的重要渠道。也就是说，你如果想要获得更多的财富，就应不断学习和掌握与你所从事的行业有关的专业知识。不管怎样，你都要在你的行业里成为一等一的专才。只有这样，你才可以鹤立鸡群、出类拔萃、高高在上。"

成功的前提是在某一方面要有很深的储备。我们身边有许多很会夸夸其谈的人，天文地理，经史子集，什么他都知道，但他也仅限于知道别人的东西，自己什么也没有。这样的人算成功吗？我们的答案是：他不能算作成功，充其量是一个储备知识的机器。

现在社会分工越来越细，要成为一个全才很难。社会需要的是合作精神，是学习能力。它不需要我们把一切知识都储备好，但它需要我们有一种能力，一种需要什么马上就能学会的能力。最现实的做法就是钻精钻透一种知识，并且在这一过程中认真学习以应对将来的需要。当然，在钻研这门知识的过程中，应尽可能地涉猎相关的知识以开拓自己的思维和视野。

因此，在工作中要想成为一个不可替代的人，你一定要掌握一门专业。没有专业，在工作岗位上就是个可有可无的人。如果你所从事的工作是什么人都可以做的，那么，你就是个无论什么时候，什么人都可以顶替的人。所以，要想成为办公室中的不可或缺者，成为人见人羡的成功人士，首先要做的便是掌握专业知识，成为行业的专才。

适应社会需要的人才才更具有竞争力。而在当今信息爆炸的时代，对人才的要求越来越高，专才更适应社会竞争。

第一，随着社会分工的细化，与分工相对应的知识结构也越来越细，故专业也向更加复杂的方向发展。对人才的要求同样趋于细化，趋于高端化，因此对人才专业化的要求是十分明显的。

第二，适应社会竞争在于适应社会需要，人才与社会之间是双向选择的关系，全才选择面广，却只能被选择一次，而且还有不确定性。"机会每个人都能遇见，但并不是每个人都能兑现。"全面广博只是炫耀的资本，分工细化的现代社会要求的是高精尖的人才，也就是专才。

第三，专才拥有某一领域内的专业知识和技能，会比全才更具有吸引力。而在复合交叉领域内，最终的研究与实践也落实在单一领域。因为全才的个人作业缺乏效率，分工把精力集中于个别的领域，更有利于实现社会价值。

当然，常言说：学无止境。对于一个身在职场的年轻人来说，即使你已经拥有了专业知识，也要不断地学习。当你的专业知识矿藏只比别人丰富一点点，或者并不比别人丰富，甚至匮乏时，更应如此。无数事实表明：不断地充电学习，更新专业知识，和每天保持干练的形象同等重要。不断充电，可以让你了解所从事的行业和职位的最新资讯，适时地根据最新的职业要求，补充自己的技能。

要记住，在职场中，能够让你安身立命的就是你的专业知识。而且专业知识一定要精。做到这一点的，才能成为职场一等一的专才。

石油大王洛克菲勒最初在石油公司工作时，因为既没学历，也没技术，结果他得到的岗位是：检查石油罐盖有没有自动焊接好。这是整个公司最简单和枯燥的工作。每天洛克菲勒看着焊接剂自动滴下，沿着罐盖转一圈，再看着焊接好的罐盖被传送带移走。这样的工作让洛克菲勒感到厌倦，但是最终他还是坚持了下来。因为他发现，即使是在这样一个似乎微不足道的小岗位上，照样有它的"门道"，不是谁来了就能够干好的。他决定，既然公司让我做这个工作，那我就先想办法把它做到最好——争取做这个方面最专业的员工。

于是，洛克菲勒在工作过程中，开始认真观察罐盖的焊接质量，并仔细研究焊接剂的滴速与滴量。后来他发现，当每焊接好一个罐盖，焊接剂要滴落39滴，而经过周密计算，实际只要38滴焊接剂就可以将罐盖完全焊接好。发现这个貌似细小的差别后，经过反复实验，洛克菲勒终于研制出"38滴型"焊接机，这样，每只罐盖比原先节约了一滴焊接剂。积少成多，因为公司规模大，焊接量多，短时间内可能没什么明显效果，但是，一年之后，洛克菲勒的这个改进竟然为公司节约出几百万美元的开支。洛克菲勒也因此受到了公司的嘉奖。

员工的本分就是掌握更多的专业知识，追求工作的尽善尽美、精益求精。年轻的洛克菲勒正是凭着他不断完善的专业技能迈出日后走向成功的第一步，直到成为世界知名的石油大王。如果一个员工不想惨遭淘汰，就必须创造非凡的业绩，这一切只有把专业知识学精用精，才能帮你实现。

工作中你是否问过自己："我还能改进吗？"要练就高超的专业技能，这是一个人作为员工的本分，因为无论从事什么行业，要想在该行业中站稳脚跟、做出一番成就，就必须具备精湛的专业技能，必须以精益求精的态度不断提高自己，也正是这些，决定了你的工作价值。

在竞争如此激烈的今天，一名员工如果不能在某一领域做到熟练地掌握专业技能，那就无法实现自己的人生价值，甚至还会是下一个遭淘汰的人。对于一名员工来说，专业能力就是工作的能力、生存的能力，任何时候，这种能力都是你所拥有的最宝贵的资本。

成为企业不可被替代的员工，并不是一定要成为领导者，普通员工一样可以成为不可被替代的人。一个企业里，不同的员工有不同的工作能力和作用。重要的不是你具有多少种能力，而是你所具有的专业技能是否突出，是否能够超出他人，只有成为一等一的专才，才是一名员工生存和发展的根本，也是一名员工变得不可替代的最终因素。

3. 随时随地，不忘学习

【原典】宽为限，紧用功，工夫到，滞塞通。心有疑，随札记，就人问，求确义。

【释义】读书计划要宽松，但用功要加紧；工夫到了，学问自然就通了。不懂的问题，要随手记笔记，有机会随时向良师益友请教，求得确切含义。

优秀的员工明白，坚持学习好处多

读书计划要做得宽松一些，但是真正实施的时候就要加紧了。这样坚持下去，学问自然会不断地增长。如果在学习的过程中，有不懂的问题，就要随手把它们记下来，不然时间长了可能自己也容易忘记，从而把它们忽略掉。不仅如此，还要随时随地向别人请教，只有抓住一切机会去学习、去解决疑难的问题，自己的学业才会不断进步。

工作当中也是如此，谁也难免会遇到一些问题和困难，我们只有坚持有不懂的地方就向相关的同事请教，才能够有效地促进自己工作能力的提升，只有在职场中不忘坚持学习，才能够在知识爆炸的今天，让自己在企业中站稳脚跟。

坚持学习，重要的不在于时间的长短，而在于坚持，使之成为习惯。伟大的生物学家巴甫洛夫成就斐然，当人们赞叹他的聪颖和智慧时，他是这样回答的："从一开始工作，就得在积聚知识方面养成严格的循序渐进的习惯。"我国现代教育学家叶圣陶说："凡是好的态度和好的方法，都要使它成为习惯。只有熟练得成了习惯，好的态度才能随时随地表现，好的方法才能随时随地应用，好像出于本能，一辈子受用不尽。"所以，让学习成为习惯，坚持每天抽出时间学习，我们将受益终生。

　　坚持每天学习，并不需要每天抽出很多时间，学习的重要性不在于时间的长短，而在于坚持，使之成为习惯，哪怕每天只有半个小时、一个小时的时间。比如，按一天学习一个小时计算，一个月就是30个小时，一年就是365个小时，十年就是3650个小时。那么一生呢？计算出来的数字将是惊人的。这个数字对于学习任何知识都是相当可观的。而相对于我们每天荒废的时间，比如闲聊、看无聊的电视节目、睡懒觉等，这一个小时简直不值一提。所以，没时间学习纯粹是借口，是一个不成立的借口。

　　如果你是一个上进的、渴望成功的人，那么，从今天开始唾弃这个借口，培养坚持学习的习惯。记住：时间就像海绵里的水，关键看你怎么来挤。关于这一点，梁实秋在几十年前就曾有《利用零碎时间》的美文专门谈论，其中有这样一句话：零碎的时间最可宝贵，但是也最容易丢弃。

古人就很懂得利用零碎的时间，给我们做出了很好的榜样。

东汉末年，有个名叫董遇的人，他从小就喜爱读书，十几岁的时候就已经掌握了不少知识。那时候，董遇每天要和哥哥一起上山去打柴，再挑到镇上去卖，换取一点收入来糊口。每天回到家时，人已累得筋疲力尽了，可董遇仍然不顾劳累，利用休息的时间专心读书。经常是已经夜半时分，董遇那间小屋里却仍然亮着灯。读书的时间长了，一阵睡意向他袭来，他赶忙起身，在水缸里舀一盆冷水，用毛巾蘸着洗脸，冰冷的水立即让他清醒了，他又坐在桌前埋头苦读起来。

有时碰到阴雨天，无法外出打柴，董遇便早早起床，稍稍梳洗之后就开始读书，一读就是一整天，有时连饭都会忘记吃。有一次，他正读得入迷，忽然觉得头上一阵冰凉，抬头一看，原来是小屋破旧不堪，经不起风雨的长时间吹打，屋顶漏雨了，他赶紧找个木盆接雨，然后拿起书本，伴随着雨滴敲击木盆的声音，整个人又沉浸到书中去了。

到了冬天，破旧的小屋四面漏风，但依旧无法阻挡董遇读书的热情。经常是书读了没多久，董遇的手脚就被冻得不听使唤了。这时候，他就会使劲搓双手，不时地哈口热气，使劲地用脚跺地，实在不行就在屋里来回跑几圈。慢慢地，他的身上微微发热，手脚也不再那么僵硬，他就会再次回到桌前继续读书。

就这样，董遇利用冬天、晚上、阴雨天这平时不用干活的"三余"时间，博览群书，孜孜不倦，终于成为三国时期有名的学者。

董遇利用一切可以利用的时间和机会学习，令我们钦佩不已，他最终取得的成就，也是有目共睹的。其实，我国历史上很多最终干出大事业的人，无一不是坚持学习的典范。北宋大文学家欧阳修就曾总结出自己的"读书三上法"。在其《归田录》中有言："余平生所做文章，多在三上，乃马上、枕上、厕上也。"意思是说，他生平所写的文章，多是在三个地方写就的，即马背上、床上和厕所里。这样的刻苦和坚持，是我们每个人都应该学习的。但是，世界上不知有多少聪明的人，因为将时间轻易浪费而导致终生碌碌无为，无所成就。

滴水成河，积少成多。如果每天你看三个小时的电视剧，不妨抽出一个小时来学习；如果周末的时候你早上醒来赖在床上，不妨赶紧起来读书；如果上班途中没事，不妨思考一下接下来的工作计划；如果你的时间是用小时来计算的，不妨将单位缩小为分钟。

优秀的员工都明白，坚持学习好处多。当今时代是知识快速发展和更新的时代，我们有什么理由不去学习呢？学习和我们的生活、成长、成功、发展息息相关。学习拓宽我们的工作视野，学习是我们走向成熟的阶梯，学习使我们的工作能力不断提升，学习为我们在职场上的成功铺平道路，学习是我们能够在职业生涯中获得持续发展的唯一途径。

4. 学习环境，整齐洁净

【原典】房室清，墙壁净，几案洁，笔砚正。

【释义】房间要清洁，墙壁要干净，书桌要洁净，笔墨摆放要端正。

办公桌整洁，工作才有效率

在古代，先生会教育学生们保持自己书房的干净整洁，笔墨纸砚要放到固定的位置，其余的地方也要有条有理，只有这样，才能够在学堂学习之余，有一个好的环境温习功课，从而促进自己的学业进步。

对于一名员工来说，也是同样的道理，只有自己所处的工作环境让人感觉到舒适了，才有可能把工作做得更好。因为环境对人的影响实在是太大了。因此，我们要在企业里维持良好的工作和生产环境，而想做好这一点，首先就要从自己的"一亩三分地"——办公桌开始。例如办公用品要放到自己办公桌上固定的位置，一是可以随用随取，而不是用的时候找不着，二是可以让自己的办公桌显得不杂乱，这样对工作过程中良好心情的保持也是有一定影响的。

卡森刚踏进职场的时候，还是个小得不能再小的职员，不过幸运的是，他在朋友的引见下，得到了一次拜访大名鼎鼎的理查德先生的机会。

理查德先生是当地最有名的企业家之一，他管理的 L. C. 集团总能在竞争中胜出一筹，销售额和利润始终保持着较高的增长速度。

在去 L. C. 集团的途中，卡森总是忍不住想象着理查德先生办公室的模样。他想，像这种级别的大企业家，他的办公室一定非常宽敞明亮，办公桌一定异常巨大，同时上面有堆积如山的资料——大集团的老板，肯定有非常多的事务等着他。当然，他也想到了理查德先生肯定会有秘书帮忙打理，但是他坚信，并不是所有事情依靠秘书都能够完成。所以他想象着当他敲开总裁办公室的门时，理查德先生一定会匆忙地从堆积如山的资料后面抬起头来，说："你看，我实在是太忙了！"想到这里，卡森突然有些感动，心说自己是个名不见经传的小职员，这位著名企业家在如此忙碌的时候还愿意跟自己见一面，甚至会与自己进行一次有意义的谈话，这太让人感觉温暖了。

终于来到了集团的总部，当卡森在秘书的带领下走进理查德先生的办公室后，他大吃一惊：办公室非常宽敞，办公桌"个头"也够大，但就是在这个大办公室里的大办公桌上，竟然没有一份文件！是的，一份都没有！

卡森疑惑地看看办公桌，又看看理查德先生，忍不住问道："对不起理查德先生，恕我冒昧——这就是您的办公桌？"

"是啊。"理查德先生立即看出了什么，"我猜你的办公桌上一定堆满了东西。"

卡森又吃了一惊，自己的办公桌上确实堆满了东西，一坐下去，别的同事简直就看不到自己了。很明显，忙碌的时候，自己就被办公桌上乱七八糟的东西"埋葬"了。

理查德先生又问："你没觉得那样会影响你的办事效率吗？"

卡森不由得挠了一下头，承认了这一点：确实被那些文件搞得心烦意乱，而放慢了做事的速度。

理查德先生又说："年轻人，我送你句忠告吧：'要想提高办事效率，先从整理你的办公桌开始。'"

每个刚踏入职场的人，可能都会像卡森那样，办公桌上堆得满满的，仿佛堆得越多，越显得自己忙，就有一种成就感。甚至总能找出借口，说自己无暇顾及这类小事，或是怕清理东西时，把需要的或是有价值的文件也一起清理掉了。实际上，如果你的面前总有一大堆文件、报表、信件，这暗示着你一定经常受到困扰，因为只要翻翻里面的东西，就可以发现很多东西根本没有用处，而你却为此花费了时间。有人做过试验，在某种情况下，自己曾经翻阅同一份文件达 137 次，你为此付出的代价是，既降低了工作效率，又冲淡了工作热情，办公室的生活质量必然跟着下降。

美国西壮铁路公司董事长罗西说："一个办公桌上堆满了文件的人，若能把他的桌子清理一下，仅留下手边待处理的那些，就会发现他的工作更容易做了。这是提高工作效率和办公室生活质量的第一步。"

所以，你要养成保持办公环境整洁、有序的习惯。如果现在的办公桌上文件堆积如山，你可以按照下面几点去做：

（1）阅读办公桌上的文件等资料。阅读的速度要快，因为大多数文件都是你曾看过的，大概有个印象，你只要确定文件的主要内容是否重要就行了。

（2）当即挑出没有用的文件等资料，毫不犹豫地扔进废纸篓里。你可以把文件捏成一团，然后丢进纸篓里，也可以整张丢进去。

（3）把挑剩的重要文件归档，小心保存。这些文件里，应包括参考资料和存档用的其他记录，你要在上面做标记，以便放进"每日备忘录"。把"第一次阅读"卷宗随身带着，当你有空时，拿出最上面的一篇阅读。然后做记号，便于存档或是把它扔掉。因为第一次阅读对你所要达成的事有着很大的关系，所以你得将阅读列入时间表里。当阅读和保存的卷宗太厚时，抽掉最下面的文件，很快地再评估一下其价值，看看是否要丢掉。如果没有保存的价值，要立即扔掉，无须再看一眼。

（4）如果你无法扔掉或归档，这时候最好的做法就是立即采取行动，比如是封来信，你就马上回复它。

（5）在办公桌变得整洁有序之后，在每天下班之前，都要整理你的办公桌，把明天必用的和稍后再用的文件按顺序放置，把没有用的文件扔进纸篓里，保持桌面整洁有序。

按照上面几点去做，你将会很快养成保持办公桌整洁有序的习惯，你也能从中受益无穷，发现自己像变了个人似的，精神饱满、心情愉快，工作轻松多了，也容易出成绩了。

5. 心不端正，字不工整

【原典】墨磨偏，心不端，字不敬，心先病。

【释义】墨磨偏了，说明心思不端正，字写出来不工整甚至歪歪斜斜，说明心浮气躁。

心不在焉是干不好工作的

古人写字的时候需要先磨墨，而磨墨的时候如果心不在焉，就容易把墨磨偏；这会导致墨水磨出来不均匀，严格来说这样的墨水是不能用来写字的，就算写出来也是这个笔画颜色深那个笔画颜色浅，字因为墨水的不均匀而显得很难看。同时，即使是墨磨好了，写字的时候心浮气躁，也是不行的，特别是古代用毛笔写字，如果心绪不安或者思想不集中，是没办法写好字的，别说写字，甚至连毛笔都握不稳。因此，我们学习的时候，一定要专心致志，态度一定要端正。

心不在学习上，是没办法学好的。同理，如果心不在单位里，是没办法做好工作的。作为一名员工，在工作过程中，一定要摆正工作态度，很多工作之所以出现失误，都是因为我们用心不专，没有把正确的工作态度引入工作中。因此，一名合格的员工，首先是一名对待工作心态端正的员工，是一名真正把心放在单位里的员工。而如果完全相反，工作上心态不端正，或者

这名员工的心根本就不在工作中，甚至是轻视自己的单位，这样的员工是不可能好好工作，也不可能做出什么成绩来的。

小李在进入某公司之后，每天按时上下班，老板交办什么工作，就做什么工作。没事儿他就浏览浏览新闻，或者在网上和朋友们聊聊天。有时候其他同事会善意地提醒他，让他注意点影响，毕竟是工作场所，最好把心都放到工作上。但是他立即反驳，说道："我又不是工作没做完，休息一下不行吗？再说了，老板给我多少工资？我犯不上没事儿给自己找事儿干吧。说白了这就是个谋生的工作，公司又不是我的，我才不用那么卖力呢！"

其实好心劝说他的都是跟他关系不错的同事，这个小李自然也非常清楚。不过，他仍旧忍不住要把自己的所谓"工作哲学"给说出来。对于他来说，公司就是个给他发工资的地方，仅此而已。有时候，他甚至还跟这几个关系不错的同事说："你们劝我也是为了我好，不过，说实在的，我真没必要那么努力。还是那句老话，公司是老板的，不是我们员工的！"

小李的心根本就没在这家公司。他甚至偷偷浏览招聘网页，经常幻想哪天有猎头看上自己，把自己挖到一家待遇又好工作又轻松的大公司。就这样，时间一长，连老板交给他的分内工作他也开始挑肥拣瘦起来。这样一来二去，工作越做越不好，老板对他的意见也越来越大。有一次，小李在"研究"某公司的招聘信息时被老板发现，结果可想而知。

离开这家公司的小李后来又去了几家公司，没有一家让他满意的。由于心根本没放到单位上，小李的职业道路越走越窄，别说是他一直梦寐以求的大公司，就连一般规模的公司，也因为他在业内的"负面知名度"而逐渐对他敬而远之。最终，小李不得不改行，但是，如果他还是老样子，对自己所在的企业还是心不在焉，对自己的工作还是能敷衍就敷衍，真不知道最后会是什么样的结果等待着他。

一个不把心放在单位里的员工，是不可能把工作做好的。工作态度不端正，这样下去，久而久之，别说把工作干得有多漂亮，就是想把工作完成得合格也会变得越来越困难。原因很简单，一个心不在单位里的员工，随着时间的流逝，他的这种对待工作的态度会让他进入一个恶性循环的怪圈，长此以往，后果就会非常严重。所以说，干一行就要爱一行，工作可以让人达到谋生的目的，但是，谋生并不是工作的全部。只有把心真正放到工作上，你才能在获得薪金的同时获得未来长足的发展。

6. 读罢典籍，放归原处

【原典】列典籍，有定处，读看毕，还原处。

【释义】典籍要排列有序，并有固定位置，读完之后，要放回原处。

要让工作有条理、有秩序

书籍的放置要排列有序，要有固定的位置，读完之后，一定要放回原处，这样下次阅读或者有急用的时候，就能够立即找到。我们去图书馆就会发现，里面排列和放置书籍的方法，就是有序和有固定的位置。

典籍要排列有序，做工作何尝不是如此，甚至可以说，只有遵循一定的秩序，做到有条理，才能够切实把工作做好。

有秩序、有条理，是高效的优秀员工要了然于胸的必修课。有句谚语说得好："喜欢条理吧，它能保护你的时间和精力。"培根也说过："选择时间就等于节省时间，而不合乎时宜的举动则等于乱打空气。"

工作无序、没有条理，必然会浪费时间。试想，如果一个搞文字工作的人资料乱放，本来一天就能写好的材料，找资料就花了半天，岂不费时？

杂乱无章是一种坏习惯，只有建立一个较佳的工作秩序，才能增加单位时间的使用效率，合理组织工作；工作无序，没有条理，在一切都是乱糟糟的工作环境中东翻西找，这无疑意味着你的精力和时间都毫无价值地浪费了。

我们每个人都感到被自己想做的、别人要求我们做的以及我们自己担负的许多责任搞得精疲力竭，疲于奔命。

因此，很多人都感叹："我要做的事情实在太多了，太杂乱了，要是能改变这种状态，那我的工作效率将大大提高。"

那么，我们该如何改变工作方法以提高工作效率呢？

首先，将重要的事情放在首位是生活和工作的核心问题。你应当摒弃那些令人心烦的杂念，全神贯注于你认为最重要的事情上。该办的大事，务必集中精力把它快些做好，该办的小事，在办完大事后再考虑，否则，捡了芝麻丢了西瓜，最后你将什么都捞不着，只会让你的工作杂乱无章，你的办事效率也就可想而知了。

西方一些"时间管理"专家运用电子计算机做了各种测定后，为人们支配时间提出这样一条建议："整齐就是效率。"他们比喻说："木工师傅的箱子里，各种工具排列有序，不同长度的钉子分别放好，使用起来随手可得。每次收工时把工具放回固定的位置，同把工具胡乱丢进箱子里所费时间相差无几，而效果却大不一样。"

鲍勃在开始每天工作前的第一件事，就是将当天要做的事分为三类：所有能够带来新生意、增加营业额的工作属于第一类；为了维持现有状态，或使现有状态能够持续下去的一切工作属于第二类；第三类则包括所有必须去做、但对企业和利润没有任何价值的工作。这三类分好之后，立即按照种类的排名，按顺序去开展工作。

鲍勃所坚持的顺序是：在完成所有第一类工作之前，他绝不会去做第二类工作，在完成全部第二类工作之前，也绝不会着手进行第三类工作。这种"顺序观念"鲍勃在工作中已经坚持了很多年。

当然，除此之外，鲍勃还在完成每类工作的时间上有一个自己的规定，或者可以说成是目标。例如，有时候他会让自己争取在中午之前把第一类工作都完成，因为他认为上午是自己最清醒、最有激情、最有创造性的时间。他认为："你必须坚持养成一种习惯：任何一件事都必须在规定好的几分钟、一天或一个星期内完成，每件事都必须有一个期限。如果坚持这么做，你就会努力赶上期限，而不是无休止地拖下去。"

鲍勃的话很有道理，这确实是改善杂乱无章最好的方法。鲍勃的这种做工作的方法可能并不是最好的，但是确实很有效。按部就班地去做事，总比想到什么就做什么要好得多。因为假如不这样做，可能一个人就会手忙脚乱，从而导致工作时间上和精力上的浪费，甚至影响工作效果。

其次，要改变杂乱无章的习惯，除了要借鉴鲍勃的分类和排序的经验之外，你最好还要学会制定正确的工作程序。一般情况下，工作程序包含制订计划、实施计划、分析成果、评价工作，然后再写出工作报告等步骤。无论做什么工作，基本上都要遵守该项流程。

最后，不断训练自己对每项新接受的工作任务的各方面都有一个清楚的认识，也是一个不错的方法。只有明确自己的工作是什么，才能认识自己工作的全貌，从全局着眼观察整个工作，防止每天陷于杂乱的事务中。只有明确办事的目的，才能正确掂量个别工作之间的不同比重，弄清工作主要目标在哪里。只有明确自己的责任与权限范围，才能摆脱自己的工作和下级的工作、同事的工作及上级的工作中的互相扯皮现象。

工作中，我们经常看到，有的人善于把复杂的事物简单化，办事又快又好，效率高；有的人却把简单的事情复杂化，迷惑于复杂纷繁的现象中，结果只能陷在里面走不出来，工作忙乱被动，办事效率极低。可见，化繁为简，善于把复杂的事物简单化，是防止忙乱，让自己的工作变得有条理、有秩序，从而最终提高效率、提升效果的法宝。

7. 爱护书籍，珍惜知识

【原典】虽有急，卷束齐，有缺坏，就补之。非圣书，屏勿视，蔽聪明，坏心志。

【释义】即便是有急事，也要把书本收好再离开，一旦发现有缺损，就要及时修补。不良书刊，应摒弃不看，否则蒙蔽智慧，还会坏了心志。

好员工懂得珍惜自己的工作

如果正在看书，这时候忽然有了急事，那也不能忘了把书本收好再离开。如果发现书有破损的地方，就要及时地修补好，以免时间一长，书的破损变得更加严重。这就是说，对于书籍，我们一定要爱护。这时候《弟子规》话锋一转，告诉我们，这只是针对好的书籍，对于一些内容不良的书籍，不仅不能爱护，而且要远离它们。因为不良书刊不仅对于一个人的知识和智慧的增长没有任何好处，反而会坏了心志。

这就告诉我们，对于书籍来说，我们首先要学会辨别它的内容。当然，因为有不良书刊的存在，也从反面向我们说明了好书的可贵。对于好书，我们一定要珍惜爱护。

大家肯定知道"韦编三绝"这个成语。孔子在年少的时候，学习非常刻苦，一直到晚年，他仍旧没有忘记学习的重要性，真正地践行着"活到老，学到老"这句话。那时候的书都是竹简或者木简做成的，然后用牛皮绳穿起来，看的时候就展开，不看的时候就卷起来成为圆柱状，然后放到书架上保存起来。相传，晚年的孔子非常喜欢读《周易》，因为阅读得刻苦，书不断地被展开又被卷起来，如是反复多次，穿竹简的牛皮绳磨断了三次。这就是"韦编三绝"的由来，后来用来形容学习的刻苦。孔子作为一个伟大的人，他对学习的坚持精神是令我们每一个人都非常崇敬的。同时，我们也可以看出，牛皮绳断一次，孔子就会修补一次，说明孔子是非常爱护书籍的。

对于一个学生来说，好的书籍是保存和传播知识的载体，因此爱护书籍是每个学生的责任。那么对于一名员工来说呢，也要爱护自己的工作。因为工作对于每一名员工来说，就好像书籍对于每一个学生一样，是非常重要的。

《弟子规》说到读书要"有缺坏，就补之"。意思是说：遇到书本有残缺损坏时，应立刻补好，保持完整。你爱书，书爱你，自有一分恭敬在其中，一分恭敬就有一分收获，十分恭敬就有十分收获。那么作为一名员工，也不难想到，你爱自己的工作，工作也就会爱你。你珍惜自己的工作，那么，你最终从工作那里得到的，可能比你想象的要多得多。

是的，做任何事情要懂得珍惜，要怀着一份崇敬的心情去做事，读书如此，生活如此，工作亦如此。

你珍惜身边的朋友，朋友也会珍惜你；你珍惜生活，生活也会回报你；你珍惜工作，工作也会奖赏你。

然而，我们经常听到身边的人这样抱怨自己的工作：

"这么枯燥又麻烦的工作，我真的不想做了。"

"做这个工作有什么意义吗？我真从里面看不到什么前途！"

自己都看不起自己的工作，这样工作能做好吗？其实，工作中的每一件事都值得我们去做，而且还要充满热情，认真负责地去做。工作是一种分工，如果把工作看成有高贵和平凡之分，那将是十分错误的。无论什么时候，在什么状况下，都要尽力把自己的工作做好。用积极的心态去面对自己的工作，这样工作才会给你带来成就感。

下面的故事很好地说明了这个道理：

詹妮刚来到某家电视台时，被委任的工作是报时和节目介绍，不仅每天的工作内容一成不变，就是一天之中相同的事情也要重复好几遍。然而，她最初应聘的却是记者，相对于现在的工作，记者的工作才是她想要的，每天可以对不同的新闻进行采访和评论，不仅不枯燥，而且还能增加自己在电视台露脸的机会，这种生活才是她梦寐以求的。因此，那个时候她的心情简直糟透了，经常向同事抱怨。她的同事、朋友也慢慢地开始疏远她，这使她的心情更加沉重，成了一种恶性循环。

詹妮认为工作不是她喜欢的，生活方面也不如意，这就是她做不好工作的原因。在潜意识中詹妮一直以这个为抱怨的借口，无法把精力全部投入到工作当中。于是，在进入这家电视台的一年之中，她虽然在工作上没有什么失误，但也没有突破，等于是虚度时光。

有一天，詹妮忽然意识到自己这样实在是在浪费青春。她想，如果自己实在讨厌这份工作，那就立即辞职，否则就要好好反思一下自己了，如果不想离开这家电视台，那就得让自己喜欢上现在的工作，使自己乐在其中。

詹妮找到了改善自己工作态度的办法，她发现，每周两次的晚间节目介绍的前 10 秒钟是她的自由空间。因为，在那之后的台词她无权更改，而此前的 10 秒钟却是说什么都行。

"飓风总算是过去了""昨天的橄榄球比赛很精彩"，在这 10 秒钟里她加上了自己亲眼目睹、亲耳所闻、真心所感的一些小事情。从

时间上讲，不过短短的 10 秒钟，几句话，但是，从这以后，她的心情彻底改变了，每日一句成了她一天中最大的乐趣。不论是走路还是坐公交车，只要一有空闲，她就思考着今天的 10 秒钟说什么好，怎样表达才好些。她重新变得开朗起来，因此也赢得了周围人的友谊。那颇具创意的每日一句在听众中赢得了广泛好评。原本僵硬死板的节目介绍，因为她的一句妙语而变得温馨，使人闻之如饮甘泉。她的工作越做越好，不久，她就被提拔到了更重要的工作岗位上。

既然做这份工作了，那就要珍惜它，全身心地投入进去。工作没有等级之分，但对待工作的态度却有好坏之别。无论从事什么样的工作，如果你能像詹妮那样，主动在工作中加入自己的创意，那么即使平凡单调的工作也能变成一件充满意义和乐趣的事情。

只有对工作珍惜的人，才不会被工作抛弃；只有对工作珍惜的人，才会从内心里主动去工作，才能把平凡的工作做得非凡。

随着职场竞争的日益加剧，找一份工作越来越难了，这是很多人的切身感受。工作难找，但很多人一旦找到了工作，却又不把工作当成一回事，不懂得珍惜工作，最终失去了工作。失去了工作，又开始找工作，这些人一生都在找工作中度日，这样的人一生只能在碌碌无为中度过。

不是每一个人都拥有一份工作，不是每一个拥有工作的人都懂得珍惜自己的工作。没有工作的人更多的是曾经在工作中敷衍了事的人，不珍惜自己工作的人也将被工作所抛弃。

作为企业的一名员工，你必须清楚，很多人已经把手伸到了你的工作岗位上，稍有疏忽，你就可能失去它。

在我们身边，有的人整天为找不到工作着急，牢骚满腹。脏的累的活不愿干，别的工作又干不了。有的人在已有的岗位上不安分，眼高手低，这山看着那山高，总认为自己怀才不遇，总认为自己命不好，但事实上真本事却没有多少，真把他放在重要岗位上还真干不了。

尽管水往低处流，人往高处走，谁都希望干的活轻松一点儿，挣的钱多一点儿，生活得好一点儿，这无可非议。但是，要根据自己的能力水平，根据自己的环境条件，确定自己的奋斗目标。如果盲目攀比，差一点儿的工作不干，好的工作又不会干，或者不珍惜已有的岗位，好高骛远，如此，就很难得到发展，而且还会失去现有的岗位。竞争不相信眼泪，也不需要没有任何实际意义的高谈阔论。只有珍惜岗位，用智慧和辛勤的劳动证明自己的才干，工作才能相对稳定，事业才能有所发展。这样，离你的期望值就会越来越近。

我们必须明白，每个人都需要工作，而不是工作求着你去干。不要认为是工作需要你去干，你不去工作，照样有人会去干。

现在，许多地方遵循"赛场选马"的用人法则，实行竞聘上岗，优胜劣汰。有胜就有败，那么，什么样的人容易被淘汰呢？那种这山望着那山高，总想换到舒服的、高薪的岗位，本职工作还没做好就急着找关系走后门，以达到自己的目的的人将会第一个被淘汰。

珍惜工作，就是对工作没有任何一点马虎；珍惜工作，就是对工作没有任何一丝抱怨。珍惜工作是一种责任、一种承诺、一种精神、一种义务。只有珍惜工作，才能爱岗敬业，尊重自己所从事的工作，才能精通业务，不被淘汰。

不论在哪里工作，在哪个岗位，你都应该为自己工作，百倍地珍惜工作。别在乎别人的说法，积极主动，兢兢业业，将来的某一天，当你看到自己的成就时，就会认同自己的劳动所创造的价值。

8. 只要学习，圣贤可致

【原典】勿自暴，勿自弃，圣与贤，可驯致。

【释义】遭遇困难挫折，不要自暴自弃，圣贤的境界虽高，但是循序渐进，还是可以达到的。

不怕板凳冷，就怕不努力

驯，在这里不是指驯养，而是指渐进。致，是指达到。"可驯致"就是说，可以通过自己的努力，不断地取得进步，从而最终达到一定的高度。《弟子规》告诉我们，假如觉得自己不够优秀，不必自暴自弃，而应该具备坚强的意志，不断学习和努力，这样自己迟早能够成为一个优秀的人。

这个道理放到职场中，我们也可以理解为：不要因为现在的工作太难就灰心，只要不放弃努力，工作中再大的困难也能够被克服；或者，可能现在的工作有些不太如你所愿，甚至令你有被轻视的感觉，在这种情况下，照样不能自暴自弃，应该明白，现在坐的板凳再冷，只要你明白坚持不懈的道理，那就有把板凳坐热的那一天。

第一点很容易理解，那么第二点呢？

坐冷板凳，比喻有才能的人不受重视，从而被安排到闲适的岗位，长期担任清闲的职务，不让他发挥重要作用。

　　人在江湖，身不由己。坐冷板凳是司空见惯的事情，只是有的人能四两拨千斤，咬咬牙挺过去，有的人则像是遇到大山压体一样喘不过气来。好像一坐上冷板凳，等待你的便是无用的一生，永远没有成功的那一天。其实，大可不必这样。在职场之中，坐冷板凳也是一个机遇，就看你能否坚持和怎样对待。拿破仑说过，胜利往往在于最后五分钟的坚持，只有正确对待目前可能不太尽如人意的工作，才能用正确的态度来对待眼前的冷板凳，才会产生坚持不懈的精神，而只有坚持才能把冷板凳坐热。

　　当你被冷落时，除了必要的隐忍退让外，更重要的是要认清自己——认清你自身的价值。是金子迟早要发光。

　　在一次演讲会上，一位演说家在演讲之后，请台下的听众提问题。其中一位听众问道："我现在的工作让我看不到未来，甚至感觉不到自己的价值在哪里，请问我该怎么办？"演说家从口袋里掏出 100 美元。他先把钞票举过头顶，然后双手把它揉成一团，面对台下的提问者，说道："请问，它是多少钱？"对方回答："100 美元。"演说家把揉成团的钞票放到脚下，然后上去踩了两下，又问："请问，它是多少钱？"

　　"还是 100 美元。"

　　演说家把钞票捡起来，重新把它展开，并用嘴吹了吹上面的尘土，重新把它装进衣袋里，然后和蔼地对提问者说道："无论你遭遇怎样的不公，无论你认为自己的工作多么令人轻视，都必须明白，这并不代表你的价值被否定了。换句话说，如果你是一个有用的人，那么，你的价值不会因为暂时境遇不好而有所变化。希望我的回答能够帮到你，谢谢。"

　　在人生遭遇冷板凳的时候，要认清自己的价值，千万别放弃，选择好目标并坚持走下去。

　　当然，坐冷板凳时，一定要调整好心态，要以谦卑的态度建立一个良好的人际关系。有句话叫做"人走茶凉"，如果不幸坐上了冷板凳，别人更是巴

不得你不要站起来。所以才要谦卑，这样才能广结善缘。坐冷板凳更不要提及当年勇，那是无所助益的，而且"当年勇"会使你坠入"怀才不遇"的情境中，徒增自己的苦闷。

当你用自己的耐心把冷板凳坐热的时候，你还怕什么？痛苦和磨难都过去了，金板凳就在眼前。

相信你自己，冷板凳算什么，感谢冷板凳吧！冷板凳可以磨炼意志，可以增长修养，只要你时刻不忘完善自己，不断提升自己的价值，那么，美好的未来就会向你招手。

是的，不管你现在境遇如何，也不管你现在的工作能力达到了何种程度，千万不要忘记，要不断地努力，不断地寻求进步。

作为《弟子规》最后的结束语，"圣与贤，可驯致"强调了追求进步的理念，意思是圣贤的境界虽高，但只要按部就班，人人可以到达。这句话在教会我们如何面对冷板凳的同时，也提出了另外一个命题，那就是：你有没有想成为"圣贤"的要求和定位。如果安于平庸，那你永远也成不了一个优秀的人。

有些人之所以不能成为"圣贤"，是因为他太容易满足，得到较可苟安的位置，便固守不动了。这样，或许他一生只会机械地工作，挣取维持温饱的薪金，以此度过一生。

一个志在成功的人，必须时刻保持旺盛的斗志，在小的成就面前，不满足于现状，这样才能真正登上成功的巅峰。

综观前人的经历，无数成功者的经验表明，人之所以能追求进步，是因为他们有"不满足"的精神。相反，一个人在功成名就之际，如果不再开拓奋进，就会觉得生活乏味空虚，只有勇于突破现状，才能享受到充实的生活。

突破现状需要很大的勇气。因为维持现状比较容易，也不会有很多麻烦。一般人都毫无例外地认为：如果用过去的方式经营事业，照样能发达的话，绝不要轻易地改变什么。但是，如果你维持现状，不求进步，用不了多久，就会走下坡路。"不进则退"就是这个道理。

时代是发展的，人的思想、需求和习惯也在不断发生变化，谁无视这个事实，谁就得走下坡路。没有最差的员工，只有最不努力的员工。不怕现在不够优秀，就怕一个人不够努力。或许你现在正在坐着冷板凳，抑或你对现在的工作还比较满意，因此而忽略掉了继续进取的意义。如果是前者，千万不要自暴自弃；如果是后者，千万不要裹足不前。总之，请永远不要忘记，不管是上面的何种情况，只有不断坚持奋发努力，才是每一名员工不断完善和提升自己的法宝！

参考文献

［1］陈才俊. 弟子规全集［M］. 北京：海潮出版社，2011.

［2］李安纲，赵晓鹏. 弟子规［M］. 北京：中央编译出版社，2010.

［3］何跃青. 学习《弟子规》，学做好员工［M］. 北京：中国纺织出版社，2012.

［4］王松. 熟读《弟子规》，争做好员工［M］. 北京：中国言实出版社，2011.

［5］张艳凯. 好员工熟读《弟子规》（白金版）［M］. 北京：清华大学出版社，2012.

［6］裴浩然. 用弟子规培养员工［M］. 北京：中国科学文化音像出版社，2012.

［7］周劲秋. 优秀员工必备的18种工作方法［M］. 武汉：武汉出版社，2009.

［8］檀娴颖. 员工礼仪［M］. 北京：企业管理出版社，2013.

［9］李逸安. 三字经 百家姓 千字文 弟子规［M］. 北京：中华书局，2009.

［10］兰涛. 有态度，没难度［M］. 北京：中国华侨出版社，2013.